A Reflection on Modernity in the Context of Utopia

政治哲学丛书　　万俊人　主编

乌托邦语境下的现代性反思

张彭松 ● 著

中国人民大学出版社
· 北京 ·

政治哲学丛书编委会

主编：万俊人

编委（按中文姓氏笔画或英文姓氏字母顺序排名）

总序

我们为何需要政治哲学？

万俊人

摆在您面前的是我和道友们一起努力推出的"政治哲学丛书"。如果您步入书店选购书籍的目的不仅是为了获取某种专门的知识信息，而且还想通过语言、图画或符号的阅读，进入我们共同的生活世界，那么，很可能这套丛书会或多或少地满足您的心愿。我们和出版社共同编辑出版这套丛书的惟一愿望，正在于使读者在获取政治哲学之前沿学科知识的同时，也能够获取一些有关我们这个世界的生活信息，尤其是那些关乎我们社会生活之重大问题的政治信息，虽然我们努力的结果也许并不一定全部达成了我们的初衷。

一

在当今国内林林总总的"丛书"中，以"政治哲学"命名者似乎少见。而且，在我国现行的高等教育之学科体制的设置中，"政治哲学"一直都没有取得合法的学科名分：在"政治学"一级学科的名目下没有"政治哲学"，在"哲学"一级学科（甚至是学科门类）的名目下，同样没有"政治哲学"，尽管从事这两门学科教学和研究的师生们很早就或多或少地（而且，近年来则越来越充分地）意识到，这一学科设置的缺陷有可能甚或实际上既大大减弱了我国哲学研究的现实关切能力和参与能力，也降低了我们的政治学研究和教学的理论水平。然而，无论是政治学还是哲学，从来都不可能省略政治哲学的现实关切而超然于社会政治生活之外，也无法逃避对社会政治问题的哲学追问。

作为古希腊文明的两大最伟大的文化发明——即关乎高尚灵魂和精神的哲学与关乎健壮体魄和肉体的奥林匹克运动会——之一，哲学自她诞生之初起便将社会政治生活（城邦—国家）作为其最重要的辩证与反思课题：关于人类外部世界的惊异和探究同关于人类自身生活世界的困惑和探究，同样都是考验人类"爱智"（即"哲学"，"philosophia"）能量和求智意义的基本考题。作为西方第一位"百科全书式的学者"，伟大的哲学家亚里士多德在开始对人类知识的学科分类时，便明确地划分和界定了"哲学"的知识谱系，其中，政治与伦理成为两个研究人类之善的基本哲学分支，分别探究人类社会（城邦—国家）的政治大善与人类个体美德的小善。进至中世纪，政教合一，神道一统，"上帝之城"虽然高居"世俗之城"之上，然而，上帝制定的"自然法则"和"自然秩序"既是"上帝之城"的神圣制序，也是"世俗之城"的必然秩序，它上承天意，下辖芸芸众生。近代启蒙运动变革世界和创新人道观念的诉求，直接指向了社会基本结构和政治制度的根本转变，政治与革命便一度成为哲学的中心主题：无论是近代社会契约论者还是非（反）社会契约论者，无论是启蒙思想家还是以其他名义思考的思想家，尽管他们各自的思想理路与政治目标相互见异，但对现代国家民主政治的理论吁求和哲学反思却不约而同：自由民主成为新的政治理念和理想，并被赋予各种不同的哲学证明。

我国传统文化虽以道德伦理见长，然而，无论是先秦诸子百家还是其后历代诸学的流衍和发展，从来都未曾轻视和忽略国家政治生活的大道，儒家标示的"八目"更是把对外部世界的认知把握与人类内在世界的体认修养相互融贯，最终指向"治国平天下"的"政"（正）"治"目标。"格物"在"致知"，"正心"在"诚意"，"治国"在最终实现"天下平"的伟大志向。尽管人们对于"政治儒家"的论理言路与实践方式仍心存余悸，且对儒家之"道德政治化"或"政治道德化"的基本主张多持批评态度，但儒家乃至整个中国传统文化对国家政治的持续而强烈的关切姿态和丰富的理论探究成果，仍然值得我们尊重。我们的先贤们运用他们独特的理智和经验建构了"中国特色"的中国政治哲学范式。

或可说，政治与哲学从来就自然而必然地相互交织着，构成了人类反思自我生活世界中政治社会的重要向度和智慧结晶，只是到了现代，由于人们对社会政治的公共结构转型和哲学自身过度的现代认知主义诉求，才使得政治与哲学的原始关联发生动摇和改变，以至于政治哲学在现代性的哲学语境中成为一个有所存疑的概念。著名西方现代政治哲学（史）家列奥·斯特劳斯在其《什么是政治哲学?》和《现代性的三次浪潮》两文中先后指正并提醒人们深刻地反省西方政治哲学的衰败历程：自文艺复兴时期意大利政治思想家马基雅维利的"权力（术）政治学"开始，西方政治哲学经历了三次"现代性思潮"的连续冲击：马基雅维利把人类对政治主题的哲学追问变成了一种地地道道的追逐政治权力的势力游戏，甚至是纯粹的玩弄政治权术的竞争技巧；18世纪的卢梭一面高喊着自由和人权，一面却又吁求强大的"社会公意"的政治集权，结果使政治的哲学言说蜕变为了一种浪漫主义政治与理想主义道德的混杂物；而19世纪末期的尼采似乎真的成了西方经典政治哲学的末日，"权力意志"或"强力意志"成了人类政治与道德的惟一目标。如果我们再仔细审查一下这一思想演进过程中曾经出现的霍布斯的"自然权利政治学"和洛克的"财产政治学"，那么就更容易看出，由柏拉图、亚里士多德所奠立的古典政治哲学模式实际上已然被权力或权力技术、财富、力量和个人主义的政治意愿等非道德的政治关切所消解，其间最为关键也最为要害的问题正在于，近代以降的西方政治家、政治思想家和法学家们越来越相信并最终皈依了这样一种"现代性"的理念："把恺撒的还给恺撒，把耶稣的还给耶稣。"换句话说，现代人最终似乎成功地将政治与道德隔离开来，朝着所谓"政治中立"或"无道德的政治"义无反顾地前进着，仿佛在不断接近现代人所坚信不疑的进步主义理想目的。然而，正是这种单向度的政治思维最终断送了政治哲学本身，使其在现代政治思想语境中不再可能，也难以可能。

也许，我们不应完全听信斯特劳斯对"现代性思潮"的政治哲学史反思，更不必全盘接受他关于政治哲学已无可能的理论诊断，但我们的确需要重新思考一些如下问题：究竟何谓政治哲学？我们需要何种政治哲学？我们为何需要政治哲学？由于前所备述的我国哲学学科之高等教育体制设置的政治哲学缺席，尤其是面临建设社会主义"政治文明"这一当代使命，中国当代哲学以至当代整个中国政治社会对这些问题的解答，很可能显得格外紧迫和突出，其知识价值和实践意义当然也就更加重大。

二

仍然按照斯特劳斯的解释，所谓政治哲学，既不同于"政治学"本身，也不同于诸如"政治理论"、"公共行政管理科学"一类，因为它不是关于"政治事务"和"政治治理技术"的研究，而是关于"政治事务之本性"的研究，因而它不可避免地要涉及有关政治之善恶好坏，政治行为之正当与否，政治理念（理想）之高尚与卑劣，以及国家政治之终极理想和至善目的的价值学暨形上学研究。这也就是说，政治哲学不仅要追问政治事务本身的技术合理性和政治合法性问题，还要追问政治事务——包括政治行为，尤其是政治家的行为——的政治合目的性和道德正当性等深层的政治伦理意味。再进一步用哲学的话语来说，政治哲学关于人类政治社会的一切事务和行为的理论追问是没有限定的。因为哲学研究的目的并不为了占有真理，也从不宣称自己拥有真理，而只是且永远是为了追寻真理。在哲学的视野里，没有终极真理。因此苏格拉底才会说，哲学家的品格是，他永远"自知其无知"，永远处在无穷的追问和求知过程之中。

　　然而，哲学对人类政治事务的无穷追问和考究，并不意味着政治哲学必定要偏向于某种政治乌托邦而超脱于社会政治生活的现实情景，而仅仅意味着这样一种基本的理论姿态和思想方法：在政治哲学的视阈中，一切政治现实——无论是既有的政治理念，还是既定的政治制度系统，抑或是现行的政治实践——都是有待人类自身不断进行理性反省和批评改进的，都开放地面对一切合乎理性的政治批评和哲学追问，因而它所关切的就远不止是政治事务的"现实合理性"，政治行为和政治制度建构的技术合理性，更重要的是政治目的或目标的道德正当性和政治完善意义。这正是为什么完善主义和政治伦理意义上的理想主义始终是政治哲学的一个不可省略的理论向度之内在缘由所在。

　　政治哲学的这一理论定位，决定了它不得不把自身关注的理论重点放在那些隐藏在政治事务之中、政治事务背后和政治事务之未来理想的"隐性"的或者是潜在的重大问题的探究之上。诸如，人类为什么要缔结不同样式的社会？为什么他们会组成不同类型或性质的国家？人们据以组建政治社会或国家的基本原则是什么？人类社会为什么会出现不尽相同的政治政体和政治生活方式？民主作为一种人类共同向往的政治生活目标为什么会因自然环境和社会、历史、文化甚至社会心理条件的不同而呈现出各种不同甚至相反的观念理解和实践模式？为什么人们对国家政治、政府和政治家们的政治期待不仅仅是政治治理的技术合理性和行政效率，而且还有政治治理的目的正当性、政治制序的公平正义和"道德的政治家"（康德语）？为什么人类始终不能放弃对诸如美好社会的向往和更高期待，即使无数严峻而残酷的政治挫折，乃至政治失败使得人类的政治乌托邦追逐遭受一次又一次的沉重打击？现代民主究竟是多元的还是一律的？或者说，是否存在某种普世有效的现代民主模式？如此等等，不一而足。

迄今为止，人们对上述这些问题的解答各种各样，始终未有归宗，即使是在同一个国家或地区处在相同时代背景下的政治哲学家们，也难以达成哪怕是基本一致的理论结论。近代以来，欧美世界一直引领着——在某种意义上或者在某一特殊历史阶段，甚至是宰制着——我们这个世界的现代化进程，包括现代市场经济、政治民主、科学技术和世俗文化的发展进程，这一点似乎毋庸讳言。然而，自17世纪中叶英国率先跨入工业革命和有限民主政治的现代化社会进程以来，从来就没有出现过单一的政治哲学模式一统天下的局面，尽管自由主义作为一种资本主义的意识形态逐渐占据着整个西方社会的主导观念地位。所谓"新的"或"老的"自由主义，所谓"激进的"或"保守的"保守主义，所谓"开明的"或"保守的"共和主义，以及形形色色的"无政府主义"、"极权主义"、"社群主义"，有如一部历史连续剧中的不同角色，"你方唱罢我登场"，"各领风骚三五年"，或声调高亢如急风暴雨，或娓娓道来如行云流水，或独白如君临天下，或旁白如插科打诨；或针锋相对如对簿公堂，或随声附和如百鸟齐鸣……这"百花齐放、百家争鸣"的思想景观提示着我们：如同人类社会文明的沃土孕育了多种多样的政治生活形态一样，人类不同的政治生活经验和政治智慧也催生了多种多样的政治哲学！

民主被看做是人类政治生活的共同期待和最高理想。可是，在共同的政治期待和政治理想追求中，无论是人们的经验直觉还是不断深入的政治反思，都昭示出一个严肃的政治哲学问题：民主作为一种政治理念或者作为一种政治实践，都不具有终极真理的意义，绝对不是一种"放之四海而皆准，俟之万世而不变"的政治真理或政治"制式"。所谓"多数人的民主"或"一人一票"；所谓"间接民主"或"直接民主"；所谓"代议制"或"政党制"；所谓"简单民主"或"复杂民主"等等，一切似乎都印证了一个朴素而显见的道理：民主不应是一种政治制度或政治体制的统一标签，而只能被视为一种政治精神或者一种政治理念。民主政治决不只是意味着某一种社会政治制度，甚至是某一种政体形式，它更多地意味着一种政治理想：政治主权在民！一切权力属于人民！因此，理解和实践民主政治的关键，不是简单地架构、仿制、输出甚至强加某种政治制度或政治体制，而是把握和坚持人民为本、主权在民的根本政治原则。

由是观之，一旦我们真正理解了"何谓政治哲学"，"我们需要何种政治哲学"的解答也就自然而然了。却原来，"我们需要何种政治哲学"同我们实际的政治生活条件和具体的政治实践环境是相互关联的：在根本上说，后者实际上预定了我们需要并可以选择"何种政治哲学"的界限和可能。我们对政治哲学的需要是"内生的"而非外部启蒙或外在赋予的，因而我们对"何种政治哲学"的选择也必定是内在主体性的而非外在施加的或外部启蒙的。在开放的现代世界里，学习他者，包括学习各国各地区的政治经验和政治智慧，学习各种睿智有益的政治哲学思想，不仅重要，而且必须！因为当我们不得不选择并决然摆脱传统政治社会、坚定地迈向现代民主政治时，我们也就置身于了一个开放多元、互竞互动的大千世界，孤独自闭终将导致自我被抛乃至自我消亡的恶果，更何况作为一个后起的发展中国家，我们比任何时候、任何竞争伙伴都更需要向他者学习！然而，学习作为学习者的美德首先且根本上在于创造性地学习，而非简单模仿。创造性的学习前提必定依赖、也只能依赖于作为学习主体的学习者自身，尤其是其自身独特的政治实践经验和政治智慧。

三

最后，我们来简单地谈谈"我们为何需要政治哲学"的问题。这个问题之所以重要，主要是因为它本身涉及一个需要我们特别关注和思考的"现代性"问题，即当代德国著名的哲学家和社会批评理论的杰出代表哈贝马斯所谓的"现代社会结构的公共转型"问题，用政治哲学的话语来说，也就是阿伦特所说的"复兴政治的公共性"问题。

早在古希腊时代，亚里士多德就曾经指出，政治哲学关乎"城邦国家"的"至善"，作为政治实体的"城邦国家"是所有形式的社会共同体中最大也是最重要的政治共同体，正如"城邦国家"高于个人和各种形式的社会共同体一样，"城邦国家"的"至善"也高于个体美德之善。这实际上已然揭示了国家的政治公共性和价值（"至善"）首要性。然则，在传统社会和古典政治哲学中，国家的政治公共性与公民个体的美德私人性之间并没有严格明确的分界，社会生活的公共领域与私人生活领域之间也没有被严格地划分开来，即使在近代早期，在公与私、国家与个人、政治与道德之间，也仍然保留着千丝万缕的联系而未见明确的分界。只是到了现代，所谓"公共生活领域"与"私人生活领域"的分界才逐渐变得明朗起来，而迫至今日，公私领域的分界则越来越被人们看做是不可逾越的"防火墙"，甚至成为了——至少是在现代自由主义政治哲学家的视野里——政治与道德分离的根本原因或者必然结果。

作为原因，公共生活领域与私人生活领域的分离被视为现代民主政治的进步标志，其基本的政治要求是自由人权与公正平等，而无论是自由人权还是公正平等，最根本的政治基础都只能是基于社会基本政治制度建构和安排的基本政治权利与政治义务的公正分配和政治保护，而不再关乎个人的道德伦理品格——"道德应得"（moral desert）不能成为基本的政治考量，相反，一种公平的政治制度安排（分配）和社会公共治理（政府）恰恰需要尽量减少甚至完全摆脱诸如个人道德伦理、宗教信仰、人格心理等非"公共理性"因素的干扰。这就是所谓"把恺撒的还给恺撒，把耶稣的还给耶稣"的根本含义。作为结果，政治与道德的分离被看做是公私两个生活领域明确分界的必然产物：道德只是纯粹的私人事务，政治则关乎公共大事，两者不可混淆，更不能相互替代。

在西方现代民主政治的建构历程中，"政教分离"曾经被看做是最重要的政治变革成就之一。今天，新自由主义政治学家和政治哲学家们又普遍地确信，"政治中立"或"中立性原则"已经成为民主政治是否正当合法和普遍有效的根本前提。滋生并强化这一确信的正是现代公共社会的结构性转型。具体地说，在现代社会里，公共领域日趋扩张，私人领域则不断萎缩，并且，前者对后者的挤压仍在不断加强。现代社会公共化程度的不断提升，客观上使得政治和法律的重要性不断突显，道德伦理的社会功能则相对弱化。现代人的一句口头禅是"现代社会是法制社会"，仿佛现代社会已然不再是道德伦理的社会。这诚然一方面反映了现代社会日益强化的公共化趋势，另一方面却也或多或少反映了现代人和现代社会的一种普遍心态，我们不妨将其视为一种政治的"现代性心态"，它所蕴涵的主要意味之一，便是现代人和现代社会日益明显的"制度依赖"或"公共化路径依赖"心理。

正如许多现代自由主义批评者们所指出的那样，值得我们注意的是，这种"制度依赖"已经不仅让现代人和现代社会越来越轻视道德伦理，也使我们越来越疏于政治的哲学反思而醉心于公共行政管理的科学技术要素和"显型"制度的约束功能。结果便是斯特劳斯所感叹的政治哲学不再可能，可能且日益昌盛的是政治学、公共行政管理学和政治理论研究。然而，我们的问题依然存在：公共生活领域与私人生活领域是否能够截然分开？作为公民个体的个人与作为自然生命的个人是否可以全然分离成为两个完全无关的人格主体？政治与道德是否能够全然分开？或者更直接地说，一种"无道德的政治"是否真的可能？倘若可能，它是否是现代民主政治的必然归宿？若如此，民主政治是否能够长久地成为人类的政治期待？凡此种种，已经引起了现代政治家和政治思想家们的广泛关注和深刻反思，不要说当今的共同体主义和共和主义政治哲学思潮，就是"新公共行政管理学派"和新制度主义政治学学派也对此有了越来越清晰的认知和理解，而这种关注和反思本身便是我们仍然需要政治哲学的基本明证。或许我们可以这样说，现代公共社会的结构性转型非但没有削弱政治哲学的基础，反倒是强化了现代社会对一种或多种新的政治哲学的期望。

于是，我们有了编辑出版"政治哲学丛书"的充足理由：社会生活的公共化趋势突显了现代人和现代社会寻求"公共理性"的紧迫与意义，而一种健全的"公共理性"寻求恰恰隐含着对政治哲学的深远期待！

2010 年 4 月于北京北郊悠斋

序言

乌托邦、现代性与未来中国政治的理想维度

唐文明

张彭松在清华大学哲学系攻读博士学位时师从万俊人先生，是我的同门师弟。现在，他的博士论文几经修改，准备出版，俊人老师和彭松师弟都希望我来写一篇序言。对我来说，这无疑是一个学习的机会，因为我对乌托邦问题素无研究，也从未认真思考过，尽管很早的时候我就明确意识到，要理解现代中国的政治思想和政治实践，乌托邦一定是个不能绕过的重要主题。

在彭松这部题名为《乌托邦语境下的现代性反思》的大作里，有三点引起了我的注意。其一是他对乌托邦概念的辨正与澄清。在我自己有限的阅读经验中，乌托邦这个概念常常被泛化，乃至滥用，其内涵有时甚至扩大到了这样的地步：乌托邦被用来指称任何意义上的理想社会。很显然，这样做的结果是使乌托邦一词失去了本来的意义。其二是他将乌托邦与现代性问题关联起来思考，自觉地在古今之变的视野里探讨乌托邦的意义。这实际上是他这部著作的主要关切点，无论是从书名还是各章的标题都可以清楚地看出。其三是他也将乌托邦的问题关联于马克思主义，这大概和他以前学习马克思主义哲学的背景有关，也表明他能够自觉地将对乌托邦的思考关联于中国政治，甚或对中国政治的关切还是他选择乌托邦作

为研究主题的主要动机。以下就是我阅读该书时的一些心得体会，以及我自己的一些不成熟的看法，铺陈于此，就教于师友同仁。

乌托邦所要探究的是"最好的国家制度"，这一点可以从托马斯·莫尔那部大书的全名清楚地看到。而关于什么是"最好的国家制度"的追问，虽然在思想层面可能需要诉诸哲学的基本理论或神学的基本教义加以论证，但在心理层面则往往源于对现实国家制度的不满：说莫尔的《乌托邦》意味着对英格兰都铎王朝的政治现实的批判当然是持平之论。不过，主导着乌托邦思想的一个更为重要的心理因素是希望：人总是能够希望，而且是无端地希望，哪怕身处绝境。如果"最好的国家制度"首先是在人类的希望中呈现出来，而哲学或神学所能做的，只不过是为之提供一种可能的论证或说明，那么，我们就应当将理解乌托邦的重心放置在希望这一人类先天具有的心理能力上。然而，哲学理论或神学教义往往在逻辑上给予乌托邦思想以基础性的支持，这一点亦不应忽视，特别是在崇尚"拒斥形而上学"的时代氛围里。如果我们狭义地从犹太—基督教的思想背景中理解"希望"一词，比如说突显作为神学美德的希望与理性断言的绝境之间的对比，那么，我们就从心理的进路抵达了乌托邦概念的另一个见诸字面的意涵：乌托邦具有虚构性质，是既不在时间中也不在空间中的、根本不可能实现的乌有之乡。然而，也必须注意到，在莫尔之后，随着资本主义的不断发展，特别是启蒙运动、法国大革命等西方现代史上的重大事件的发生，乌托邦思想得以与历史进步的观念结合起来从而不再止于希望和想象，而是明确地诉诸实践，换言之，在世俗化过程中的现代西方，乌托邦思想不仅发挥了批判现实的强大功能，而且激发了人们改造世界的极大热忱。①

---

① 参见［美］莫里斯·迈斯纳：《马克思主义、毛泽东主义与乌托邦主义》，张宁、陈铭康等译，4 页，北京，中国人民大学出版社，2005。

　　从正反两方面来说，乌托邦这一概念的产生都是一个典型的基督教现象。莫尔作为一个多年以后被梵蒂冈封为圣徒的天主教徒——在此似乎应该提及，在新教徒的心目中莫尔留下的可能更多地是一个迫害者的形象，他的思想深受基督教的影响是不言而喻的；而从基督教的《圣经》和教会传统中发掘出与乌托邦想象在思想上的积极关联并不困难：实际上赫茨勒就明确指出，莫尔在撰写《乌托邦》时深受奥古斯丁《上帝之城》的影响。① 有意思的倒是莫尔的《乌托邦》与基督教的反面联系：乌托邦讲述的恰恰是一个由品德高尚的异教徒们所组成的政治社会，这个社会的人们不仅在宗教问题上非常宽容，而且在整体上比由基督徒们所组成的社会更加完美、更加幸福。也许有人在此还愿意提及与犹太－基督教思想有密切关联的末世论思想、诺斯替主义或千禧年主义等等，总而言之，我们做出如下断言大概不会有错：乌托邦概念的提出是在基督教的社会和思想语境中，既受到了基督教思想的某种精神推动，又针对着基督教社会中出现的某些问题。

　　然而我们也不能忘记莫尔的另一个形象：他还是一个人文主义者。在此或许有必要指出如下事实：《乌托邦》一书是用拉丁文写成的，主要是写给像爱拉斯谟——他是莫尔的朋友——这样的人文主义精英看的。当然，就思想的深层联系而言，绝对不能不提柏拉图《理想国》对莫尔写作《乌托邦》一书的影响。至少部分因为这个原因，在"乌托邦"成为一个解释力很强的概念之后，《理想国》被认为相当系统地表达出了西方思想史上第一个乌托邦思想。不过，仅仅指出《乌托邦》与《理想国》的思想联系也可能导致对两者差异的忽视，特别是对从古典到现代的变革缺乏足够的审察或重视的话。

---

　　① 参见［美］乔·奥·赫茨勒：《乌托邦思想史》，张兆麟等译，126 页，北京，商务印书馆，1990。

如果我们将《理想国》中所叙述的国家制度称作古代的乌托邦，而将莫尔和莫尔以后的乌托邦著作中所叙述的国家制度称作现代的乌托邦的话，那么，可以清楚地看到，二者之间的共同点和不同点都是比较明显的。就共同点而言，西方世界的大多数乌托邦思想都包含了财产公有、贬抑家庭、依赖精英、强调优生、注重教育等要义。① 就不同点而言，值得注意的至少有以下几个方面。

首先，如果乌托邦思想总是针对现实政治制度的不满而提出来的，那么，很自然，促使乌托邦思想得以产生的不满也表现出不同的时代特征。在柏拉图那里，治理国家在很大程度上就是治理人心，所以现实政治制度的主要问题在于没有能够起到"存天理、灭人欲"的功能；而在莫尔等现代乌托邦思想家那里，虽然"世道浇漓、人心不古"也是一个重要的话头，但现实政治制度的主要问题被集中在工业时代的经济问题上。

其次，如果乌托邦思想对于理想的社会秩序的憧憬总是基于一些特定的历史文化资源，那么，古代和现代的乌托邦思想对于理想秩序的想象也呈现出明显的不同。在柏拉图那里，对理想的社会秩序的描述大概主要见诸神话、历史著作中的"黄金时代"，而对理想的社会秩序的理解恐怕只能归诸亚里士多德那里才高度系统化了的自然目的论了。就是说，在描述的层面上，不满来自当时的社会现实与历史文献中对黄金时代的描述之间的巨大差距；在理解的层面上，不满来自社会现实相对于自然目的论规导下的理想秩序之间的巨大差距。在莫尔以及后来的现代乌托邦思想家那里，描述理想

① 其中也有差异，比如，乔·奥·赫茨勒指出，和其他乌托邦思想家不同的是，弗朗西斯·培根在《新大西岛》中"颂扬家庭的职能"；而詹姆斯·哈林顿和其他乌托邦思想家的"根本分歧"表现在他"赞成一种慎重地保存个人财产的制度，尤其是保留土地"，此外，他也没有像其他人那样表达过优生的思想。分别见［美］乔·奥·赫茨勒：《乌托邦思想史》，145、175 页。

的社会秩序的资源不仅在黄金时代这一古典文化意象之外加上了伊甸园、新耶路撒冷等宗教意象，而且更有可能包含着对正在消逝的田园诗般的中世纪的强烈缅怀。[①] 特别是在近代科学革命之后，对于理想的社会秩序的理解发生了巨大的变化，简而言之，不再以古典时代作为人们基本信念的自然目的论为理论基础。

最后，在古代的乌托邦思想中，达至理想的社会秩序的关键在于情欲的治理，而情欲的治理又端赖于有德者在位，也就是柏拉图所倡导的哲人做王；而在现代的乌托邦思想中，虽然达至理想的社会秩序仍在很大程度上被认为必须依赖于精英，但越来越被强调的倒是除了精英之外的其他方面。比如在《新大西岛》中，培根所强调的正是如何借助科学和知识的力量来实现一个具有乌托邦性质的理想社会——关于这一点，我们只要指出如下的事实就足以说明问题了：《新大西岛》是《新工具论》一书的副产品，而后者在西方哲学史上恰以重视实验科学的价值、强调知识的力量而著称。又比如在《大洋国》中，哈林顿可以说是首次在政治上予以经济制度以特别的重要性，甚至被认为是提出了一个关于政治与经济之关系的新原则：一个国家中的经济基础将决定它的政府性质。[②]

关于乌托邦思想在启蒙运动以来、乃至法国大革命以后的发展，就不能不提马克思主义。作为马克思主义创始人的马克思和恩格斯，对于乌托邦思想既给予了高度的评价，又给予了激烈的批评。马克思、恩格斯笔下所描述的理想社会与乌托邦思想家们笔下所描述的理想社会就其内容来说具有很大程度上的相似性，二者的

---

① 由此我们或可注意到，将乌托邦思想置于古典与现代之变革的视域中而出现的一个有趣的现象是，一方面，如果说从古典到现代的变动是革命性的，那么，乌托邦思想，特别是包含在犹太—基督教传统中的乌托邦想象，可能正为这一巨变提供了精神动力，另一方面，文艺复兴时期以世俗化形式表达出来的乌托邦思想恰恰又源于对包括中世纪在内的古典时代的缅怀和想象。

② 参见［美］乔·奥·赫茨勒：《乌托邦思想史》，167 页，脚注 3。无须赘言，这个新原则关涉我们对于现代国家和现代政治的基本理解。

分歧主要表现在达至理想社会的道路、方式以及相关的对历史的看法等方面，概括起来主要有以下三点：第一，马克思主义有一套体系化的关于历史发展的社会科学解释，相信历史发展的客观必然性；第二，马克思主义充分肯定现代工业资本主义在历史发展过程中的进步意义；第三，马克思主义把未来的希望寄托在无产阶级身上，认为城市工业无产阶级是资本主义为自身造就的历史掘墓人，是唯一能够承担起建设未来理想社会之历史使命的革命阶级。① 因此，在某种意义上，我们可以说，马克思主义是对乌托邦思想的一种扬弃——这里的意思和我们在官方教科书中常常见到的说法即使不是完全一致，也是大同小异：马克思主义的思想价值和理论意义在于使社会主义从空想的变成科学的。

对于乌托邦思想的意义，肯定者的说法是，乌托邦思想一直是历史的推动力，或如卡尔·曼海姆以警告的口吻所说的：如果摒弃了乌托邦，人类将失去塑造历史的愿望。批评者的说法则是，乌托邦思想是怀乡病的典型表现，只是每个时代的怀乡病在症状上表现得并不一样。对乌托邦思想还有一个非常平实的指责，即认为任何此类构想一旦诉诸实践极易导致极权主义，且会走向理想的反面。顺此而来的推论就是，乌托邦思想在政治上是危险的，在历史上是有害的，这种号称"人类希望之顶峰"的思想也同时意味着"人类愚蠢之顶峰"②。这实际上是一个得到广泛认同的看法，即使有人热衷于在这个问题上为乌托邦翻案，比如，有些学者通过严肃的历史研究指出，无论是现代还是以往的时代都出现过一些与乌托邦思想无关的极权主义制度和社会，这仍很难为乌托邦洗刷掉坏名声。

于是，一个适度的提问应当是：乌托邦有什么用？这个提问促

---

① 参见［美］迈斯纳：《马克思主义、毛泽东主义与乌托邦主义》，37 页。我在这里对这三点的排列顺序和迈斯纳不同。

② Lewis Mumford, *The Story of Utopia*, Viking Press, 1962, p. 1. 转引上书，1页。

使我们再次回到莫尔创造的"乌托邦"一词的那个见诸字面的意涵：乌托邦就是乌有之乡，表达的只是美好的愿望而已。质言之，如果乌托邦意味着最美好的政治希望，那么，它并不是用来直接诉诸实践的，它的用处限于思想的层面：它可以启迪我们的政治想象，激发我们的政治活力，可以为我们提供一个批判现实的清晰参照。① 依此衡之，如果说《礼记·礼运》中的大同说可以被称为中国古代的乌托邦思想的话，那么，这个乌托邦式的大同理想在中国古代的政治实践中所起的作用就是非常适度的：历代君主大都以尧舜——在《礼记·礼运》中，大同之治正是对应于尧舜，而小康之治则对应于三代——为榜样，都标举"天下为公"的理想主义大旗，但历代的政治制度都不脱"天下为家"的小康理想而尽收务实、平顺之良效。

转到现代中国的语境中来，一个引人注目的事实是，一百多年的中国现代政治史无论从思想层面看还是从实践层面看都与乌托邦具有密切的联系。而这一切都要归于康有为：在《大同书》中，他通过改造《礼记·礼运》中的"大同说"而成一"新大同说"，从而为现代中国的国家建构和政治追求确立了一个具有典范意义的目标框架。康有为的新大同说虽然改造自《礼记·礼运》中的大同说，但二者之间其实所异远胜于所同。② 新大同说的意义可以从这一点得到恰当的理解：后来主导中国现代政治史的国共两党，无论就其政治理念还是就其政治实践而言都在其笼罩之下。③ 孙中山已经自觉地将三民主义和大同说关联起来，戴季陶对三民主义的解

---

① 这正是茱迪·史珂拉《乌托邦有什么用?》一文的主要观点，见［美］茱迪·史珂拉：《政治思想与政治思想家》，左高山等译，190～207 页，上海，上海人民出版社，2009。

② 参见唐文明：《夷夏之辨与现代中国国家建构中的正当性问题》，见《近忧：文化政治与中国的未来》，上海，华东师范大学出版社，2010。

③ 参见唐文明：《中国革命的历程与现代儒家思想的开展》，载《文化纵横》，2010（2）。

释，特别是对民生主义的解释就是朝着这个方向所做的出色发挥。①毛泽东也自觉地将共产主义与康有为的新大同说联系起来，认为正是马克思主义给中国人乃至全人类指出了一条迈向大同的正确道路。

如果说在国民党人那里，大同理想主要还是停留在政治思想的顶端而很少被付诸实践的话，那么，在共产党人那里，大同理想并不意味着只是一个遥不可及的乌托邦式的政治理想，而恰恰也是政治实践的对象和目标，特别是在1949年共产党人建立了一个无产阶级专政的新国家之后。然而，也正是在这种政治实践中产生了严重的问题：从"大跃进"到"文化大革命"，国家和人民都遭受了独特的政治灾难。于是才有了"三中全会"以来——也就是邓小平时代——所谓的"拨乱反正"，其实是合理地消除过去政治生活中的某些乌托邦因素，使政治生活回归到更为实际的地平线上。

这种回归的意义自不待言，30年来中国的发展就是明证。不过，从目前来看，反倒是由回归而引发的对社会主义未来的迷惘令人关切。策略性的话语最多可以起到指引作用，而且其发挥作用的语境一定是一个具有实质内容和主张的政治建设方案。所以，新的问题反倒是，过去乌托邦式的政治实践所带来的惨痛教训可能导致一种"一朝被蛇咬，十年怕井绳"的弱者心理，从而使我们在中国政治历经去乌托邦的过程中不再能够充分地肯定或充分地重视乌托邦思想的积极意义，于是，一味地拒斥乌托邦就成了一个得到广泛认同的政治意识。如果我们回到上文对乌托邦之功用的适度理解，那么，我们或可得到一个同样适度的看法：未来中国的政治实践

---

① 可以说，大同理想正是三民主义的最后归宿，不过，需要指出的是，国民党人接受了康有为对《礼记·礼运》中的大同说的大部分改造，但亦有与康有为的新大同说旨趣迥异之处，特别表现在，康有为的新大同说以破家为最关键，但在国民党人对大同理想的理解中则严格秉承《礼记·礼运》而充分肯定家庭的意义和价值。

仍需要乌托邦思想发挥其重要的理论功能，以塑造其应有的理想
维度。

因此，值得我们思考的问题首先是：如果说康有为《大同书》
中的政治思想在过去一百多年的时间里发挥了笼罩性的影响，那
么，从一种在原则上康有为也同意的中国立场上来看，康有为的新
大同说能否真正成为现代中国——当然特别是未来的中国——政治
理想的典范？如果答案是否定的，那么，问题就可能变成：如何重
新理解、诠释《礼记·礼运》中的大同说，从而为未来中国的政治
生活确立一个立意高迈但落点平实的根本方案？

庚寅年夏，龙泽苑止而巽斋

目　录

导论：重新反思"乌托邦"

　　"乌托邦"成为"空想"或"不科学"的代名词，已然成为现代社会的不争事实，无论是在大众文化层面，还是在社会精英层面都是如此。在人们的日常言谈中，"乌托邦"一词不再代表对未来美好生活的想象，而成了"白日做梦"、"异想天开"的同义语。在现代思想界能够为乌托邦的价值直接正名的哲学家或学者寥寥无几。人们在批评某种哲学观点时，最严重的莫过于说对方的思想是乌托邦，言下之意就是指出对方的思想没有任何的实际用处和价值，是在胡思乱想，凭空捏造。而且每个人似乎都在努力使自己的思想更加贴近和关注现实，希望能够为大众层面所接受和认可。海德格尔对此曾不无悲观地说，随着科学的制度化、事功化和机构化特征的扩展与巩固，真正意义上的学者消失了，科研工作者顺理成章地使自己成为名副其实的技术工人，"只有这样，他才能卓有成效地胜任他的工作；也只有俯首帖耳地追随时代的风尚，他才称得上明智，称得上有现实的眼光，有现实的头脑。昔日环抱他的学术活动应有的浪漫主义气氛，而今已经日渐稀薄"①。

　　在乌托邦的观念严重贬值的现代社会中，重提乌托邦是否还有必要？我的回答是谨慎的，然而却是积极肯定的。正是在乌托邦言

---

　　① ［德］海德格尔：《人，诗意地安居》，郜元宝译，45页，上海，上海远东出版社，2004。

说极度匮乏的现时代，在现代性文化观念无限制地扩张、平整每一个文化主体或个体观念与行为方式之时，在人们沉浸于享受消费的极度快感和自由中，乌托邦作为一种人类永恒的超越精神，才开始显示出它的拯救世俗的精神力量，并在对现实的批判中发挥着积极的作用。在人类历史上往往是处于对现实的盲目的乐观之中，人才会陷入对自身无批判、无反思的僵化状态，人由此也开始回归乌托邦来拯救自身。从这一点来看，乌托邦的出现仿佛基督的复活，上帝的拯救，后者其实就是人改变自己现存状态的隐喻性表达。在导论中，将对乌托邦的含义及其一些基本问题给予分析，力求预先建立对乌托邦问题的总体认识，并为后文的展开预制一个确定的理论起点。

一、何谓"乌托邦"?

"乌托邦"（utopia）一词是由两个希腊语"ou"（无）和"to-pos"（场所）构成的，本义表示"无场所"、"不在场"、"没有的地方"，亦即"乌有之乡"。它是由托马斯·莫尔最先开始使用的。但乌托邦观念（有时也称"乌托邦思想"、"乌托邦价值"或"乌托邦精神"）却是由来已久。早在《理想国》一书中，古希腊哲人柏拉图就设计了一个现实社会里根本不可能存在的理想的社会模式。他认为，这种理想的社会模式尽管不可能在现实中得以存在，但它却是应该比现实更加真实可信的，它存在于人的心中。现实只能是对理想社会的粗糙模拟而已。美国学者赫茨勒在《乌托邦思想史》一书中，把乌托邦的思想追溯到柏拉图之前的希伯来先知那里，认为他们在面对当时不合理的现实时同样能够审时度势，提出重建社会理想的路线，并勾画出一幅完美的未来图景。赫茨勒认为，乌托邦思想的基本精神就是认为，现实社会是一个并不完全真实的社会，它有必要而且可能进行人自身的改造以符合某种合理的乌托邦社会理念，最终使社会达到一种理想的境界。《乌托邦思想史》一书的最开始部分，赫茨勒就主要对阿莫斯、霍齐亚、艾赛亚、杰里迈亚、伊齐基尔、艾赛亚第二等人的乌托邦的思想给予了说明，从中我们可以看出，乌托邦观念在很大的程度上是根源于西方社会的根深蒂固的宗教文化传统。在这些先知们解决他们所面临的社会问题时，虽然具体的策略不同，但有一点是相同的，这就是：他们都希望通过对堕落的现实的人的改造，并遵循神的教导，最终摆脱苦难的现实，进入美好的乐园。

但严格来讲，赫茨勒所指出的先知的思想只能说是乌托邦思想的萌芽，还不能称之为完整意义上的乌托邦理论，因为乌托邦虽然是人的想象的产物，但它更多的是人的理性能力发展到一定阶段的成果，而且乌托邦思想体现了人自身内在的主体性力量，而不是完全依靠神的力量以神话的方式获得拯救。从更宽泛的意义说，乌托邦思想根源于西方社会的宗教文化传统，但与后者又有一些重要的区别，即使在奥古斯丁的《上帝之城》中所描述的理想社会也是必须依靠人与人之间的友爱才可能接近并通达心中的"上帝之城"。

在欧洲人"发现新大陆"这个重大的事件之后，特别是在17世纪进步观念、人道主义和理性等启蒙精神的推动下，乌托邦观念不再是指某个世外桃源的与人的现实无涉的空间概念，而是成为了现实的人可以期待实现的时间范畴。形象地说，乌托邦不再是人幻想的一个"好地方"，而且也是人希望出现的"好时光"。乌托邦观念由"空间"向"时间"的这种转变与人的实践活动范围的扩大和人的实践能动性的提高有着密切的关系，乌托邦作为一个被植入历史中的理想社会秩序、和谐生活乐园与人的现实生活的距离越来越近，与人的实践活动也密切相关。这就是近代的空想社会主义者在设计美好的社会蓝图的同时，进行像自然科学那样的社会试验的原因所在。他们都希望自己所设计的理想社会能够最终实现。虽然他们的行动最终失败了，但他们毕竟走出了单纯构想社会蓝图的局限，而积极投身于社会的实践活动，这也说明他们那个时期的乌托邦观念开始贴近和关注现实。这种乌托邦设计不但要求构想美好的理想社会，而且也希望通过现实的一定程度的改良或变革来实现这种美好的社会蓝图，如圣西门、傅立叶、欧文的空想社会主义，为马克思主义的产生奠定了一定的思想基础。但是，即使近代社会的乌托邦观念发生了由"空间"向"时间"的转换，它仍然根植于近代西方传统和现代启蒙精神相互融合、碰撞的西方文化中。

　　然而，随着现代科学技术的发展和进化论观念不断深入人心，传统的乌托邦观念在慢慢地消解，以至于在现代社会中只会出现所谓"乌托邦"的术语，却没有其实质性内容，按照赫茨勒的说法就是"拟乌托邦"。比如，爱德华·贝拉米的《回顾》、西奥多·赫茨卡的《自由之乡》、威尔斯的《现代乌托邦》和托夫勒的《第三次浪潮》，等等。之所以称之为"拟乌托邦"，是因为他们的社会构想不再像传统社会的乌托邦思想那样保持与当下现实社会的巨大张力，不再对现实社会的变革具有深刻的启迪和警示作用，而是缺乏超现实的丰富的想象力。他们只是采取了乌托邦的叙述形式或构想模式，但乌托邦的内容却与现实社会基本上没有什么差别。实现这种所谓的社会理想完全是指日可待的事情，即使这种"拟乌托邦"的作者本人也承认，他们的乌托邦构想是按照现实的人性来构想和实现的，与现实社会的差别只在于发生时间上"量"的不同而已，而根本没有什么"质"的区别。因为在充分理性化、操作化的现代社会中，在现代拒斥形上学传统的文化观念中，他们已经"能够认识到试图刻画出一个永恒的完美国家是愚蠢的行为。他们认为社会的改造必须建立在人类本性的现实基础上"①。所以，严格说来，乌托邦观念深深扎根于西方传统社会的文化观念和社会结构中而为现

---

　　① 〔美〕乔·奥·赫茨勒：《乌托邦思想史》，220 页。

代社会的发展观念所不容。

　　乌托邦观念根源于传统社会的文化观念和社会结构中，常常以浪漫主义的形式表现出来。浪漫主义的社会观念是一个回归式的概念，它假定在人类历史的发展过程中曾经存在着源初的自然和谐状态，当下的现实社会都是对这种曾经存在过的理想社会状态的背离和反叛。面对当下的社会中发生的各种矛盾和危机，人类只有重新返回到这种理想的"黄金时代"，才可能摆脱目前的由于背离"黄金时代"所遭受到的不幸状况。这种浪漫主义的典型代表人物就是18世纪启蒙时代的卢梭。他与同时代的其他启蒙思想家的主要不同之处就在于，他深刻地认识到了人类历史进步的辩证法，历史不应是直线发展的，而应是循环前进的；历史在进步的同时亦有可能失去人类曾经具有的最美好、最值得珍惜的价值。这正是当时卢梭受到极力鼓吹启蒙精神而未认识到启蒙界限的伏尔泰、狄德罗等哲学家猛烈攻击的原因所在，甚至被他们指责为"想回到原始状态"的野蛮人。然而，历史的发展却验证了卢梭思想的睿智，主张返回古典政治的施特劳斯就明确地指出，现代性的第一次危机出现在卢梭的思想中。实际上，"卢梭关于自然状态的描述并不是想要作为一个关于过去的历史纪事，它乃是一个用来为人类描画新的未来并使之产生的符号建筑物。在文明史上总是由乌托邦来完成这种任务的"①。对人类文明或历史发展的看法类似于卢梭的，还有精神分析学的鼻祖弗洛伊德。一如卢梭对启蒙精神及其演进趋势的总体判断，展示了人类的自然而纯朴的源初本性的珍贵，弗洛伊德对现代人心理世界的诊断，暴露了现代文明的缺失。弗洛伊德观察到，在现代社会中人的"本我"和"自我"并不是完全一致的，而是内在冲突的，但现代社会更看重的是人的能够把自己和社会相互协调的

---

　　① ［德］恩斯特·卡西尔：《人论》，甘阳译，96页，上海，上海译文出版社，2003。

"自我"，而"本我"只能作为非理性的领域服从于历史进步理性的逻辑。弗洛伊德认为，与个体在成长的过程中为了成功地适应社会必须压抑童年的快乐梦想一样，只要人类文明或历史走向进步，往往就是以牺牲人的"本我"的快乐原则为代价的，只是到了现代社会，随着科技发展，社会理性化程度提高，相应地对人的"本我"的压抑也表现得更为突出和明显。现代社会有成功之处，也有其败笔所在。在一定程度上弗洛伊德对人类文明或历史进步压抑人的"本我"的必要性也持肯定态度。他说："对于那些有助于控制自然和生产财富以抵御人类敌意冲动的一切，这些规章制度，风俗习惯和要求都必须予以保护。否则，人类创造的财富轻而易举地便可毁于一旦。"① 人类必须保护过去所创造的文明成果，以面向未来的发展。但是，他同时也认为，在西方传统社会中宗教基本上起到了两种作用，一方面它起到了稳定社会的作用，另一方面也满足了人的真实的"本我"反抗现实和寻求超越的内在冲动。他说："如果一方面宗教带来了强迫性的限制，简直和一个人的强迫性神经症毫无二致，那么另一方面，宗教就会在一种至福乐极和幻觉紊乱的状态下，包含着一种充满渴望的幻觉体系和对现实的否认。"② 而在同样压抑人的现代文明中，代替了宗教信仰的科学和理性在给人类带来效用的时候，在增加人类控制自然和调整社会的力量的同时，却无法真正地满足人的"非理性"的内心渴求和超验的幻想。

弗洛伊德的一些思想建立在卢梭关于"幸福的野蛮人"的观点之上，看到了文明的发展对人的源初本性的压抑和束缚，但他也像霍布斯那样看到，原始人的非压抑的欲望满足将造成社会生活中的相互敌对状态，显示了文明得以存在的必要性。另一位现代精神分

---

① ［奥］弗洛伊德：《一个幻觉的未来》，杨韶刚译，78 页，北京，华夏出版社，1989。

② 同上书，116 页。

析家弗洛姆（也译为弗罗姆）也曾指出："原始人是健康的、快乐的，因为他的基本本能没有受挫，但是他缺乏文化的赐福。文明人比较安全，享有艺术与科学，但是他必定会患神经症，因为文明生活使人的本能不断受挫。"① 可以说，源初的人类本性和文明的发展始终是矛盾的，到了现代社会情况仍旧如此。现代的社会文明相对于传统社会来说，在控制自然和协调社会方面，尤其是在对物质财富的获取能力上得到了很大的进步，但也不得不承认，在许多方面现代人已经更多地远离了属于人之所以为人的自然本性和源初情感，而将自身完全同化于现实的历史进步理性之中。现代社会并不是真正实现人的个性解放和自主的时代，而是通过各种理性化的制度安排、实证性观念和庞大的官僚体制有效地实现和加强了人的适应现存社会、服从于现实逻辑能力的时代。正如弗洛姆所说的，现代人安全了，但不一定享有真正的自由和幸福。

其实，任何时代都不可能彻底解决人的源初本性与人类文明之间的矛盾和对立，任何现实的解放都应当是相对的和辩证的。即便在马克思非常强调的"人类的最终解放"这一思想中，情况也同样如此。马克思从来没有认为人类解放就意味着某种社会制度能够一劳永逸地解决现实社会中的所有问题和矛盾，共产主义也无非是史前史的结束，是真正人类历史的开端。而所谓真正的人类历史，也并不是凭空设想的，在一定意义上说，它是在更高的阶段上对人的源初情感和本真的社会联系的一种回归，是在现有的基础上对历史上曾经具有的、对人类未来命运至关重要的价值观念的重新占有和整合。从这一点来看，马克思的思想也带有一定的浪漫主义色彩。而现代性的一系列文化观念则完全抛弃了这种合理的浪漫主义，视之为一种幼稚和无知，企图把人从这种蒙昧的状态下彻底地解放出来，在当下的现实社会中就能够建立一个永久符合人类理性的历史

---

① ［美］弗洛姆：《健全的社会》，孔恺祥译，60页，贵州，贵州人民出版社，1994。

蓝图，这未尝不是一种狂妄的、无根基的"空想"。尼采曾尖锐地批评了现代人的这种急功近利的做法："唯有把人类中心的特异反应当作事物的尺度，当作衡量'实在'与'非实在'的准绳，简言之，把一种有条件的东西绝对化，这才是幼稚的。"①

　　浪漫主义的共同渴望就是回到过去的"伊甸园"状态，返回到人的"黄金时代"，用过去的社会模式重建今日的社会理想。其实这也是对人类社会在发展的过程中所失去的价值观念的一种理想化、乌托邦化，而不是说在人类历史上客观存在过这种美好的乐园，其终极本质和目的仍然是对当前所在社会的一种批判和质疑。我们很难在概念上完全区分"乌托邦"与"浪漫主义"，它们在社会功能和价值理念上都有许多相似甚至相同之处，所以有时可以替换使用它们。从这一点来说，浪漫主义是乌托邦的另一种表达方式，蒂里希称之为"向后看的乌托邦"，"从这种预期或期望中产生的理想结构，它们具有一个显著的特征，即它们并不单单是向未来的投射，而同样也可以在过去中发现，考察乌托邦的本质，其中一个最重要的发现就是，每一个乌托邦都在过去之中为自己创造了一个基础——既有向前看的乌托邦，同样也有向后看的乌托邦"②。一般来说，大多数的乌托邦设计都表现为一种三段论式的运动：原始的美好社会（伊甸园），也就是人的本质的体现；堕落而疏离人的原始的本质，即当下的状态（失乐园）；超越堕落而对原始状态的期待（伊甸园的复归）。这种否定之否定的三段式的运动并不是简单对历史的经验描述，而是表达了对历史的形上之维的信仰。如果要强调乌托邦与浪漫主义之间有什么不同的话，那就是在时间指向上有所差别。乌托邦的思想主要是强调在现存社会与未出现或将要

---

　　① ［德］尼采：《偶像的黄昏》，周国平译，168 页，北京，光明日报出版社，1996。
　　② ［美］蒂里希：《蒂里希选集》上卷，何光沪选编，96 页，上海，上海三联书店，1999。

出现的理想社会之间保持巨大的张力，所有在过去曾经存在过的美好社会只有在未来的历史发展中才能使其内在的价值得以展现。

在这里，我们还需要把"乌托邦"和"无政府主义"这两个貌似相同而实质上却有很大差别的两个概念明确区分开来。它们的相似点是，二者都反对现存的社会和政治设计。而不同之处在于，乌托邦是以重新建立完美的社会或完美的政治设计为终极目标，对人的内在地改变社会的力量充满积极的乐观主义精神，其本质特征是超越与重建。而无政府主义虽然也寄希望于建构一个完美的社会，但它对完美社会的渴望是建立在对所有的社会构想或政治设计都悲观失望的基础上，因而它把唯一的希望寄托在人自身的善良本性或内在善的无穷力量上。乔治·卡恩克罗斯指出："无政府主义者反对以组织另一个政府为其基本目标的任何形式的政治集团。废除国家和它的一切机构是无政府主义的基本的和最早的宗旨之一。"① 无论无政府主义者对现实的社会和政治采取多么极端的否定态度，由于它不再相信重建未来美好社会的可能性，从而使它陷入与现实社会的抽象对立中，最终不能够被人们所真正接受和认同。曼海姆曾批评无政府主义者 G. 兰道尔对现存秩序处于盲目认知状态，将所有事物都简单化了，"它把从集权国家出发，经过民主共和国家到社会主义国家的所有各种事物，都笼统地称之为独裁主义，而仅仅认为无政府主义是自由主义"②。这使理想与现实之间陷入僵化的对立之中，"而制度性秩序则始终只不过是那些乌托邦和革命式微之后剩下的、邪恶的剩余物而已。因此，历史所走过的道路，就是从一个家园出发，经过一个乌托邦再到下一个家园，诸如此类"③。主观上，无政府主义发挥了防止现存秩序变成绝对的作用，但客观效

---

① ［美］特里·M·珀林：《当代无政府主义》，吴继淦等译，230 页，北京，商务印书馆，1984。

②③ 同上书，235 页。

果上却是对现存的消极默认和无谓的悲观。

我们知道，乌托邦的设计反对现实社会中不合理的因素，但乌托邦与现实之间并不是截然对立、没有任何的可通约性，而是采取相对辩证的态度。在关于乌托邦的许多著作中，我们不难发现，在乌托邦的理想社会中人们的社会秩序井然、人的自觉性达到了很高的程度，人们大都自愿去参加劳动，并把劳动当作很快乐的事情，但在这样的乌托邦社会中，并不是没有犯罪和违反规定的事情，只是有相对于现实社会更好的管理机制，如废除私有制而实行公有制、建立公共食堂，等等。在乌托邦社会里，仍然有国家、政府和其他各种组织，甚至也有宗教。所以与乌托邦的历史设计相比，无政府主义陷入一种纯粹的美好想象，它对现实社会缺乏最起码的理性认识，更主要的是它对人类未来是否能够设计一个不同于现实的新型社会模式缺乏信心，从而否定一切重建新型社会的可能性。

在了解乌托邦的历史及其与浪漫主义、无政府主义之间关系的基础上，为了更好地讨论下文乌托邦与西方传统社会文化观念、马克思主义、现代性等问题，这里有必要对乌托邦的内涵和外延做一基本的界定和解释。根据以上关于乌托邦思想及相关性问题的讨论和分析，我认为，"乌托邦"是人们基于对社会变革的责任和义务而超越给定的现实社会，并对不可能最终实现的、终极性的社会理想状态的一种总体性构想或设计，代表着人类对某种社会理想的目的性追求和期待。又由于乌托邦观念是强调对人类的理想社会总体性建构或设想，而不是通过现实社会的某一种要素或同一性机制，如技术、理性等来实现，故可以称之为"社会乌托邦"。本文中出现的"乌托邦"术语，如果不特别指明，都是在"社会乌托邦"意义上来表达的。

具体来说，乌托邦的社会理想应该包括以下具体内涵。首先，它是人所拥有的一种区别于工具理性的终极价值理想。作为一种双重性的存在，人不仅受到感官所接触到的事物支配，还会受到超验的思辨的想象启发，前者是形下的经验层面，后者则是形上的价值理想。人与动物的一个重要区别就是，人能够将混沌的感觉经验条理化而上升到比较抽象、普遍的高度，其中的缘由就在于，人的活动具有一种目的性的价值理想，并按照这种理想尺度来重构现实。动物只能按照其本身所固有的"物种"尺度来生存，而人却并不完全如此，或者说，这仅仅是人的生存维度。人并不是始终保持"与他自身相同一"，而是处于"是其所不是，不是其所是"的生成、运动和变化的自我超越中。与属于价值理性的乌托邦这一社会理想形式相比较，一些具体的社会理想形式属于工具理性的范畴，它追求有效性和实用性，即只考虑在既定的目标下实现效率的最大化，至于目标的价值合理性与否，这并不在它的视野和筹划能力范围内。在现实存在中，人们所接触到的大都是形形色色的具体社会理想，它是人们的社会生活所必需的生存前提。

其次，乌托邦的社会理想开启了未来广阔的可能性空间。在现实社会中，人追求的目标往往是能够实现的可能性，然而，对于不能实现的可能性则视之为空想，这就把诸多虽然不可能实现、对人来说却至关重要的价值排除在外了。因此，人不但需要依靠现实逻辑来维持生存，更需要有超现实的社会理想来展开广阔的可能性空间，为人的存在提供丰富的选择机会。假如人处于不能选择的状态，到了只能如此的地步，那么，即使人所能够选择的机会再多，人同样也是不自由的。

再次，乌托邦的社会理想是人对未来历史的终极性价值诉求。人类的历史是由不同的社会阶段构成的，但作为历史的总体并不是由不同阶段的现实社会简单叠加而成，因为，所有已经存在过的社会形态只是历史的过去和现在，至于历史的未来以何种社会形态存在，这往往是由人们超越现实而对未来理想社会的展望来开启的。乌托邦的社会理想对未来历史的展望"首先预设了一个绝对的至善理念或理性本体，然后以为社会历史不过是它们的展开、实现和回归的历程；从它们出发，人类历史不断从低级向高级，从简单到复杂，从野蛮到文明，从自在到自为，最终达到至善至美的终极境界"①。从这里可以看出，乌托邦的社会理想相信人类历史能够摆脱苦难与堕落、疏离与异化，最终使至善理念与永久和平在人间得到完整而真实的体现。这并不是对未来历史的经验式描述，而是隐喻地表达了一种对历史总体的信仰与形上之思。

二、"乌托邦"与意识形态

乌托邦首先源于人们对美好的理想社会的构想，体现了人们的自由自觉和理性意识，但现实社会的发展却像马克思所说的那样是完全不以个人的意志为转移的客观历史过程，甚至往往与人的主观的美好愿望背道而驰。相对于个人的有意识活动方式，社会的发展常常是无意识的，但这并不表示社会发展就是完全无目的性，否则整个社会就会失去秩序的依托而陷入一片混乱。保持现实社会的稳定和秩序，一方面依靠国家和政府的暴力机构来进行外在的控制和约束，另一方面则依靠维护现存秩序的"意识形态"的灌输和教化功能。没有任何一个国家和社会能够完全依靠政治暴力而不诉诸意识形态的教化力量就能达到社会稳定和良好秩序，毋宁说，暴力只是现实社会得以存在和发展的必要条件。在一定意义上可以这样认为，如果说传统社会的政治稳定形式偏重于依靠暴力的话，那么，在现代的自由与民主社会中依靠的则主要是意识形态的灌输和教化力量。

与"乌托邦"一样，"意识形态"（ideology）也是属于近代社会才开始使用的概念，其内涵最早可以追溯到英国哲学家培根的"偶像说"或者"假象说"，意指"知识的障碍"。法国大革命时代

---

① 贺来：《现实生活世界：乌托邦精神的真实根基》，42页，长春，吉林教育出版社，1998。

的哲学家德·特拉塞最早明确提出和使用了"意识形态"这一范畴，意指一种"思想的科学"或"观念科学"，是一种赋有使命的科学，其目标是为拯救人类和为人类服务，使人类摆脱偏见和盲目，而为理性化的统治做好理论准备。后来，"意识形态"这一概念在百科全书派那里演变为以"世俗科学真理"为旗号，同一切形式的宗教思想和其他的传统思想进行的斗争，带有"厚今薄古"的意味。凡此种种，人们往往在褒义的层面上使用意识形态概念，代表一种为新生的社会力量做理论上的论证和解释的严密思想体系。

与上述有所不同，马克思在《德意志意识形态》一书中则是在贬义上批判地使用"意识形态"这一范畴的。他说："人们迄今总是为自己造出关于自己本身、关于自己是何物或应当成为何物的种种虚假观念。他们按照自己关于神、关于模范人等等观念来建立自己的关系。他们头脑的产物就统治他们。他们这些创造者就屈从于自己的创造物。我们要把他们从幻想、观念、教条和想像的存在物中解放出来，使他们不再在这些东西的枷锁下呻吟喘息。"① 在这里，马克思批判所有为现存的统治阶级作论证的意识形态，指责其为服务于特定阶级利益而强加给人们的虚假意识。这种虚假意识并不是完全没有现实根据的，而是一定的社会存在在人们观念中反映出的社会意识。之所以称其为"虚假意识"，就在于统治阶级把原本属于它本身特定阶级的阶级意识作为普遍的可接受、可欲求的意识形态，从而掩盖现实的既定利益关系。在马克思看来，消灭这种虚假意识不能仅仅通过观念的变革，而必须从根本上消除这种虚假意识得以存在的现实根源即阶级对立和私有制，否则只能以一种新型意识形态代替另一种过时的意识形态。由此可见马克思思想的革命性和彻底性。

在韦伯看来，意识形态就是为统治阶层作合法性（legitimacy）论证的信仰体系，是依附于既得政治权力的权威性的理论解释。但

---

① 《马克思恩格斯全集》，中文 1 版，第 3 卷，15 页，北京，人民出版社，1960。

意识形态之所以还能够为社会的许多阶层所接受和认同，不仅是依靠各种暴力手段的强制作用，在很大程度上也与人们的自愿服从有密切关系。韦伯甚至认为，整个现存社会生活的各个方面都处于命令—服从的相互关系中，如父母与子女之间、恋人之间、雇主与雇工、领袖与群众之间，等等，这些服从关系大都是通过自发的形式就可以保持的，但对于统治阶层来说则必须通过合法性的理论论证、信仰体系的理论支撑，使人们相信现存统治秩序的权威性和合法性，由此才能使现存社会保持长期的稳定和发展。在一定程度上可以说，意识形态是中世纪的神权政治解体之后现代国家或政治的合法性和正当性（validity）得以存在的理论根据。因之，有人把意识形态形象地称之为"世俗的宗教"。

韦伯对意识形态的分析，实际上是为现存资本主义的统治合法性作理论论证，指出这种统治形式是"法理型"，较之前资本主义时代的"卡里斯马型"统治和"传统型"统治，更具有形式上的合理性，更能体现出高效性、可计算性、可控制性等特点。但韦伯同时也深深地感到现代统治的形式合理性与实质非理性之间的矛盾，现代人在摆脱了传统宗教信仰和保守的伦理道德对人内心束缚的同时，又使自身陷入了另一种物欲的异化状态，这就是人的创造物对人的控制、人与人之间的"真实自我"的疏离。比如，人服从于机器、庞大的官僚体制、集中的权力垄断、消费主义的盛行以及人的价值观念市场化等意识形态的变化。虽然韦伯希望重温资本主义产生之初的新教伦理精神，至少表现出他的某种浪漫主义情怀，但面对现实的资本主义"铁笼"，他也无不悲观地说，这种社会发展的最终阶段，即"专家没有灵魂，纵欲者没有心肝；这个废物幻想着它自己达到了前所未有的文明程度"①。为此，韦伯深深地渴望和期

---

① ［德］马克斯·韦伯：《新教伦理与资本主义精神》，于晓等译，143 页，北京，三联书店，1992。

待着，在这现代性的历史终结处会有新的全知出现或老观念和旧理想的伟大再生。

韦伯的本意是希望对意识形态作客观的分析和评价，但实际上却处于两难处境，无法对意识形态作辩证的分析。曼海姆把"意识形态"当作与"乌托邦"相对应的一个概念来分析，这就使"意识形态"这一概念处于动态的相互关联中。在曼海姆看来，意识形态和乌托邦都是超越现实社会具体情境的观念重构。他说："有两种主要的超越情境的观念类型，与各种与情境相一致的、适当的观念形成了对照，它们就是意识形态和乌托邦。"① 并且它们"都是由人们针对其运用这种标准的现实所达到的发展阶段和发展程度决定的。显然，那些代表当前处于主导地位的社会秩序和学术秩序的社会阶层，将会把他们作为其承担者的、由各种关系组成的结构，当作现实来经验；而那些不得不处于目前秩序的对立面的社会群体，则会取向与这种社会结构有关的、他们为之而奋斗并且将通过他们得到实现的第一批运动"②。

依照曼海姆的这一观点，意识形态不完全是旧制度的守护者，乌托邦也不再像人们想象的那样神圣，毋宁说，它们是内在相互关联，而不是截然对立的。意识形态常常具有欺骗、虚假的含义，是一种不符合客观现实的主观的、相对主义观念。但意识形态也往往表明了一种乌托邦式的理想，或者说有时必须打着乌托邦的旗号来美化现实，离开了"乌托邦"这一鲜明旗帜，意识形态也无法得以正常运作。如，现代社会原则上否定乌托邦，不承认有超越和替代自身的另一种社会发展的可能性，但人本性上具有一种渴望乌托邦的源初的内在冲动，现代性有时就借此把自身称为现代社会唯一合

---

① ［德］卡尔·曼海姆：《意识形态与乌托邦》，黎鸣、李书崇译，231 页，北京，商务印书馆，2000。

② 同上书，233 页。

法有效的"乌托邦"，表示现代社会已然进化到完美无缺的程度，人类历史在现代性这里已经走向了终结。同样，乌托邦构想一个美好的社会蓝图，但若要在现实中去实现并维护它的权力，却必须依靠意识形态的世俗教化力量，离开意识形态，乌托邦将永远只能停留在人的美好的想象中。所以，在特定情景下，很难将"意识形态"和"乌托邦"区分清楚。然而，尽管"意识形态"和"乌托邦"在内涵上有一些内在的相互关联，但它们的本质区别却是更为主要的。曼海姆认为，虽然乌托邦和意识形态内在的相关性很大，都是超越现实的概念，不适合当前的秩序，因而都是"情境上超越"或不真实的。但乌托邦超越现实又要求打破现实，而意识形态的超越则是以想象的方式去描述现实，并竭力掩盖和维护既定的现实社会关系或有意识地编造谎言。相对于意识形态与现实的关系而言，乌托邦与现实的关系更能够辩证形成一定的张力和制约作用，从而推动人类历史总体向前发展和进步。具体说就是，现存秩序产生乌托邦，而乌托邦反过来又会打破现存秩序的束缚，使现存秩序朝向下一个更为合理的秩序发展。因此，曼海姆主张，必须运用知识社会学的分析，对意识形态和乌托邦之间的相互关系作全面的认识，消除互相对立的个别立场而带来的片面性。

　　总的来看，曼海姆对意识形态和乌托邦之间关系的分析非常接近马克思的思想。意识形态和乌托邦虽然都属于社会意识，是一个现实的双向度社会不可或缺的两个必要维度，但其起源、社会功能却有所不同。从起源上看，意识形态来自现实的既定社会秩序，是人们正常的生产、生活得以维持正常运转的必要条件，如同曼海姆所说的，意识形态是一种"集体无意识"，即整体的、无个性的意识观念系统代替每个个体的有意识的、有个性的思想观念，从而形成这个政治群体中的个体之间思想和行动的一致性。而一种乌托邦观念的产生一定程度上却是源于个人的自由自觉意识，乌托邦著作的作者也常常是属于社会精英的层面。乌托邦与意识形态之间常常是相互转化的。曼海姆指出："经常出现的情况是，处于支配地位的乌托邦首先作为一个个体的充满希望的幻想而出现，只有到后来才会变成一个具有更大广泛性的——我们在其相继出现的每一个阶段上都可以更加精确地加以确定的——群体之诸政治目标的成分。"① 一般来说，在一个良好有序的社会中，意识形态和乌托邦都要保持一种"适度"，意识形态因素过强，就会抑制个性的发挥，使社会失去生机和活力，而若乌托邦的因素过强，就会使整个社会很难保持稳定和秩序。

从社会功能上看，意识形态往往倾向于维护现存秩序，保护社会既得利益阶层的权益；而乌托邦则往往否定现存秩序的合理性及其正当性，欲求建构一种具有终极合法性的社会秩序，而不是现存秩序的权宜之计，只要涉及社会的变革、演进和更替等就不能避免乌托邦的问题，因为正是乌托邦寄托的希望才使人类有了"存在的勇气"去变革现存的社会，推动人类历史的总体进步。我们知道，意识形态的最初含义就是反对传统观念而为现存的秩序作论证的理论系统，这决定了它不仅反对美化传统价值的浪漫主义和否定建构一切政治秩序必要性的无政府主义，更反对重新建构一种新秩序的乌托邦。意识形态会把所有这一切都看作空想或不着边际的幻想，但它不是赤裸裸地维护现存秩序，往往是以一种虚假的理想主义形式来美化现实。因此，几乎所有的意识形态都以"先进"、"进步"、"文明"等术语来标榜自己，力图使人们相信，社会正朝着越来越好的方向发展，从而掩盖或遮蔽现存社会或文化观念所隐藏的深层危机。一言以蔽之，透过现象看本质：意识形态就是一些掌权人物为了统治的需要而虚构的一种言过其实的世界观。这正是在许多情况下人们难以辩证地区分乌托邦和意识形态的原因。从这方面可以说，马克思的阶级分析法和历史唯物主义像一把锋利的锐剑，是戳

---

① ［德］卡尔·曼海姆：《意识形态与乌托邦》，244 页。

穿坚硬的意识形态之盾。马克思思想的革命性和敏锐性就在于，他从来没有被资本主义意识形态的光环所迷惑，而是直指它的。

三、"乌托邦"的精神根基：批判的形上学

库玛认为，乌托邦观念只能出现在希腊古典型和中世纪的基督教传统的社会中，也就是说，乌托邦是西方社会所独有的一种价值观念。此种说法有一定道理。因为按照西方乌托邦观念的标准来衡量，乌托邦观念确实属于西方文化发展所特有的一个产物，隶属于西方传统文化观念之中。在中国似乎只有从近代康有为的《大同书》一书开始，才具有西方乌托邦思想的文本特征，书中的主要观点都受到西方近代文化观念的积极影响。究其主要原因，这与西方文化的形上学（Metaphysics）文化传统有着极为密切的联系。

在西方传统文化的发展脉络中，从古希腊米利都学派的泰勒斯开始，探索世界的本原、寻找世界的终极因，形上学的批判精神就一直是西方传统文化内在包含的一个基本特征。柏拉图的"理念世界"、亚里士多德的"第一实体"、奥古斯丁的"上帝之城"、笛卡尔的"我思"以及黑格尔的"绝对精神"，等等，虽然对世界的终极因的理解都不尽相同，甚至一些观点相互冲突与对立，但却从来没有停止和放弃对世界终极因的形上追寻。在形上学家看来，现实的感性世界都是稍纵即逝、混沌不清，缺乏真实性，只有事物现象背后不变的终极根据和本质才是人值得追求的价值目标。如果依靠人的感性认知来理解现实世界，只能产生错误的结论和误导，唯独依赖于人的超验认知能力才能寻找到世界的终极因。

"形上学"原意是指"物理学之后"，这个术语是以亚里士多德的一本书名的形式最先出现的，这本书的名字叫《形而上学》，是

专门研究"第一哲学"即"是者之为是者"的学问，后来演化为关于本体论的问题。简单地说，形上学就是指那些不可证实的、超越于经验的哲学智慧。同样是对"真实性"的追求，西方的现代哲学与传统哲学对它的理解却有根本性的差异。西方现代哲学或文化观念在总体上倾向于形下的经验实证和形式逻辑的理论演绎。它以实证主义、实用主义和科学主义为其主要特征。以这种哲学或文化观念为基准，所有传统的形上智慧都是值得怀疑和应当抛弃的，而形下的经验实证和自然科学成了判断一切事物及知识的终极圭臬。西方传统哲学的致思取向体现在形上学的"真实性"的本体规定之中，柏拉图的思想对西方传统形上学哲学起到了奠基性的作用。这也就是现代西方许多哲学家无论是拒斥形上学，还是要重建形上学，都把理论的矛头纷纷指向柏拉图的原因之所在。如唯意志论者尼采反对基督教道德的非人性化，更把其理论肇始者归结为柏拉图的思想。他说："我对柏拉图的不信任是深入骨髓的：我发现他是如此远离希腊的一切基本本能，如此道德化，如此先于基督教而基督教味十足——他把'善'这个概念视为最高概念。和别的任何词比较，我宁愿用'高级诈骗'这个刺耳的词，或者，倘若人们更爱听，用'理想主义'，来说明整个柏拉图现象。"[①] 尼采在反对柏拉图的"善"概念的同时，却说出了柏拉图思想的实质："理想主义"，只是这种古典的"理想主义"在现代社会中已失去它应有的价值。

海德格尔力图重建当代的形上学，其首要任务就是否定传统形上学，他甚至把尼采也归入传统形上学之列。海德格尔把当代的技术异化的根源追溯到柏拉图的形上学，认为从柏拉图哲学开始形上学就只关注"在者"，遗忘和遮蔽"存在"而走向现代的人道主义僭越。在这里，海德格尔似乎并没有看到，就是在传统形上学内

---

① ［德］尼采：《悲剧的诞生》，熊希伟译，213 页，北京，华龄出版社，1996。

部，形上学本身在笛卡尔哲学前后已经发生了较为明显的变化，现代的人类中心主义和技术框架的确立，更直接地导源于笛卡尔的主体性哲学。伽达默尔与海德格尔的观点不同，他说："海德格尔认为，采纳理念的学说标志着忘记存在的开始，它只能在想象与客观化中登峰造极，并且作为普遍的强力意志渗透于技术时代……但与海德格尔此种解释相左的是，柏拉图的理念的辩证法的真实内涵却有着根本不同的意义。其基本宗旨不只是简单接受理念，而是从根本上反对把存在理解为现存存在之存在的形上学观。"①

可见，柏拉图的形上学不是对"存在者"的简单认同，而是对"在"的深层揭示，他的"理念"（idea）这一概念本身就带有"理想"的含义，这一"理想"是与现存的现象界分离并制约后者的真实的超验性实在及永恒的"不在场"，它无法还原为具体的经验性存在，现实只能是对理念的分有。这大概也就是柏拉图的思想采用"对话"而不是以"第一人称叙述"的形式来表达他的思想的一个很重要原因，"对话"的哲学表达方式较之后来的哲学思辨有时更能体现形上学的无限延展的可能性空间，从而避免人的怀疑精神堕落为无能的犬儒主义。黑格尔针对柏拉图的这一特点指出："柏拉图把他的思想纯粹放在他人的口中说出来，他自己决不出台，因而充分避免了一切肯定、独断、说教的作风。"② 柏拉图曾把"理念"比作太阳，人并不是只要有视觉就能看清物体，更主要的在于人只有借助于太阳光才能完成人看清物体这样一个复杂过程。太阳虽然不是视觉，但却是视觉得以产生的原因。柏拉图借苏格拉底之口说："善在可见世界中所产生的儿子——那个很像它的东西——所

---

① ［美］R.J.伯恩斯坦：《形而上学、批评与乌托邦》，载《哲学译丛》，1991（1），49页。译文略有改动，"形而上学"改为"形上学"，以明确区别与辩证法相对的"形而上学"概念，以下有类似的译文或提法情况同此。——引者注

② ［德］黑格尔：《哲学史讲演录》第2卷，贺麟等译，165页，北京，商务印书馆，1995。

指的就是太阳。太阳跟视觉和可见事物的关系，正好像可理知世界里面善本身跟理智和可理知事物的关系一样。"① 这里的"善"即"善的理念"，明确地说就是："给予知识的对象以真理给予知识的主体以认识能力的东西。"② 在这里，切不可把"理念"理解为人的主观的先验形式，因为在一般的理解中"理念"作为人的理想就是人的主观的想象，而在传统形上学那里，特别是在柏拉图的思想中，"理念"却是指一种客观的绝对精神。据海德格尔考证，"主观"一词只是在近代才开始使用的，它是与"客观"相对立的一个概念。主体与客体的对立，即人与世界的外在对立，只是在近代西方文化观念中才开始形成，并成为一个凸显的问题，随之，人的内在超越性也在这种外在对立之中消逝了。

由此，我们不难理解，柏拉图的《理想国》一书得以建立的哲学基础就是理念论，更完整地说，就是他的批判的形上学。他从来没有指望自己所设计的美好的理想社会蓝图能够付诸实施，客观上也不可能真正地在现实社会中得以实现，所以他只能希望让"把握永恒不变事物"的哲学王来管理他所设计的理想国。这正是《理想国》一书对西方哲学、伦理学产生巨大影响的重要原因，现代人可以不赞同柏拉图所设计的理想国的一些具体安排，但却不得不为柏拉图对社会发展的深邃洞察力和丰富的想象力而折服。后来的乌托邦思想大都直接受《理想国》一书的启发。

按照现代人的思维方式来理解，构想这种永远不可能达到的乌托邦是毫无意义的。但从人类已有的历史来看，正是这种基于批判的形上学的乌托邦构想，才能保持理想与现实之间的张力，避免人类走向完全世俗化的泥潭而无法自制。R. J. 伯恩斯坦指出："贯穿形上学传统的冲动是乌托邦的冲动，在这种冲动中，我们进行的怀

① ［古希腊］柏拉图：《理想国》，郭斌和等译，266 页，北京，商务印书馆，1997。
② 同上书，267 页。

疑保有了活生生的真理灵魂，并对看似明晰与确定的东西从不停止质疑，我们所养成的对立思维方法区分出所予和应然。我认为形上学不能解决日常生活的实际问题，但形上学保有了活生生的乌托邦冲动，因而保证了敞开批评的空间。形上学的怀疑要求我们揭示并探究批评所包含的理想。我们从当代扼杀形上学的种种企图中思考所得，并不是超越形上学，而是返归形上学传统的真正主流。当今的危机不是来自形上学的乌托邦冲动，而是源于扼杀形上学的种种企图。我反对人们顽固地怀疑所有形式的乌托邦，并确信，我们需要更多的乌托邦思维。"① 正是由于乌托邦根源于人的那种固有的"形上"本性，所以，有了乌托邦思想得以存在的世界必然能够展望未来而否定现存，渴望总体进步而摒弃片面发展，诉诸丰富的想象而不会满足于当下的即时享乐。空想性和不可行性固然是现代人放弃乌托邦的一个重要理由，但这并不是人类本身的本性使然，更不是历史发展的终极归宿。面临着由人类自身的放纵行为所导致的毁灭自身的威胁，人类必须自觉地回归人的源初的"形上"本性和乌托邦冲动，正如瓦尔特·本杰明所说："正是因为有了那些不抱希望的人，希望才赐予了我们。"

在西方中世纪，基督教思想对乌托邦观念也产生了重要影响。从一定意义说，恰恰是西方中世纪的上帝观念给乌托邦思想提供了无穷的精神动力，正如默茨所说："上帝之名将保证使一切人成为具有人格尊严的主体之解放，乌托邦不致成为纯然的投影；假如只有乌托邦而没有上帝，乌托邦便只能是，并永远是一片投影而已。"② "上帝"是基督教神学或哲学中最核心的概念，它集全知、全善、全能于一身，代表一种终极实在，是有限的人所渴望获得的

---

① ［美］R. J. 伯恩斯坦：《形而上学、批评与乌托邦》，载《哲学译丛》，1991（1），52页。

② ［德］J. B. 默茨：《历史与社会中的信仰：对一种实践的基本神学之研究》，朱雁冰译，73～74页，北京，三联书店，1996。

最大"可能性"。而基督教的教会机构只是上帝观念现实化的确定组织形式，没有上帝观念，基督教的教会机构就只能说是一个纯粹世俗性机构而已。与西方传统文化的形上学哲学思想相比，基督教的上帝观念对现实社会关系的影响更大、更广泛，也更普遍。如果说形上学的哲学思想传统还仅仅停留在哲学理论的思辨领域，那么基督教的文化观念就已深入到现实社会生活中人的内心深处和行为规范中，特别在西方中世纪社会，情况更是如此。在西方中世纪，人们认为，不借助上帝的力量而又能维系人与人之间的道德关系，几乎是不可思议的事情。

形上学与基督教的上帝观念并不是可以截然分开的，尽管它们原本就分属两种不同时期的文明形式，一种是古希腊文明，另一种是希伯来文明。但是，从中世纪开始已经难以分清各自的确定界限了。西方社会的形上学哲学思想传统原本就包含神的存在的超验维度，它所追求的永恒性、无限性和终极性无不同时体现着神性的光辉。当形上学设定了一个超验的本体世界的时候，同时也为基督教的上帝观念打开了超出现实此岸的神的彼岸世界。柏拉图与亚里士多德的形上学思想在中世纪的不同时期都得到了不同程度的发挥和运用。从根本上说，这两种不同时期的文明形式只是在理论的表现形态上不同，但是在理论内核上都有内在相通之处，理念、实体、上帝等从本质上说都是与现实的感性世界相分离并超越于后者的具有同等意义的概念。斯宾格勒曾表达过这样的观点，他认为："宗教自始至终是形上学，是出世（jenseitigkeit），是在一个感官的证据只照亮前台的世界中的醒悟。这是存在于超感觉并与超感觉同在的生活。如果没有这种醒悟的能量或相信它的存在的能量，真正的宗教也就完了。"① 这里所说的"宗教"主要是指基督教，斯宾格勒

---

① ［德］奥斯瓦尔德·斯宾格勒：《西方的没落：世界历史的透视》上册，齐世荣等译，372 页，北京，商务印书馆，1991。

看到，正是这种"宗教"的信仰使西方的传统文化拥有了真正的内在的生命力和文化深度，但是"晚期的城市时代就不再能看到这些深处了，它们把残余的信仰转到了外部世界，用人道主义代替了宗教，用道德化与社会伦理代替了形上学"①。正是这种超验信仰的缺失和形上学的隐退使西方社会有极强生命力的文化走向了后来的僵死文明。

正是这种形上学与"宗教"的内在关联，"启蒙运动所开始的对形上学理性的批判，必然会变成对宗教的批判；如果形上学的无主体理性，在启蒙运动的光芒中丧失其（政治上的）清白，那么，利用这种抽象理性，以便使其一揽子要求合法化的宗教，便陷入受怀疑的境地"②。尼采后来也把基督教和形上学作为同一个问题的两个方面来加以批判，正是由于它们内在的一致性所致。至于形上学与基督教思想的具体异同，是更为复杂的问题，对此就不加详述。这里只是希望用它们二者之间的一致性来说明乌托邦的形上学基础和其宗教性根源是并行不悖的。从最根本的思想基础来说，乌托邦思想根源于西方哲学的形上学批判传统，但是，从一定程度上说，基督教及其上帝观念对乌托邦思想影响却更为直接，这也是在关于乌托邦的著作中作者大都强调信仰上帝的原因所在。乌托邦观念本身具有一种宗教性，它类似基督教思想中耶稣所渴望的"尘世的和平"，这种"尘世的和平"不是现实权力争斗的暂时制衡，而是一种"终极福祉"的宁静，它"应从上而下察照这些斗争和争斗，人类追求的目标永远不会被看作终极目标，使所有人的内心深处永远葆有一个神圣的位置——和平、仁爱、宽恕能在斗争和争斗中支配局势的位置"③。有了这种对乌托邦的执著信念或信仰，就不会使人

---

① ［德］奥斯瓦尔德·斯宾格勒：《西方的没落：世界历史的透视》上册，372～373页。

② ［德］J. B. 默茨：《历史与社会中的信仰：对一种实践的基本神学之研究》，48页。

③ ［德］马克斯·舍勒：《价值的颠覆》，罗悌伦等译，86页，北京，三联书店，1997。

类的视野局限于当下的现实社会，也不会孤芳自赏或沉溺于现世的世俗性安逸。这是西方传统社会乌托邦观念的一个优点，也应是每一个时代甚至每一个人都应该思考的问题，尤其对于自以为摆脱了迷信和神话而获得自由的现代人更应如此。

需要强调和补充的是，虽然在西方文化的背景下，乌托邦具有宗教性，反过来讲，基督教本身也含有乌托邦的因素，如关于乐园的幻想和新千年的思想，它们为乌托邦观念提供了强大的内在精神动力。但是，在很大程度上乌托邦与基督教中来世的"天国"又有所区别。基督教否定人在此生此世获得幸福的愿望及其可能，否定世俗社会的合法性，人类获救的希望不可能存在于人间，而只能在"天国"中成为现实。尤其是，依附于政治权力而制度化了的基督教，成了为现存政治秩序辩护的意识形态，反而更加抑制了人的乌托邦渴望。因为乌托邦毕竟是人追求此生生活幸福的理想社会蓝图，而不是关于"上帝拯救"和死后进入"天国"的心灵慰藉。乌托邦观念在批判和质疑现存世俗社会的终极合法性（与基督教思想的相似之处）同时，也希望和期待着用一种通过人类自身设计的最合理、最完善完满的社会形式来替代当下的现实社会，相信人类一定能够获得最终的现世幸福。从这一点来说，库玛的分析是合理性的，他认为宗教和乌托邦之间在很大程度上是对立的，甚至认为宗教对尘世的蔑视极不利于人类对乌托邦的渴望。可以这样概括乌托邦与基督教之间的关系：在反对或超越现实的世俗生活这一点上，二者是相同的，乌托邦分有基督教超验的"天国"理念；但是，在是否可能通过人自身的创造重建另一种不同于现实世俗生活的生活方式这一点上，二者之间存在较大差异，乌托邦积极肯定人的内在的主体性力量，而基督教则强调只有诉诸"上帝的拯救"，人类才有希望获得幸福。形象地说，在观念形态上乌托邦就是介于基督教的"天国"和"人间"的世俗生活之间的位置。

四、"乌托邦"的现代性困境

乌托邦问题是一个既古老又现代的哲学课题。说它古老是因为早在古希腊时期柏拉图的《理想国》一书中，传统社会的乌托邦观念及其基本结构就初具雏形。同时，乌托邦的问题又是关乎"现代性"的课题。西方社会自文艺复兴和启蒙运动以来，尤其是现当代，随着宗教的世俗化进程加剧和传统社会终极价值体系的崩溃，传统的乌托邦观念随之走向消解，代之而起的是典型的现代性的世俗性社会发展观念，即追求此生此世的现实幸福，相信只要物质极大丰富，科技高度发达，社会就越来越趋于完善完满，甚至有人标榜现代的西方社会是人类历史的最终发展阶段，宣扬所谓的"历史的终结"这一虚假论调。现代西方社会的发展观念充满了积极向上的乐观主义的浮士德精神，它给人类创造了极大丰富的物质财富，使人类取得了可见的和可预期性的社会成果。但是，就在现代性设计未来理想蓝图的初始阶段，把所谓的"科学与民主"（实质只是自然科学和众意）作为现代社会发展的理论基石时，就注定了它必将处于人类历史的合法性危机之中。沿此道路继续走下去，人类不可能完全领悟真实的幸福是什么，更不可能体会到人与自然、人与人的内在和谐。

自20世纪两次超大规模的世界大战爆发以来，完全显示了现代性社会的发展观念已处于历史的合法性危机之中，因为它给人类造成了历史上绝无仅有的灾难。在《现代性与大屠杀》一书中，鲍曼用大量的实例证明了"第二次世界大战"灭绝人性的大屠杀之所以规模巨大、历史罕见，与现代性的同一性逻辑、极权主义（不同于传统社会的专制主义的新的统治形式）有着必然的因果关系。鲍曼指出，对犹太人以及其他种族的灭绝，"而如果脱离了改造社会的工程方法、社会秩序之人为性的信念、专家制度以及人类场景与互动的科学管理的实践活动，更是特别难或几乎不可能构想这样一个想法的。由于这些原因，反犹主义的灭绝计划应该被看做是一个不折不扣的现代现象；也就是说，是只有在现代性的发达国家才可能发生的事件"①。在现代社会中，人不但为了自身的现世幸福在残忍地肆虐着人类赖以生存的大自然，造成许多无法弥补的和不可逆转的灾难性后果，而且也在毁灭着人类自身的存在根基，人与人、国与国之间物质利益的争夺不是在减少，而是在加剧。尽管现代社会的民主与法制的发展程度在不断提高，但这也仅仅局限在一个国家或某个地区之内，整个世界并没有建立一个公正合理的政治和伦理秩序，而且现代的法制是一种最低限度的、悬置或排除伦理建构的法制建设，它更多的是强调外在强制约束，至于人的内在信仰维度，是完全由个人自身来决定的。人需要信仰什么甚至什么都不信仰完全可以，只要不违反最低限度的法制约束即可。也就是说，现代社会奉行的更主要的是消极的自由，用各种制度来保障个人的既定利益和权利不受侵犯，至于个人应选择何种"善的生活"（good life），这仍处于形式上的合理与实质上的不合理之间的矛盾冲突中。

"乌托邦"这个概念或术语最早出现在近代莫尔的《乌托邦》一书中，而作为"乌托邦观念"在西方传统社会中则早已存在。这个概念或术语在近代出现并被视为空想，在很大程度上意味着传统的乌托邦观念开始衰落。因为在形上精神和宗教充斥社会生活的各个方面的传统社会中，乌托邦观念常常被认为是合情合理的，即使是在政教合一的社会结构中，宗教成为一种垄断经济和政治霸权的状态下，乌托邦观念作为一种对不可能实现的、超越于现实的理想社会的憧憬，仍然能够为传统社会中的一些人所接受和认同。其中的原因固然是很复杂的，但有一点似乎是清楚的，那就是在传统社

---

① ［英］齐格蒙·鲍曼：《现代性与大屠杀》，杨渝东、史建华译，99页，南京，译林出版社，2002。

会里意识形态和乌托邦的界限并不是很严格地、机械地加以区分，或者说在传统社会的意识形态当中，就已内在地包含了乌托邦的成分和接受乌托邦观念的存在。我们称这种社会形式为具有等级性的总体性社会，保持了理想与现实、神性与人性的内在张力。当然，一定程度上说，在这种"价值对立"的社会结构中往往是倾斜于理想主义和神秘主义，所以又可以把这种传统社会称之为"强乌托邦"的社会，这种社会压抑了人的感性世界的丰富性和个人的创造性，这是现代性反对传统文化观念的根本原因之所在。

自文艺复兴之后，随着人道主义和启蒙精神逐渐深入人心，社会结构也由"强乌托邦"的社会向现代的"法理型"的社会转型，其转型过程首先是由对宗教的批判来完成的。对宗教的批判包括宗教内部的改革（如路德的新教改革）和哲学对理性的崇尚，人的征服自然的外在主体性与个人主义得到了积极肯定。在尼采之后，"上帝之死"的预言代表了宗教超验理念及其形上学传统的社会结构的统摄力量彻底丧失，以市场经济为参照系，以自由主义和个人主义为终极价值观念的现代理性社会逐步形成。在自然、宇宙和上帝被"祛魅化"（disenchantment）的现代社会中，人成为终极价值的最终源泉，现代社会所创造的文明都根源于这种现代人类中心主义的文化观念。随着传统社会等级观念的消失，现代市场经济的同一性逻辑取而代之，并整合社会生活的各个方面。它在极大地满足人们物质生活需要的同时，也制造了一系列的危机，如生态危机、人性危机、情感危机、文化认同危机和世界毁灭性危机，等等，这些危机都是关涉到人自身存在的具有本体论意蕴的问题。在现代市场经济的同一性的强权逻辑框架内，现代人已无法反抗这种新的意识形态的束缚和诱惑，理所当然地认为这种社会是最合理的，再也没有必要去想象一种超现实的"不在场"的乌托邦。人类语言的程序化、标准化对隐喻、诗化语言的拒斥，也从另一个方面证明了人类想象力的衰竭。在自认为已达到对自身的存在合理把握的现代人那里，却没有了超越自身的更高的理想尺度，仅仅变成了受感性欲望的满足和追逐物质利益最大化支配和驱动的人。现代性的这种新型意识形态似乎正在窒息人类美好的乌托邦想象，使现代人只是沉浸在消费主义和享乐主义的自我放纵之中而无法自拔。乌托邦和意识形态的一个重要区别就是，乌托邦能够破坏现存的既定秩序及其观念，但在现代性的以自由主义和个人主义为价值准则的意识形态框架内，所有对现代性的否定都似乎意味着对人类自身的否定，使人类处于进退维谷的尴尬境地。也就是说，现代性的产生虽然导源于对中世纪的反叛，但在一定程度上，没有中世纪的文化观念，现代性也是不可能产生的。中世纪已内在地包含着对自身的批判因素，然而，脱胎于中世纪的现代性则通过各种方式成功地消解了否定自身的乌托邦观念，从而使自身成为一种似乎完结了的世界，对之做任何更为长远的谋划都成为多余。然而，面对各种危机，人类是否还应该重建一种更高的、更美的超越于此生此世的精神世界，看不到未来历史可能性而试图终结于自身的现代性对此问题并没有提供一个令人满意的答案。

在当前日益全球化的现代社会，现代性观念作为已"脱域"具体时空的抽象框架（吉登斯语），以其极强的扩张力和宰制性将这种框架延伸到地球的每一个角落，欲平整每一个拥有独特文化背景的个体或共同体。它不仅仅是使西方社会正面临着由"文化的断裂"（丹尼尔·贝尔语）所导致的神圣和崇高的匮乏，更是所有非西方国家和民族在现代化的社会历史进程中，在接受现代性观念的本土文化重塑中需要深刻反思的问题。否则，未来的世界就不止存在马尔库塞所说的"单面的社会"这一简单的问题了，而成了"单面的全球"、"单面的世界"，等等。那时，也许真的不会再有人愿意去考虑、想象或重建在现实社会之外的另一种根本不同于当下的制度设计和人的生活方式，正像福山所预言"历史的终结"，"最后一人"（Last Man）的出现。

第一章　西方传统社会的乌托邦观念及其特征

如前所述，在严格的特定意义上乌托邦观念属于西方传统社会所特有的一种社会意识形式。英国思想家库玛其至认为："乌托邦不是普遍的。它只出现在具有古希腊罗马和基督教传统的社会中，换言之，只存在于西方社会中。"[①] 在这句话中，"西方传统社会"是特指前现代性时期的尚未挣脱与宗教和形上学脐带的社会发展阶段。因为从后现代主义角度来看，现代性和前现代性的社会都属于西方传统社会，所以，对"西方传统社会"这一概念做一简单界定，有助于我们对乌托邦观念有更清晰的了解。从时间上很难划清西方传统社会与现代社会之间的确定界限，它们之间的过渡和转型也经历了一系列中间环节和社会发展阶段。但并不是说对它们就无法作出明确区分，只是这种区分应该是观念上的界定。这一章集中分析，在西方传统社会中乌托邦观念为什么能够存在，乌托邦观念的基本特征、意义及其局限等问题。

一、西方传统社会的乌托邦观念及其理论前提

每一种思想都有它产生和存在的社会、经济、文化等各个方面的原因，而且一旦这种观念从一定社会文化的土壤中形成，就会对该

---

① Krishan Kumar, *Utopia and Anti-Utopia in Modern Times*, Oxford: Basil Blackwell, 1987, p. 19.

社会的各个方面产生积极或消极的影响。我们只有首先认识了某种思想得以产生和存在的社会背景，特别是这种思想产生的理论前提，相应的，我们就会自觉地在我们所生活的社会中培养一种有利于理性审视现实、批判和否定现实中不合理因素的社会机制或文化环境，从而超越那种短见的、缺乏总体性构想的社会实证意识。乌托邦思想作为一种社会批判意识对西方社会的演进，乃至对西方近代社会的变革都起到积极的推动和"酵母"作用，所以，在以自由主义和个人主义为核心的现代性观念陷入历史的合法性危机之时，重提西方传统社会的乌托邦观念对"解构"现代性观念有所裨益，对所有非西方社会在走向现代化过程中如何理性地审视自己的本土传统文化也有益处。下面谈谈关于西方传统社会的乌托邦观念及其相关性的一些具体问题。

1.　本质先于存在

　　与现代人对世界的唯物主义和经验主义的理解不同，在西方传统社会中，相对于现实的转瞬即逝而又无法捉摸的感性世界，人更相信现象世界背后存在着不变的、永恒的本质世界。所谓"本质"（essence）即普遍、一般、共相和终极，是人试图超越于感性世界而一劳永逸地把握世界总体的一种形上观念。而这里的"存在"意指相对于"本质"的个别、特殊以及感性的现实"存在"，而不是本体论意义上的"存在"概念。本质与存在之间的关系一直是西方哲学关注的问题，早在古希腊哲学家赫拉克利特那里，就对本质与存在之间的关系给予了初步的解释，他认为："这个世界，对于一切存在物都是一样的，它不是任何神所创造的，也不是任何人所创造的；它过去、现在、未来永远是一团永恒的活火，在一定的分寸上燃烧，在一定的分寸上熄灭。"① 这句话是对现象世界的最形象、

---

① 北京大学哲学系外国哲学史教研室编译：《西方哲学原著选读》上卷，21 页，北京，商务印书馆，1981。

最富有想象力的描述，但这种对世界的形象表达并不是赫拉克利特的根本思想，他希望把握住这流动似火的现象世界背后更为根本的"逻各斯"（logos），这才是赫拉克利特哲学的中心问题。对赫拉克利特的"逻各斯"概念的理解众说纷纭，有人说是"逻辑"，有人说是"理性"或"规律"，但更为合理的解释是把它理解为"宇宙的普遍的尺度"。这个"尺度"较之普罗塔哥拉的"人的尺度"更为普遍、真实、持久而可信，它更少具有人的主观性、随意性（"主观性"一词在近代才开始广泛使用，随着人的主体性观念的产生而出现），更多地体现了人与宇宙的"同体"、"同性"或"同构"。

赫拉克利特特别强调"宇宙秩序"，认为它超越于有感觉的个人的个别性，而内在地具有普遍性、共同性和一般性等特点。他说："对于醒着的人说，宇宙秩序是同一的、共同的，但如果睡着了，每个人就返回到自己个人。"[①] 按照赫拉克利特的观点来看，在现实生活中，大部分人都是"睡着的"、沉沦的芸芸众生，人应该渴望成为优秀的人，而一个优秀的"超人"胜过千百万的民众。赫拉克利特说："最优秀的人宁愿取一件而不要其他的一切，这就是：宁取永恒的光荣而不要变灭的事物。可是多数人却在那里像牲畜一样狼吞虎咽。"[②] 赫拉克利特把个人的追求与宇宙的恒常秩序内在地统一在一起，而"宇宙秩序"则提供个人以生存的终极意义和价值，这与现代人把"秩序"更多理解为人为性、理性化和人造物等内涵有较大差异。现代人对"秩序"的理解是与人试图"发现自己"、欲摆脱一切外在束缚的过程相同一的，但换个角度看，这同样也是人遮蔽自身、遗忘本真存在的过程。人渴望自由，并建立适合和属于人类自身的秩序，但真正的自由绝不单纯是完全摆脱外在

---

① 转引自 Diels（第尔斯）：《前苏格拉底》，见叶秀山：《前苏格拉底哲学研究》，110 页，北京，三联书店，1982。

② 北京大学哲学系外国哲学史教研室编译：《西方哲学原著选读》上卷，28 页。

的束缚，否则就无法理解现代新的极权主义（现代人逃避自由）产生的原因。假如人自身可以完全摆脱外在的束缚，那么人同样会无法忍受个人绝对自由的孤独与荒谬，无法独自去面对自身的虚无化。这样，在无法返回到充满魅力的人与世界同体的"宇宙秩序"时，甚至无法皈依上帝的怀抱，那时，现代人就会依附于现实的具体的形下存在形式，形成新的偶像崇拜：拜物教、消费主义和享乐主义等。从这点来说，赫拉克利特的"宇宙秩序"的思想对现代社会文化观念的扩展有很大启发意义。

　　赫拉克利特的思想一直影响到黑格尔，尽管此间本质与存在之间的关系问题一直争论不休，甚至与古希腊哲人对"本质与存在"之间关系的理解有一些差异，但是"本质先于存在"这一基本的理论指向或价值观念仍是一个宏大的框架，始终没有被彻底否定。在一定意义上说，传统哲学就是追求"本质"的智慧，区别的只是对"本质"的理解在一些哲学家那里"所指"不同罢了。在柏拉图看来，现实的人所能看到的世界只是影像世界，这个影像世界并不是世界本身，而是不真实的存在。柏拉图做了一个"洞穴"的形象比喻：假如一些人生下来就囚居在一个洞穴中，被锁链锁着，只能看到眼前的洞壁，他们背后有一条通向洞外的通道，一堆火在他们后方燃烧，火与这些囚徒之间横着一道墙，有人带着工具、木偶等器物沿墙行走，那么，囚徒就只能看到火光投射到洞壁上的这些人和器物的影像，所以这些背对着火光的人相信这些影像就是真实的事物或世界本身，他们听到外面的人说话传到洞穴中的回声，就以为这是真实的影像所说的话。一旦有人挣脱链锁后扭过头来看到外面的事物，似乎会觉得外面的世界是不真实、非本质的梦幻。等到他适应了外面的真实状况之后，才能辨清影像的事物和真实的事物本身之间的区别。柏拉图的"洞穴"比喻正是为了说明：追求真理或更真实的本质存在的人与注重实际的当下的世俗之人的根本差异。很显然，在根本的意义上，前者高于后者。

近代的康德哲学同样遵循"本质先于存在"的哲学逻辑。有人把康德视为现代性的肇始者，现代的许多思想家也都是康德哲学的信徒或追随者，如罗尔斯、哈贝马斯等，但也有人仍把他归为西方传统哲学之列。虽然我们对这一点无法准确判断，但可以肯定的是，康德的思想确实处于现代与传统的断裂处，或者说处于西方传统向现代思想转变的"十字路口"。面对近代科技理性的迅猛发展，许多启蒙思想家对其陷入盲目崇拜，而深受卢梭思想影响的康德的实践哲学可以说是对这些启蒙思想家的一个理论重创。康德说："只要人类的本性维持在它现在的所是，那么人类的举止就会变成单纯的机械作用，在那里就如在傀儡戏里一样，一切表演得唯妙唯肖，但是在人物形象里面不会遇到任何生命。"[1] 在康德看来，通过理论理性，人只能认识事物现象所表现出的规律以及事物的一个个序列，而永远无法真正反思和体悟事物的本身（本质），即"物自体"，用有限的理性来认识或反思无限的本质只能导致二律背反。对无限本质的"思"只应属于实践理性所能达到的认识范畴，并且从根本上说，实践理性高于或优于理论理性（科技理性）。这为西方传统的"本质先于存在"的价值观念保留了重要的一席之地。

近代的科技理性观念反对追求超验的"至善"本质，因为后者对现实的人来说无法达到，更不能通过人的知觉感受到。然而在康德看来，在实质上应该有另一种意义的真实，"因为我们能够完满地证明的东西对我们来说，是与我们因目睹而确信的东西一样可靠的"[2]。在《纯粹理性批判》一书中，康德对由近代开始的人的理性认知能力给予限制，这从他对柏拉图的"理念"概念的评价中可以体现出来。康德指出："吾人虽不能容认此等理想具有客观的实在（存在），但并不因而视为脑中之空想；此等理想实以所不可或缺之

---

① ［德］康德：《实践理性批判》，韩水法译，161 页，北京，商务印书馆，1999。
② 同上书，160 页。

标准授之理性，以'在其种类中乃十分完全之物'之概念提供于理性，因而使理性能平衡其不完全事物之程度及其所有之缺陷。但欲在一实例中（即在现象领域中）实现其理想，例如欲在一故事中描述哲人之性格，乃事之所不能行者。"① 从这句话中，我们不难看到，"理念"（"至善"或"本质"）高于人的实际的理性认知能力，恰恰是前者给予后者以精神动力和智力支持，才能使理性发现现实存在中的不完善性。如果把"理念"完全还原于后者，视超越于人的客观存在于不顾，这才是一种真正的空想和幼稚。可见，康德将现代与传统的价值观念做了一种适度的调和。对待柏拉图的乌托邦思想，我们同样应该持有康德式的态度："柏拉图的《理想国》一直被当成是纯粹想象的尽善尽美境界的一个显著例证。它已经成了一个绰号，专用来指那些好作空想的思想家头脑中的想法。……然而，我们最好还是竭力去弄懂它，亲自搞清它的真实含义，而不要借口说它是不可实现的而将其视为无用，弃若敝屣，这种借口是卑下而极有害的。……因为对于一个哲学家来说，最有害最无价值的事情莫过于庸俗地诉诸所谓［与理想］相反的经验了。因为假如各种制度是根据那些理念设立而不是根据粗糙的观念（它们由于单纯地来自经验，已经断送了一切善良愿望）设立时，这些所谓的相反经验多半根本就不存在了。"②

在西方近代社会的文化观念中，"本质"作为人的可能性空间和超验的实体领域不断地从形上的区域下移到形下的经验层面，蜕化为事物的现象所表现出来的同一规律。这一趋势从休谟的经验主义就已初露端倪。休谟怀疑感觉之外的任何实体性的本质存在，将所有的超验的存在都归结为人的习惯性的联想和主观推论的结果。但休谟的观点始终没有成为西方传统社会的主导精神，直到"上帝

---

① ［德］康德：《纯粹理性批判》，蓝公武译，413 页，北京，商务印书馆，1960。

② 转引自［德］恩斯特·卡西尔：《人论》，94 页。

之死"成为人们不争的事实后，人们才感觉到已经越来越远离了自己的真实"本质"。西方传统社会的这种"本质先于存在"的观念为乌托邦思想的产生和存在提供了深厚的文化基础。乌托邦思想家在构想自己所认为的最好、最美的世界时，都有一个基本的社会理念，那就是人眼前所面对的现存或实存世界只是一个变化无常、无根无据的现象世界，它最终要受到其背后的另一更为根本的实体性的本质世界所支配和约束。本质世界是现存世界的最高原则和动因，是道德的源泉、万物的尺度和终极归属。在乌托邦思想家的理论视野中，现象世界和本质世界是一个正常的社会所必须具有的两个维度，相对于人生活于其中的现象世界来说，本质世界则更加真实可信，是值得人们去追求的终极目标。因为，现存的人和物并不是按其本来的面目真实存在，他们"是其所不是"，与"其所应是"相矛盾和冲突。现存的一切必须要改变和超越，以回归和实现"应其所是"。

无论柏拉图的"理想国"、奥古斯丁的"上帝之城"、莫尔的"乌托邦"，还是空想社会主义者所构想的理想的社团组织，这些乌托邦设想都是他们心目中最真实的理想社会形式。由于他们更相信现象世界背后的本质世界的真实性，所以，在建构自己心目中的理想社会时，他们都会不拘泥于现存的给定的社会模式，而是驰骋于人的想象的可能性世界，沟通现象世界与本质世界的内在联系。之所以有人认为乌托邦是空想，就是因为他们往往从现实的实用角度看问题，以现实的形下的经验标准来拷问乌托邦的价值，得出的结论必然是"乌托邦无非是空想家的玄想"。特别是在科技高度发达的现代社会，人们的思维方式也更加技术化了，不再思考超出现存之外的"应然"的终极性问题，而是理性（工具理性）地去看待社会生活各个方面的问题。正如韦伯所说，现代人都精于技术的运用和计算的考量，再也没有什么神秘莫测、无法计算的力量在起作用，超验或超出现存之外的观念都不复存在，其魅力也被现代性彻底祛除了。然而，如果不扩大甚至超越现实世界的界限，人类的思想就不能前进。乌托邦的价值正在于，它摆脱了人们惯常的思维方式，以"本质先于存在"的观念为价值导向，以未来的"不在场"来引导当下的"在场"，以可能性的本质世界来规范和指导现存的世界。

2. 国家优于个人

与现代的个人天赋权利"神圣不可侵犯"观念不同，西方传统社会所盛行的是"国家优于个人"的价值观念。在古希腊社会中，国家以城邦的形式存在，而"邦"字本身就含有国家的意思。完整意义上的民族国家在近现代社会才开始出现。《理想国》一书就是柏拉图针对他生活的城邦中个人的任意性导致公共生活的萎缩这种状况而创作的。柏拉图生活于其中的城邦，按照他所说的只是"猪的城邦"，在这一城邦中，个人只把物质的满足当作人生追求的目标，而城邦本身则沦为个人追求私人目的的手段。在很大程度上说，柏拉图创作《理想国》一书就是为了从根本上改变这种现实状况。柏拉图所构想的理想国家并不是完全依靠思辨和想象，而是有其一定的现实原型，这就是斯巴达城邦。在柏拉图看来，理想城邦的标准应该是个人人生价值的追求与整体城邦的联合，个人必须以实体性、普遍性的城邦为基础，需要放弃个人的意志、生活和享受，只有这样才能从根本上保证整个城邦的永久性和平、秩序与内在和谐。为了建构这一乌托邦的社会理念，柏拉图提出许多具体的实施办法，一个根本性的措施就是要废除掉私有制而实行公有制。他认为，"因为人们之间的纠纷，都是由于财产，儿女和亲属的私有造成的"①，所以，只有实行公有制，才能把个人的主观自由及任意性从他所设想的理想国中完全排除出去。

为了更彻底地排除个人的主观任意性对城邦总体性的瓦解，柏

---

① ［古希腊］柏拉图：《理想国》，201页。

拉图认为，在他所构想的理想国家中，个人绝对不能随意选择他的社会等级。柏拉图将理想社会分为三个等级，分别是统治者、战士、农民及手工业者，每个等级都有相应的"德行"。对于统治者来说，必须具备智慧和知识，虽然知识的种类很多，但最应该具备的则是关于共相和绝对存在的科学即哲学，只有这样才能够对整个城邦的事务统筹全局。对城邦的教育方面来说，柏拉图不但强调统治者对人们进行教育的必要性，更强调统治者的自我教育。这对统治者"德行"的培养是必需的一个环节，对整个城邦来说也具有至关重要的意义。相对于战士等级来说，最应该具备的道德品质是勇敢。在柏拉图看来，"勇敢就是一种保持"，简单地说就是战士的一种精神气质及能力，"使他们的关于可怕事情和另外一些事情的信念都能因为有良好的天性和得到教育培养而牢牢地生根，并且使他们的这种'颜色'不致被快乐这种对人们的信念具有最强褪色能力的碱水所洗褪，也不致被苦恼、害怕和欲望这些比任何别的碱水褪色能力都强的碱水所洗褪"①。如果护卫者做不到勇敢，那将会使整个城邦面临毁灭性的危险。节制主要属于理想城邦的第三等级即农民和手工业者所应具有的美德，因为节制的主要目的就是为了克服人的过多欲望，而第三等级往往就生活在对生活必需品的依附之中，很容易受物质利益的诱惑而沉醉其中。但是，柏拉图同时也把节制这一品质作为社会的各个等级都应该具备的一种"德行"。柏拉图说："它贯穿全体公民，把最强的、最弱的和中间的（不管是指智慧方面，还是——如果你高兴的话——指力量方面，或者还是指人数方面，财富方面，或其他诸如此类的方面）都结合起来，造成和谐，就像贯穿整个音阶，把各种强弱的音符结合起来，产生一支和谐的交响乐一样。"②

---

① ［古希腊］柏拉图：《理想国》，148～149 页。
② 同上书，152 页。

相对于这三种社会等级所对应的道德品质来说，第四种道德品质即正义则最为根本，也是最为重要的"德行"。因为它贯穿于其他的社会等级的所有道德品质之中，是维系各个等级各司其职、相互协作的内在精神动力。柏拉图说："我们建立这个国家的目标并不是为了某一个阶级单独的突出的幸福，而是为了全体公民的最大幸福；因为，我们认为在一个这样的城邦里最有可能找到正义，而在一个建立得最糟的城邦里最有可能找到不正义。"① 正是因为有了正义这一道德品质，整个城邦就像一个活生生的有机体，每一部分是全体中的一个环节，而全体又必须通过部分而获得整体的存在，而不会像一架庞大的机器那样单调而乏味地运转，其中，每个人都被抽取了总体性内涵而服从于一定的社会功能或"工具理性"的制度安排。现代社会的正义观与此不同，现代类型的正义观念主要强调公民个人的财产权利的公正、平等，任何其他的个人、团体乃至国家都无权干涉。比较而言，柏拉图所建构的"正义"理念则具有更为深远而广泛的意义，通过这一正义道德品质的培养能够使个人在整个城邦的普遍精神中完成自己的社会天职，实现自己的内在本质，发挥个人的天性。柏拉图所构想的这种"个人与城邦的有机统一"，只有在一种理想的纯洁状态下才能得以完全实现或实施。尽管这种乌托邦的构想与现实社会的实际状况相距甚远，但却是每个人内心之中都渴望实现的一个社会梦想。对待柏拉图的理想国设计，不能完全按照现代人所普遍持有的一些世俗观念去理解，否则就会视之为空想或不切实际。如果把柏拉图的美好社会构想视为人的一种最终梦想，那么，按照弗洛伊德的理论解释，自觉地构建这种梦想也是对人本身所具有的内在精神渴望的一种真正满足，它较之现代人完全务实的生存态度及其奉行的"活命哲学"更能满足人的最本真的内心渴求。从根本上说，乌托邦的社会理想所体现的这

---

① ［古希腊］柏拉图：《理想国》，133 页。

种对未来人类命运的终极关怀（也称"终极关切"，ultimate con-
cern）其本身就是人的一种最深层的天性，也是人的一种崇高的
精神追求。问题不在于这种理想能否最终实现，而在于人是否能
真正自由地拥有这一理想。令人忧虑的状况是，现实中强大的生
存逻辑不再要求人拥有这种理想，而将人的这一内在天性或深层
的精神渴望完全服从于当下的现实状况，那么，人之为人的乌托
邦的超越维度将被遮蔽，完整的人以及总体性的社会也就无法
想象。

应该说，亚里士多德的城邦思想在一定程度上要比柏拉图现实
得多。与柏拉图构想一个完美的"理想国"模型不同，亚里士多德
认为，想象一种最理想的国家形式对解决一些社会危机固然重要，
但同时也应该考虑实现这种理想城邦的现实性及其可能程度。对于
柏拉图所构想的理想城邦中的许多具体措施和方案，亚里士多德都
是持反对意见的。比如说，柏拉图主张废除家庭，认为家庭是扩大
化了的个人，是对城邦的整体统一性与和谐的极大威胁和瓦解，而
在亚里士多德看来，事实恰恰与之相反。他认为，人在天性上就是
一种政治的动物，他需要与整个城邦保持一致，但不是完全的同
一，而介于个人与城邦之间起中介作用的正是家庭。因为"家庭是
为了满足人们日常生活需要自然形成的共同体"①，在功能上它是一
个完整的城邦所必需的一个组成部分。他说："整个城邦愈一致便
愈好。但是，一个城邦一旦完全达到了这种程度的整齐划一便不再
是一个城邦了，这是很显然的。因为城邦的本性就是多样化，若以
倾向于整齐划一为度，那么家庭将变得与城邦更加一致，而个人又
要变得比家庭更加一致。因为作为'一'来说，家庭比城邦为甚，
个人比家庭为甚。所以，即使我们能够达到这种一致性也不应当这

---

① ［古希腊］亚里士多德：《亚里士多德全集》第 9 卷，苗力田主编，5 页，北京，
中国人民大学出版社，1994。

样去做，因为这正是使城邦毁灭的原因。"① 从这可以看出，柏拉图把家庭看作对城邦统一性的威胁不免有些夸大事实，从另一个角度来说家庭反倒是对社会的统一性起到至为关键的黏合作用。欧洲文艺复兴时期的人文主义者莫尔根本不主张废除家庭，认为如果家庭不存在，整个社会就要趋于瓦解，所以在他所设计的乌托邦中，克服了柏拉图这一观点的局限，把由亲属关系结成的家庭作为社会生产的基本单位。而在西方近现代社会，随着个人主义的确立，核心家庭也随之瓦解，人与人之间仅仅依靠现代的契约关系得以维持，这最终导致社会的离心和冷漠。而中国社会之所以能保持长期的稳定，这与中国传统社会一直延续下来的浓重的家庭伦理观念有着非常密切的关系。在中国人的观念中，家与国的"同构"与协作关系虽说有许多的弊端，但在保持社会秩序的整体统一的内在和谐方面起到很大作用。也可以说，家庭在个人与社会或国家之间起到一定的缓冲作用，使社会不至滑向过分的个人主义或国家的极权主义。

虽然亚里士多德与柏拉图对理想城邦的理解有很大差异，在城邦观念上却不能把亚里士多德与柏拉图的思想截然对立，毋宁说，亚里士多德只是"在理念的深度及广度这两方面，如何把柏拉图的原理所开始了的东西向前推进一步"②。因为，在亚里士多德看来，理想的城邦或国家同样应该先于个人而存在。亚里士多德指出："城邦在本性上先于家庭和个人。因为整体必然优先于部分；例如，如果整个身体被毁伤，那么脚或手也就不复存在了，……当个人被隔离开时他就不再是自足的；就像部分之于整体一样。"③ 与柏拉图的观点相同，亚里士多德也认为应该将个人融入城邦的普遍精神

---

① ［古希腊］亚里士多德：《亚里士多德全集》第 9 卷，32 页。
② ［德］黑格尔：《哲学史讲演录》第 2 卷，269 页。
③ ［古希腊］亚里士多德：《亚里士多德全集》第 9 卷，7 页。

中，这基本上是西方传统社会城邦观念的一个普遍特征。亚里士多德认为，所谓城邦"并不是空间方面的共同体，也不是单单为了防止不公正的侵害行为或保证双方的贸易往来；不过只要城邦存在，就必然离不开这些方面，但是即使全部具备了这些方面的条件，也不能说立刻就构成了一个城邦。城邦是若干家庭和种族结合成的保障优良生活的共同体，以完美的、自足的生活为目标"①。简单地说，城邦的目的就是普遍的内在幸福，而这种幸福并不只是依靠人们追求物质方面的丰裕就能够获得，而是更应该体现在人们的道德水准和精神追求的完善上。

古希腊的城邦思想直接影响近代卢梭和黑格尔的国家观，他们的观点在某些方面是一脉相承的。如果说在古希腊时期个人的私利和欲望被人们所蔑视和唾弃，需要整合进城邦的总体性中，那么从西方近代社会开始这种传统社会的城邦观念渐渐衰落，个人的物质欲望和私欲则作为人天性中的重要一部分被凸显出来，并且通过市场经济的强劲发展而人为地加以扩大化、合法化。面对从传统社会向现代社会转变过程中人的私欲的无限膨胀所可能造成的危害，卢梭以"公意"为核心思想的道德乌托邦和黑格尔的国家乌托邦就是为改变和扭转这种社会变化所带来的负面效应。

在西方近代社会，卢梭是最早明确意识到启蒙界限的哲学家，在人们大都为启蒙精神的胜利而欢呼雀跃时，他却陷入文明的进退两难之"沉思"中。卢梭认识到，在形上学和宗教观念衰落之后，整个现代社会呈现出世俗化的趋势，人在解放自身的同时，却也失去了人所应具有的神性维度而沦为"物"的奴隶；人把自身设定为评价一切的最终价值尺度，而将他人、社会乃至国家视为达到个人私利的手段。卢梭在他生活的社会中已经看不到自然状态下曾经拥

---

① ［古希腊］亚里士多德：《亚里士多德全集》第9卷，92页。

有的人类淳朴的自然本性和节制美德。在现实社会中，人人都自私自利，冲突代替了和谐，竞争代替了合作，物质享受代替了人的崇高精神追求，所有这一切都是由于物质利益的现实载体即市民社会斩断了人类渴望自由之梦想的道路，使人们不再追求社会的完善完满而沉溺于物质利益的追逐和享乐。卢梭认为，铲除市民社会这一祸根的根本办法就是废除私有制，让"每个结合者及其自身的一切权利全部都转让给整个的集体"①。通过这种方式就能够最终超越建立在市民社会基础上的财产权利的形式上的平等，从而实现人与人之间真正的价值与尊严的实质平等。

在政治设计上，卢梭主张用"公意"代替"众意"，以此废除资本主义虚伪的民主形式。在卢梭看来，"众意"只是大多数人私人利益相互冲突而达成妥协的产物，根本不能实现真正的普遍平等和民主，反而会危及和损害整个共同体的真正意义的统一与和谐。而"公意"则具有真正的普遍性，它是从全体人民的意志出发而设计的适合于整个社会的民主形式。它消除了个人之间永无休止的对立和冲突，从而实现了整个社会的真正和谐。卢梭所说的"公意"社会理念确实是从普遍性出发，但是像所有乌托邦观念一样，无法在现实社会中有效操作和具体实施，对现实社会的积极作用则更多体现在对当下社会的一种否定和批判意义。

继卢梭之后，黑格尔也认识到了市民社会的私人性和内在的利益冲突。黑格尔认为，市民社会乃是"私人利益跟特殊公共事务冲突的舞台"②，启蒙运动以来形成的现代国家形式只是停留在市民社会单纯追求物质利益的阶段，它的普遍性完全体现在个人的自由和私人利益上，所以，必须形成新的国家观念，使"家庭和市民社会

---

① ［法］卢梭：《论人类不平等的起源和基础》，李常山译，17 页，北京，商务印书馆，1962。

② ［德］黑格尔：《法哲学原理或自然法和国家学纲要》，范扬等译，309 页，北京，商务印书馆，1961。

的利益必须集中于国家"①。在黑格尔看来，家庭和市民社会都没有或不应该具有内在的独立性，它们的利益冲突和矛盾只有在国家的伦理理念中才能得以最终解决，国家作为终极的伦理理念是它们追求的最终目的，应从属于国家的总体性建构。黑格尔说："在国家中，一切系于普遍性和特殊性的统一"②。黑格尔这一思想的直接理论渊源就是柏拉图和亚里士多德的城邦及政治观念。也就是说，政治需要建基于伦理之上，而不是相反，个人只有在国家的伦理理念中才能发现自身的内在价值和意义。马尔库塞在评价黑格尔这一观点时指出："个体只有作为一个政治的存在物才能是自由的。因此，黑格尔继承了古希腊的概念，即政治代表了人类存在的真正现实。于是，社会对立的最终统一不是通过法律统治实现的，而是通过法律具体化的政治制度而实现的；通过国家实现的。"③

这里有必要把卢梭、黑格尔的国家观与霍布斯的《利维坦》一书所体现的国家观区分开来。虽然他们都强调国家的绝对性和总体性，以此保证整个社会的统一与和谐，但卢梭和黑格尔对国家的理解是一种理想的超验的国家形式，在这种理想的国家形式中个人能够充分实现自己的本质和自由。而霍布斯在《利维坦》一书中所构想的国家形式则立足于现实存在的消极意义上的国家，为了摆脱自然状态下的"人对人是狼"的战争状态，来建构一种专制的国家以实现"以恶制恶"的目的，在这一国家形式中个人是没有真正自由的，也无法充分实现个人的价值，人民不能反抗统治者，一切生杀予夺、宣战媾和都必须由统治者掌握。后来，这曾遭到洛克的尖锐批评。同样是对市民社会的否定，卢梭和黑格尔是在积极的意义上

① ［德］黑格尔：《法哲学原理或自然法和国家学纲要》，261 页。

② 同上书，263 页。

③ ［美］马尔库塞：《理性和革命：黑格尔和社会理论兴起》，程志民译，77 页，重庆，重庆出版社，1993。

来否定现实，相信市民社会有一种向善的内在目的，能够融入国家的普遍性理念中。而霍布斯相信只有一个强有力的专制国家才能遏制市民社会的利益冲突。此外，卢梭和黑格尔对国家的看法也是有一些区别的，前者认为社会先于国家，而后者则强调国家具有绝对的权威。

二、西方传统社会的乌托邦观念的基本特征

上文对乌托邦观念得以产生和存在的社会和文化背景及其理论前提给予了一定的解释和说明，在以下这一部分中将涉及西方传统社会的乌托邦思想本身的一些具体内容。这里我并不想一一叙述各个乌托邦理论家文本的具体内容，我只是把主要的乌托邦著作的一些内容做一般性的梳理，希望从中找出一些乌托邦的整体结构，以期能够从总体上把握西方传统社会的乌托邦观念的基本特征。

1. 张力：理想与现实、神性与人性

在西方传统社会中，乌托邦著作对当时乃至以后的社会发展都产生了非常重要而深远的影响。柏拉图的《理想国》自不必说，奥古斯丁的《上帝之城》对整个中世纪的经济、政治和宗教文化都产生了巨大影响。托马斯·莫尔的《乌托邦》、托马斯·康帕内拉的《太阳城》以及约翰·凡勒丁·安德里亚的《基督城》被认为是欧洲空想社会主义史上最早的三颗明珠，"被列为正面乌托邦三部曲"[①]。此后出现的法国空想社会主义的乌托邦思想，对超越现实而指向未来理想社会的总体构想和积极从事社会改良的实践直接影响

---

① ［德］约翰·凡勒丁·安德里亚：《基督城》，黄宗汉译，1 页，北京，商务印书馆，1991。

了马克思的科学社会主义理论。如果像现代社会中人们所普遍认为的那样，乌托邦的社会理想只是一种空想，没有任何意义和价值，那么我们就无法理解在历史上乌托邦著作乃至其中所蕴涵的"文化剩余"（cultural surplus）能够产生如此之大的社会影响！更为重要的是，不但马克思所创立的科学社会主义理论直接来源于近代的空想社会主义思想，而且作为资本主义的现代社会发展观念在很大程度上也都受近代社会乌托邦思想的影响。只是在现代社会发展观念趋于成熟之后，它就不再需要乌托邦思想的启迪而直接诉诸当代的强有力的具有稳定现存秩序功能的意识形态（作为科学和技术）。

在大多数关于乌托邦的著作中，我们都可以看到，在他们所设计的理想社会中个人与他人、社会乃至国家之间基本上处于内在的和谐状态，整个社会处于一种有序的情境中。这里所说的"有序"并不是一种机械的自动化系统，而是犹如一个完整的有机体富有某种生机和活力。这正是乌托邦观念传统能够吸引人们注意力的一个重要方面。在一个有机体的乌托邦式社会秩序中，保持整个社会稳定的内在机制往往是风俗、习惯、宗教与法理之间相互作用的结果，是理想与现实、神性与人性之间保持一定张力的产物。放弃这一乌托邦观念传统，现代性的社会建构理念则更多体现在人为的创造性和理性设计，按照鲍曼所说，就是一种追求"园艺"的艺术，没有任何超越于人们当下现实状态之上的神圣与崇高，社会生活的各个方面都得按照现代人的主观的工具理性构架去安排和设计。

对理想社会的设计，几乎所有关于乌托邦的作者都在现实社会与理想社会之间做鲜明的对比，这种方式在描述和揭示现实社会中种种不合理的现象之后，与之对应的就是超越于现实之上的理想的社会模式。而且，他们所设计的这种理想社会模式往往具有一种对人类未来历史命运的终极关怀及其价值诉求，如主张消灭私有制而实行公有制，个人与他人、自然和社会的内在和谐等。有时一些情况也很难准确地界定，比如说，哈林顿的《大洋国》一书究竟是否属于乌托邦著作，这还有很大争议，因为这本书中的许多观点都是针对当时的一些具体实际情况而作出的在一定程度上符合当时现实状况的政治策略。例如，实行资产阶级代议制、实行财产均衡制和彻底实行法律制度等，这些具体措施都与乌托邦著作的一般性特征不尽相同。乌托邦思想往往都是由个人针对当时现实社会中的一些无法解决的社会弊端，试图从总体上重新设计一种具有终极性价值诉求的理想社会模式，这决定了乌托邦思想中的一些制度安排和设计等不可能在现实社会中彻底实现或实施。换言之，乌托邦的制度设计常常不是在现实社会中能够实际操作的具体策略，从本质上看它就是一种超验的社会理念，具有总体性、无限性和永恒性等特点，是衡量现实社会的正义与否、完善程度如何的价值尺度。但是，在《乌托邦思想史》一书中赫茨勒同样也把《大洋国》纳入乌托邦著作之列。可以看出，赫茨勒是在更加宽泛的意义上使用"乌托邦"这一概念，甚至把一些人所主张的政治理想也确定为乌托邦。赫茨勒本人也非常清楚这一点，他这样评价《大洋国》一书："它既不像《理想国》那样是为了表达一个伟大的社会哲学家的理论，也不像《乌托邦》那样，对时弊进行讽刺，更不像《新大西岛》或《太阳城》那样用以阐明个人的殷切愿望和理论，而是为了要解决国家处于历史上非常关键时刻的问题。"[1] 本文的观点是，从基本内涵上看，《大洋国》一书不完全属于乌托邦著作之列，因为这本书的作者对一些社会弊端的解决方案乃是一种权宜之计，并没有超越当时的社会发展状况，无法形成理想与现实之间的张力。以下就将证明这一观点。

在拥有土地的问题上，《大洋国》一书主张应该采取均衡制。哈林顿认为，哪里的土地集中于一人之手，哪里就有君主制；哪里的土地集中于少数人之手，哪里就有贵族；而"如果全体人民都是

---

① ［美］乔·奥·赫茨勒：《乌托邦思想史》，164 页。

地主，他们所拥有分给他们的土地，使少数人或贵族阶层的范围内没有一个人或相当数目的人能够压倒他们，那么这种国家如果不受武力干预，就是一个共和国"①。可见，这种设计是一种典型的土地分权制，是符合当时的社会发展潮流的，但从最终意义上讲这并不能解决根本性问题。因为，按照这种解决土地问题的方式，人们的根本利益纷争仍将继续，人与人之间在私利上仍处于相互隔绝和对立状态。在乌托邦著作中，往往主张只有实行财产公有才是解决土地问题的根本，而把财产分给每个人这种做法只是现实的市民社会阶层实行的一种符合自身利益的权宜之计。在《理想国》一书中，为了能够把个人从私人的利益角逐中彻底解脱出来，不仅实行财产公有或共有，而且还要取消家庭而实行共妻、共餐制度。在现代人看来，这几乎是无法接受的事实，甚至有些设计方案近于荒谬，但按照柏拉图的理论设计的动机和目的来说，这种方式确实有其一定的合理性。当一个社会实行了共妻、共餐制，孩子归集体抚养之后，妇女不再需要管理家务，就可以抽出时间与男人一起共同劳动，成为与男人一样具有平等地位的国家成员，在共餐的时候人们都能够处于集体生活的阳光普照之下。这样，个人的私心就不复存在，整个社会趋于内在的和谐。

莫尔这样描述土地财产的共有，在"乌托邦"的理想社会中一切土地都属于公有，"每个城都不愿扩张自己的地方，因为乌托邦人认为自己是土地的耕种者，而不是占有者"，"农村中到处是间隔适宜的农场住宅，配有充足的农具。市民轮流搬到这儿居住。每个农户男女成员不得少于四十人，……每户每年有二十人返回城市，他们都是在农村住满两年的。其空缺由从城市来的另二十人填补"②。在"乌托邦"的理想社会中农村和城市的人口都不是封闭

---

① ［英］詹姆士·哈林顿：《大洋国》，何新译，10 页，北京，商务印书馆，1963。
② ［英］莫尔：《乌托邦》，戴馏龄译，50～51 页，北京，商务印书馆，1982。

的，而是具有很强的流动性，这促进了城乡之间的交流，根本不存在城乡之间所谓"孰优孰劣"的问题。在"乌托邦"的理想社会中实行财产公有的制度并没有使人们厌恶劳动的情绪，反而会更自觉自愿地去参加劳动，在集体劳动中体验快乐和幸福。这已经成为"乌托邦"的理想社会中的一个不成文的习俗。在其中，我们甚至能够看到这样一种情况："其中各位摄护格朗特虽依法免除劳动，可是不肯利用这个特权，而是以身作则，更乐意地带动别人劳动……几乎其余所有居民既不懒散，所忙碌从事的又非无益的工作，因此可想而知，他们制出的好东西多么丰富，花时间又多么节省。"① 与之相比，摩莱里的乌托邦构想更加趋近合理。摩莱里是法国大百科全书派的先驱者之一，也是最早的空想社会主义者之一。摩莱里指出："社会上的任何东西都不得单独地或作为私有财产属于任何个人，但每个人因生活需要，因娱乐或因进行日常劳动而于当前使用的物品除外。"② 与之前的乌托邦思想相比，这种处理方式应该比较合理和现实，但"消除私有制而实行财产共有"这一乌托邦的基本原则或制度安排却没有根本改变。

在对待法律的问题上，在《大洋国》一书中，哈林顿希望整个社会或国家都能够完全按照法律的方式来治理。他认为，由于人的多变性、不确定性等特点，政府制定的计划很容易落空，只有依靠法律的力量才能够使人们的自由成为可以看得见、摸得着的东西。在一定程度上说，哈林顿的这种设想在现代社会已经基本实现。但是，现代社会的发展已经证明，制定法律决不是一个社会保持稳定和秩序的目的，它只是实现人的自由的外在保障，但不是其充分必要条件。在几乎所有关于乌托邦构想的文本中，作者都把人的内在

---

① ［英］莫尔：《乌托邦》，58～59 页。摄护格朗特是莫尔描述的乌托邦中的一种官员，是从每三十户中每年选出的一名官员。
② ［法］摩莱里：《自然法典：自然法律的一直被忽视或被否认的真实精神》，黄建华、姜亚洲译，106 页，北京，商务印书馆，1982。

信仰当作保持社会整体和谐的根本动力，只有确立内在的崇高信仰才能保证人的真正自由自觉。在《乌托邦》一书中，乌托普国王对于法律与人的内在信仰之间的关系，他认为，制定法律一方面是为了保障人们的社会秩序和生活安全，另一方面，也是为了保障人们的宗教信仰。宗教信仰是不能通过强制手段来实现的，那样做只能起到适得其反的消极效果，"如能用温和而合理的方式处理问题，真理凭其本身的自然威力迟早会自己暴露出来，受到注意。如果这个争论的解决是通过武力和暴乱，而最坏的人又总是最顽固不化的，那么最好的和最神圣的宗教也会淹没在一堆互相倾轧的旁门左道中，犹如嘉禾会被丛生的荆棘窒息致死一样"①。在"乌托邦"的理想社会中人们都相信"神意"、"灵魂不死"、"因果报应"等一些观念，认为只有相信"灵魂的不朽"才能使人们摆脱盲目状态而不会降低自己的尊严。否则"当一个人除法律外什么都不怕，除肉体外对什么都不寄予希望，那么，毫无疑问，为了满足他的私人欲望，他会想方设法回避国家法律，或是力图用强暴手段破坏国家法律"，"因为如果不是他还有所忌惮的话，一切法律和惯例都将对他无用处"②。现代西方社群共同体主义者麦金泰尔认为，在现代社会中人们都过分注重法律对人们基本权利的保障，但假如没有人的内在德性的培养和崇高的信仰维度，所有的法律和社会规范对人来说也仅仅是外在的约束而已。即使一个社会制定的法律十分严密和规范，人同样会找出其中的漏洞，并且，利用法律的漏洞来既合理又合法地达到侵犯他人的目的，这种情况似乎不在少数，其社会危害程度也许更大和更隐蔽。

这里关涉到"人性"的问题。人是一种双重性的存在，人性中既有善的一面，又有恶的一面。所有先验地假定"人性善"或"人性恶"都是片面的。针对人性恶的一面，制定法律规范能够起到立

---

①② ［英］莫尔：《乌托邦》，106 页。

竿见影的实际效果，但归根结底它只是一种外在的制度约束，无法完全内化到人的内心深处。人的本性有一个特点就是，人在服从一个规范时，如果同时能够感受到一种崇高、尊敬和神圣等终极的高峰体验，那么人就会自觉地完成服从这一规范的行为，而很少有强制的感觉。有强制就会有反抗，这是必然的。所以，同样属于社会的"他律"，但宗教、风俗和礼仪等有时往往比单纯的法律条文更能使个人与他人、社会保持一种内在的和谐。其中的缘由就在于，前者更能激发人的"自律"的自觉行为，使人获得一种崇高的体验。在《理想国》一书中，柏拉图在谈到立法问题时指出："真正的立法家不应当把力气花在法律和宪法方面做这一类的事情，不论是在政治秩序不好的国家还是在政治秩序良好的国家；因为在政治秩序不良的国家里法律和宪法是无济于事的，而在秩序良好的国家里法律和宪法有的不难设计出来，有的则可以从前人的法律条例中很方便地引申出来。"① 在柏拉图看来，真正的理想城邦应该建筑在风俗、礼教之上，而不是单纯依靠法律的外在屏障，因为相对于后者，前者似乎更能培养人的内在的德性和道德约束，这也就是人之为人所应具有的神性维度，使每个人都能自觉地领悟到，所有合理的规则都在人的内心深处，每个人都应自觉地去遵守，而不是依靠外在的种种强制。所以，柏拉图认为，为了保持城邦的内在和谐，比制定法律条文更重要的是"祭神的庙宇和仪式，以及对神、半神和英雄崇拜的其他形式，还有对死者的殡葬以及安魂退鬼所必须举行的仪式。"法律的解释最终是以"宗教律令的神祇"为基础的。②

　　这其中所内含的"自律"与"他律"的问题，蒂里希的分析更为深刻。在蒂里希看来，"自律"（autonomy）是指"个人服从理性的法则，这法则作为一个合理的存在物是他在自身之中发现的"。而"他律"（heteronomy）是"把一种异己的（heteros）法则（no-

---

　　①② ［古希腊］柏拉图：《理想国》，143页。

mos）强加于理性的一个或全部功能之上"。从根本上说，"自律和他律扎根于神律之中，一旦两者的神律统一被打破，它们就都会迷途"①。蒂里希认为，在启蒙时代以前的西方传统社会中，"他律""以一种无条件和终极的方式"与"自律"基本上是统一在一起的，也就是说，人的道德自律只能是他律中的自律。但到了现代社会，"自律"和"他律"之间的内在联系发生断裂，"在技术理性的指引下，自律征服了所有的反对但却完全丧失了深度的一维。它变得浅薄、空洞，没有终极意义，并造成了有意识或无意识的绝望。在这种情况下，种种具有准政治特性的强有力的他律，就进入了由一种缺乏深度之维的自律造成的真空"②。在所有乌托邦的制度设计中几乎都考虑到了如何实现这种"自律"和"他律"的内在统一问题，人性善的一面得以充分的展现，人性恶的一面得到自觉抑制。

2. 本真性：乌托邦的"不在场"

在此之前，我们所讨论的乌托邦问题，还没有直接涉及马克思主义的理论来源之一即"空想社会主义"的问题。其原因在于，空想社会主义的乌托邦思想与在此之前所谈到的乌托邦思想有所不同。在空想社会主义之前，乌托邦思想家也曾考虑到他们所构想的理想社会在当下实现的可能性问题。柏拉图试图把他所设计的"理想国"建立在人们的心中，因为他并不期待"理想国"的设计方案能够在现实中付诸实施。尽管奥古斯丁关于"上帝之城"的许多想法都直接来源于柏拉图的"理想国"设想，而且，"理想国"的思想在中世纪社会中已经得到部分实现，但柏拉图本人却从未试图将他的"理想国"的设想强加于人们或付诸宏大的社会运动与实践。

---

① ［美］蒂里希：《蒂里希选集》下卷，何光沪选编，981～982 页，上海，上海三联书店，1999。"神律"（theonomy）并非意指接受一种由某个最高权威强加于理性的神圣法则；它所指的，乃是自律的理性同其自身的深度相结合。

② 同上书，984～985 页。

在《理想国》一书中，当格老孔对苏格拉底所描述的理想城邦赞叹不已时，他不得不向苏格拉底提出一个无法回避的问题："这个理想的城邦是不是可能？"为了回答格老孔提出的这个问题，苏格拉底特别举了一个例子：一个画家画了一个理想的男子，一切都画得很好了，但是不是就是因为无法证明这个理想男子的实际存在，就可以否定这样一幅画是美的呢？根据这个例子，苏格拉底对格老孔的问题给予的回答是："如果我们能够找到一个国家治理得非常接近于我们所描写的那样，你就得承认，你所要求的'实现'已经达到"①。

苏格拉底与格老孔的这一对话说明，在终极的意义上，是否能够完整地构想和设计一个理想的国家比这一理想的国家能否实现的问题更为根本和优先。当柏拉图提出"理想国"的构想及"哲学王"的抱负时，他的目的并不在于对某种社会地位或角色身份的实际占有，而是对建立某种较为合理的社会理想的吁求和确立一种社会批评的目的性价值立场。换言之，柏拉图思想的本意是，由他所设想的理想国家只要能够成为现实社会中人们学习的一个样板，他的最终目的就已经达到了。"我们可以按照它们所体现的标准，判断我们的幸福或不幸，以及我们的幸福或不幸的程度。我们的目的并不是要表明这些样板能成为在现实上存在的东西。"② 柏拉图的这种对理想社会的构想体现了西方传统社会"理论优先于实践"的生存智慧，理论即实践。在古希腊社会的文化观念中，"理论"概念在内涵上完全不同于现代社会由知识分化所形成的专业理论知识，后者是专业化极强、针对社会生活的某一领域的学科知识，它必须考虑到社会生活各方面取得的实际效益或效果，否则它本身就无法存在下去。而且，这种专业化的理论知识所服务的"实践"，也不

①　[古希腊] 柏拉图：《理想国》，214 页。
②　同上书，213 页。

同于西方传统社会所理解的"实践"概念，而往往是指"生产实践"和"现实生存"，属于形下的经验性的实际活动。可以说，西方传统社会所理解的"理论"或"知识"更多是指"沉思"、"静观"或"凝视"，具有纯粹性和总体性等特点，它不太需要过多考虑实际应用及是否对人有用处。那种适应社会化大生产的现代意义上的"理论"或"知识"只有在启蒙运动之后才占据社会生活中的主导地位。

奥古斯丁的《上帝之城》一书属于一种宗教性的乌托邦构想，在其中上帝城和世俗城是截然分开的，同时它们之间也相互映照和依赖，"上帝城缺乏力量和资源，没有国家的保护就无法确保安全，而国家如果没有正义的援助和只有在上帝城才能找到的其他道德力量，它也是无法达到它的目的的。"① 按照奥古斯丁的观点，教会在一定程度上是上帝城和世俗城的结合，但它也仅仅是上帝城的一个片段和序幕。从最终的意义来说，人不可能实现上帝城，只能按照上帝城的社会理念来建构未来社会，依赖于信仰使自己的理智驱逐邪恶的欲望，从而达到内心的平静与和谐。

西方近代社会的莫尔、康帕内拉和安德里亚的乌托邦思想直接受欧洲文艺复兴思潮的影响。文艺复兴是一个思想解放、强调个性的时代，开启了从"神义论"向"人义论"的转变，但是，在根本上这个时代仍保留了西方传统社会的一些思想观念。这是一个泛神论的时代，个人价值的实现在很大程度上需要依赖于公共领域、仰赖于人的神性的超越维度，而不是个人的私欲膨胀。因此，从总体来看，这个时期乌托邦著作的作者对自己所设计的理想社会模式仍然采取"静观"和"沉思"的态度，只是在一些细节问题上有些变化，如教育得到普及、从事艺术与手工业的人受到重视和对科学知识的学习，等等。与柏拉图、奥古斯丁的思想相同的是，他们并不

① ［美］乔·奥·赫茨勒：《乌托邦思想史》，93页。

指望所设想的乌托邦的理想社会能够在当时的现实社会中得到充分实现，更加相信所建构的理想社会在人们生活于其中的现实社会中能够起到源初模型的作用。在《论最好的国家》一文中，康帕内拉在回答关于"太阳城"是否有存在的可能性问题时指出，写作《太阳城》一书的最终目的就是要"提出了一个力所能及的可以效仿的榜样"①。康帕内拉认为，现实社会中的一些基督教公社就与他所设计的"太阳城"这一理想城邦基本相似，甚至相信"将来在基督之敌死之后，这种生活方式会占上风"②。

　　这个时期的乌托邦思想有一个共同的特点，即大多数乌托邦思想家都采取了一个文本虚构方式，对到达异邦后的所见所闻作了详细描述。在《乌托邦》一书中，作者采取了倾听一位杰出人物拉斐尔·希斯拉德关于他所遇见的理想国家的描述。《太阳城》一书描述了一个管理员与一个航海家的对话，在他们的对话中航海家描述了遇到理想国家的具体情境。《基督城》一书则直接采取了第一人称"我"的方式来描述一个依靠"诚实"和"美德"建立起来的道德理想城邦，这就更增加了所叙述故事的真实性和可信度。他们之所以都采取了这种文本虚构方式，这并不是偶然的，原因在于他们像之前的乌托邦作者一样，确信应该有不同于现实的另外一种更好的生活方式或生存模式。这就是典型的"空间乌托邦"的叙述方式。所谓"空间乌托邦"就是指人相信在生存于其中的现实社会之外应该有另一种理想的社会模式，但并不由此就诉诸实际行动或可行性方案来达到或实现这一心目中的理想社会，而是采取一种"静观"和"沉思"的方式，给予当下的现实社会以启迪、警世、反思和批判。"空间乌托邦"是乌托邦的最源初、最本真的含义，也是最独立于现实的对理想社会的一种总体设计或构想，它不承认有任何在当下现实社会中能够最终实现或者完全"在场化"的乌托邦形

①②　[意]康帕内拉：《太阳城》，陈大维等译，67页，北京，商务印书馆，1980。

式。正像别尔嘉耶夫所指出的："乌托邦是可以实现的，但必须是在经过曲解之后"①，"我所说的乌托邦的实现，不指涉最真实意义上的实现……这种实现仅仅导向了一种与原设想的乌托邦不相符合的社会制度，因此严格说来是失败，是空想"②。

无疑，从本体论层面来看，乌托邦是真实可信的，是人的真实本性的无遮蔽的袒露，是人的形上精神的理论表达。然而，在人们的具体实践活动中凡承诺乌托邦的实现或乌托邦的"在场化"，以及现实社会生活的乌托邦化、美学化，从根本上讲都是虚假和欺骗性的蒙蔽，是对乌托邦的最拙劣模仿。从这里，我们也可以看到，现代思想家波普尔在《开放社会及其敌人》一书中曾经把两次世界大战的爆发归结为乌托邦工程所致，甚至波普尔把其中的内在根源追溯到柏拉图的《理想国》，反对社会继续按照完美主义、完善主义或乌托邦主义来建构。这其中有一定的合理性。但是，波普尔似乎并没有看到，他所说的"乌托邦"已经不是真正本源意义上的"乌托邦"内涵，而恰恰是被现代启蒙思想或现代性价值观念浸染或主宰的"虚假形式的乌托邦"形式，也就是现代性所信奉的所谓"技术乌托邦"或"理性乌托邦"，等等。这些虚假形式的"乌托邦"完全是一个用无人情味的市场关系和形式化的理性机制组织起来的自由主义社会，它只具有"乌托邦"的名称或术语，却已经失去了本源意义的"乌托邦"所具有的本质内涵。或者说，它已经丧失了批判自身、自我反思的乌托邦的本真维度。在这方面，鲍曼的认识更为透彻。在《现代性与大屠杀》一书中他指出，第二次世界大战集中营的大屠杀之所以能够顺利进行，跟现代性的同一性价值观念和理性化的政治官僚体制有着密切的必然性联系，而不是传统

---

① ［俄］别尔嘉耶夫：《精神王国与恺撒王国》，安启念、周靖波译，113页，杭州，浙江人民出版社，2002。

② ［俄］别尔嘉耶夫：《人的奴役与自由》，徐黎明译，181页，贵阳，贵州人民出版社，1994。

社会的乌托邦观念所能缔造出来的。鲍曼在另一本书中表达了同样的想法，他说："在（那些由希特勒及法西斯领导的）现代史上最为极端且好好记录着的'社会工程'事例，尽管有与其相伴的一切凶暴，但它们既不是尚未被新的理性的、文明的秩序完全消灭的前现代野蛮主义的爆发，也不是为与现代精神不同的乌托邦精神所付出的代价，……相反，它们是现代精神的合理结果，是那种急于要去支持、加快人类迈向作为现代最突出特性的完美化前进的合理结果；是那种乐观的看法，科学和工业的进展原则上消除了对日常生活中可能实施的计划、教育和社会改革之上的限制的合理结果；是对所有的社会问题最终能得以解决且世界能按照人类理性的标准进行重塑的自信的合理结果。"①

3.　观念转换：由"空间"到"时间"

西方社会的启蒙时代是一个思想激烈交锋的时代，在这一时代中既有为启蒙精神欢呼雀跃者，如伏尔泰、狄德罗和霍布斯等，也有为这一时代的胜利背后所潜藏的毁灭自身的危机深深忧虑的思想家，如卢梭、康德、黑格尔等。但是，对启蒙辩证法真正给予科学认识、分析和反思的哲学家则是马克思。马克思主义的创立标志着替代资本主义的现代性谋划的另一种可能性社会模式的诞生。必须清楚的是，马克思思想的产生、形成直至成熟的过程并不是无源之水，他除了结合黑格尔的辩证法和费尔巴哈的唯物主义思想外，空想社会主义为马克思思想的形成提供了重要的思想资源。

无疑，空想社会主义属于"时间乌托邦"范畴，较之空间性的乌托邦而言，它更加贴近和关注人们的现实生活，更多地考虑乌托邦实现的可能性及其历史条件。从概念上讲，所谓"时间乌托邦"

---

① ［英］齐格蒙·鲍曼：《生活在碎片之中——论后现代道德》，郁建兴、周俊、周莹译，227～228页，上海，学林出版社，2002。

就是指人作为实践性的主体赋予乌托邦以时间和历史的维度，把它不再单纯作为只是对现实的批判和警世，而且还把所设想的乌托邦作为可期待、可欲求的历史目标加以现实化的尝试。"时间乌托邦"是"空间乌托邦"的一种近代派生形式，是西方传统社会向现代社会转变过程中出现并形成，受近代启蒙精神影响的一种乌托邦观念。之所以还称之为"乌托邦"，原因在于，虽然受近代启蒙精神的影响，对社会和历史的发展趋势有许多实证性、现实化的描述，内容上更加贴近人们的现实生活世界。但是从本质上说，"时间乌托邦"仍是力图超越当时的社会现实，把历史发展的目标指向未来的不可达到的历史区间。尽管它希望通过一定的方式实现所期待的理想社会的"在场"，但是，由于尚未发现历史发展的客观规律，没有找到可依靠的现实革命力量，因此，他们的社会理想仍属于乌托邦范畴。一旦这种社会理想无原则地进入人的实践领域，乌托邦的失败及其悲剧就是其必然结局。空想社会主义之后，马克思对之做全面的改造而形成了科学的社会发展理论，结束了乌托邦思想没有现实根基的历史状况。

乌托邦由"空间"向"时间"的观念转换，一方面有其积极意义，另一方面也潜藏着自身的深层危机。这种观念转换的积极意义在于，人的外在的占有主体性和实践的能动性得到增强，人对当下现实社会的不合理状况不再单纯采取"静观"和"沉思"的理论批判态度，而且还要求通过一定的手段对既有的社会政治秩序进行总体性颠覆和重组，力图在当下实现一个和谐完满的理想社会。其潜藏的深层危机在于，从本性或本源意义讲，乌托邦的社会理想注定无法真正在现实社会中得以实现或实施，它不可能以"在场化"的形式存在于当下的现实社会中。这就如同说，在西方传统社会的文化观念中，上帝是全知全善全能、完美无缺的存在，人只能去信仰和体悟，力求使自身趋于完善完满，却永远无法认知、实现或成为上帝。上帝的本体论证明是合理的，若以认识论的方式证明之，则必然陷入一种理论和实践上的荒谬。同理，若以有限的现实手段来实现乌托邦所要确立的终极性社会理想，必然使人及其构想的乌托邦陷入一种无法挣脱的二律背反。在现代社会中乌托邦之所以遭到拒斥或冷落，就是因为现代人所遵循的是现实手段优先于终极目标的生存逻辑，而乌托邦观念在本质上的原则恰恰是终极目标优先于现实手段。在现代社会，只要通过一定的手段能够达到一个"好"的效果，这一手段就是正当、合理而有效的，至于这个"好"的效果究竟是否值得人们去追求的价值判断，这纯粹属于个人的主观偏好和特殊禀性的问题，不再具有客观性和统一性。现代人所追求的"好"的生活似乎是客观的和中性的，其实不然。较之于传统社会的人与神圣本源的内在沟通所获得的本真性生活，现代社会的个人再也找不到有什么能够凌驾于人之上的东西，人封闭在自我的狭小空间而缺乏基本的历史感和方向感。现代人似乎唯一确信的就是，依赖于现代的科学技术提供的手段所营造的"好"的生活（主要是物质生活的富足），至于超出这种手段所能提供的"好"的生活之外更高层面的生活构想都不符合现代人及其社会的价值观念，理所当然地被视之为"空想"和"不切实际"。其实，所谓"好"的生活，从本源上讲首先是"应该如何生活"的价值问题，它是一种超越世俗生活而建构的多层面的终极价值追求和导向，是在人的现实生活中只能体悟而无法完全兑现的理想生活。这种理想生活不是一种既定的实然存在状态，毋宁说，它就是人穷尽其全部智慧和创造所能想象到的生活的"大全"或"总体"，对人们的现实生活具有"由内而外"的道德规范意义，而不是从属于自身之外的其他目的的工具或手段。一旦人们在追求美好生活的过程中将现实的手段看作是第一位的，那么，"好"的生活本身作为一种"大全"或"总体"就在人们的视野中消失了。

总之，乌托邦由"空间"向"时间"的观念转换，使乌托邦与现实的紧张关系凸显出来。至此，乌托邦观念不但要求设计美好的理想社会蓝图，而且，还要考虑到当下社会实现这种理想社会的可能途径或手段，这就是空想社会主义者所面临的理论与实践及其理想与现实之间的两难困境。由下面的描述和讨论中，我们不难看出，空想社会主义者的理论构想常常处在理想与现实之间左右摇摆而陷入一种自相矛盾中。在这里，具体谈谈各个空想社会主义者对未来理想社会蓝图的理论设计。

圣西门所设计的理想社会是一种专家治国的乌托邦，特别强调知识与权力的充分结合。圣西门说："在这种政治体系下，应当解决的全部问题不外是：社会采取什么措施可以依靠科学、艺术和工艺方面的现有知识使它原有的繁荣更进一步；采取什么措施可以推广这些知识并使其更趋完善；最后，这些不同措施通过什么办法才能办到而又花钱最少和费时最短。"① 只有通过这种计算的理性，"现有政治体系的三个主要弊端，即专横武断、腐败无能和玩弄权术，都将完全消失"②。

在社会制度的安排上，圣西门构想了一种所谓"实业制度"。在他看来，"目前的社会组织只把实业阶级置于最末位。社会制度对次要劳动甚至对游手好闲的尊重与重视，依然大大超过对最重要劳动，即对最直接的有益劳动的尊重和重视"③。按照圣西门的看法，这里所说的"实业阶级"指的是由农民、工厂主和商人等组成的。未来的理想社会应该更为尊重这些依靠踏踏实实的劳动而生存的"实业阶级"，应建立一种"实业制度"，即以"实业阶级"为主而组成的社会。其中的原因在于："实业阶级应当占有首要地位，因为它是最重要的阶级；因为没有其他一切阶级，它也能存在下去，而其他任何阶级如果没有它，就不可能生存下去；因为它是依

① ［法］圣西门：《圣西门选集》第 1 卷，王燕生等译，246 页，北京，商务印书馆，1979。

② 同上书，247 页。

③ 同上书，52 页。

靠自己的力量，即靠亲身劳动而生存的。"① 可见，圣西门已经把人的实际劳动的意义和价值提高到了很高的"实体性"层面，甚至认为，由这种实业阶级组成的社会肯定是非常完美的，它"是一种可以使一切人得到最大限度的全体自由和个体自由，保证社会得到它所能享受到的最大安宁的制度"。"这个制度一定会使道德得到它能够用来陶冶人的言行的最大权力，给整个社会及其每个成员带来尽可能多的快乐。"② 实际上，圣西门的"实业阶级"概念仍然是抽象、纯形式的，而没有看到"实业阶级"内部的根本矛盾和冲突，这就决定了他并未反对一切私有，也不希望采用暴力革命来推翻现有的统治秩序，而是主张："为了建设和创造，一句话，为了建立巩固的制度，只能采取和平手段，……最卓越的实业家将要无偿地履行编制国家预算的职责。"③ 在圣西门的乌托邦思想中，对未来理想社会的构想与对现实社会的实证性分析存在一个巨大的裂痕，最终使他不得不服从现实的社会原则，使理想的具体实施方案服从于现存的国家。马尔库塞在评价圣西门的思想时说："自由的目的从个人的理性的意志中被清除了，纳入到政治和经济过程的客观规律中。……只要社会继续被无情的客观规律所统治。社会则是无理性的因而是罪恶的。"④ 这里所说的"客观规律"是指现实的给定社会状况，而不是科学规律。

　　傅立叶所构想或设计的理想社会是"法郎吉"。他认为，人的"情欲"是社会发展的最根本性的动力，人类历史理应是人的"情欲"充分实现的过程。人的"情欲"分为三大类共十二种，这三大类是：(1)"奢侈类"，也就是人的五官的感觉欲望；(2)"四种单纯心灵上的欲望"，具体包括：和睦和友谊的组合、爱情的组合、双亲或家庭

---

① ［法］圣西门：《圣西门选集》第1卷，51页。
② 同上书，80页。
③ 同上书，54页。
④ ［美］马尔库塞：《理性和革命：黑格尔和社会理论兴起》，300页。

的组合、志向或团体的组合；（3）由"分配的情欲"构成的"谢利叶主义"（在每个"法郎吉"中，按劳动性质分成每个专业劳动队或联组，称之为"谢利叶"）或欲望系列。重要的还不止于此，而是"情欲"这些子类型在原始制度下都是统一、和谐的，只是进入文明社会以后，尤其是到了自由资本主义阶段它才处于片面发展而无法获得统一的状态。只有在傅立叶所设计的"法郎吉"理想社会状态下才会使人的各种"情欲"重新获得统一与和谐。可见，傅立叶所说的理想社会并不是人的某一种"情欲"类型的无限膨胀和满足，而是各种"情欲"类型的内在统一与和谐，由此，社会才能最终走向和谐与幸福的完美状态。

正是在自由资本主义的所谓"文明社会"中，人的各种"情欲"类型之间都是内在分裂的，这导致了个人利益和他人、集体利益无法获得真正统一，个人利益的获得恰恰建立在对他人利益的损害和剥夺之上，集体只是沦落为个人获得利益的手段和工具而已。较之于圣西门的抽象"实业家"的社会构想来说，傅立叶对现实的批判和否定显得更加深刻和彻底。傅立叶通过举例来说明在资本主义社会中个人与他人由于私人利益的膨胀而导致的人与人之间的疏离和冷漠，"医生希望自己的同胞患寒热病；律师则希望每个家庭都发生诉讼；建筑师需要一场大火把一个城市的四分之一化为灰烬；安装玻璃的工人希望下一场大冰雹把所有的玻璃都打碎；裁缝和鞋匠希望公众用容易褪色的料子做衣服，用破皮子做鞋子，以便多穿破两套衣服，多穿坏两双鞋子"①。但令人遗憾的是，傅立叶并没有把这一切人与人之间情感疏离的社会根源归结为资本主义私有制造成的结果，而是认为："这是反协作制经营方式或倒行逆施的世界的必然结果。我们看到，在协作制度下，这种滑稽可笑的现象将会消灭。因为在这种制度下，个人只是在全体群众的利益中才能

---

① ［英］傅立叶：《傅立叶选集》第 1 卷，赵俊欣等译，122 页，北京，商务印书馆，1997。

找到自己的利益。"① 其实，傅立叶所揭示的自由资本主义的社会发展状况相似于马克思在《1844 年经济学—哲学手稿》一书中所分析的资本主义社会中人与人之间的异化现象。但是，与傅立叶的分析有所不同，马克思在《1844 年经济学—哲学手稿》一书中已经能够从哲学上认识到人与人之间产生异化的根源在于资本主义的私有制本身，而要想消除这种异化状况，只能废除这种私有制，而傅立叶所谓的"协作制度"其实只是废除这种资本主义私有制后才会出现的结果。

此外，傅立叶还预见到了现代文明制度过度发展可能会出现的深层文化危机。他指出："我重复一遍，文明制度的工业只能创造幸福的因素，而不能创造幸福。相反，事实将会证明，如果不能发现循着社会发展阶梯真正前进的办法，则工业的过分发展会给文明制度带来极大的不幸。"② 在现代文明制度下人们并没有切身体验到启蒙精神所带来的身心愉悦，甚至会感受到一种较传统社会更深重的压抑，"因为在文明制度的种种叛逆行为中，在工业生产的可鄙的结果中，看不到一点天意的迹象。而这种工业生产对于注定从事它的人说来，乃是一种折磨，使文明制度的人的处境远不如蒙昧制度的人和牲畜"③。正处于资本主义上升时期，傅立叶能够先知性地预见到现代文明所导致的这些文化的负面因素，这实为难能可贵，尤其是他能够看到资本主义的自由主义"意识形态"虚假性的一面，这也许是较之其他空想社会主义者分析问题最为深刻和透彻的地方。傅立叶认为："自由主义这一派则自认为他们能够使社会趋于完善。这是虚假的，因为自由主义者在用双重办法使车轮倒退。"④ 自由主义在服务大众的假面具下已经走向寡头政治，它并没

---

① ［英］傅立叶：《傅立叶选集》第 1 卷，赵俊欣等译，122 页，北京，商务印书馆，1997。

② 同上书，124～125 页。

③ 同上书，134 页。

④ 同上书，125 页。

有履行真正实现自由的承诺，不但无法使人们走向"善"的行为，而且就它自身来说也不会作出任何"善"的行动。傅立叶讥笑在法国社会中所谓爱好自由的政党，说它们"本身所做的，却是在间接地反对自由。这正像一只熊，用石头砸破朋友的脑袋，为的是赶走朋友头上的苍蝇"①。傅立叶还批评了在现代社会中人们过于依赖法律和政府的力量，尤其指出他们由于这种依赖而废除崇拜上帝的公共仪式的做法是荒谬和愚蠢的。傅立叶把现代社会的法律称为"地狱精神的产物"，而所谓"政府的分权"只是"虚构的平衡"，这一切都不会使人们真正地团结在一起。相反，只有"在协作制度下，爱上帝将成为所有的人的热烈的情欲：他们时时刻刻享受新的愉快，并且在欢乐的海洋上乘风破浪地行驶时，将会感到有必要时时刻刻向如此美妙的制度的创造者表达自己的敬意"②。可见，傅立叶对未来理想社会的构思具有总体性的。如果这种"协作制度"确实能够在现实社会中实现，就是说，它在提供人们丰富的物质需要的同时，还避免了韦伯所不想看到的那种完全理性化、制度化的"铁笼"，这确实是一幅令人想往的未来历史画卷。

圣西门和傅立叶都相信在未来历史发展中，他们所设计的理想社会模式能够最终实现。与他们相比较，欧文的乌托邦构想"时间性"或"历史性"特征更为明显。欧文直接把自己的乌托邦构想通过"协作社"试验的形式创造出来，以此主张和宣传他的乌托邦式社会理念的优越性。欧文在一生中创办了许多不同类型的"协作社"试验，但最终都以失败而告终。这一事实证明，仅仅依靠某一团体或某一部分的社会变革无法彻底改变整个社会现实，尽管欧文的这种社会试验的终极目标也是实现全人类的幸福，但由于当时所处的社会革命条件尚未成熟、科学的理论准备也不充分，加之他还

①　蓝瑛：《社会主义政治学说史》上编，187 页，上海，上海人民出版社，1992。
②　［英］傅立叶：《傅立叶选集》第 1 卷，134 页。

没有认识到真正的革命阶级即无产阶级的现实力量以及社会变革的阶级性、过程性与终极性的统一，所以，失败的结局在所难免。

　　虽然欧文的社会试验最终都以失败而告终，但他的乌托邦思想仍然是值得肯定的。欧文的道德教育思想在三大空想社会主义者中是特别突出的。在欧文看来，人性中既有善的一面，又有恶的一面，这两方面归根结底都受制于环境的影响，"无论过去、现在和将来，一个人永远是他出生前后所存在的周围环境的产物"①。欧文认为，环境主要是指社会制度，迄今为止的人类文明制度都无法让人们去从事善的行为，反而会使人们比过去变得更加狂暴、贪婪、仇恨甚至卑鄙。在制度环境中有两种法律，一种是自然法律，另一种是人为法律。相比之下，自然法律最符合人的源初本性，但可惜的是，当前人类尚未充分认识到它的真正价值，而在现实社会中正在实行的"人为法律"只能让人们被迫去作恶，而法律的执行者不去追究法律自身的原因，却把这一切罪责完全归咎于受人为法律伤害的人们。欧文说："我们让一代又一代的人从小就被培养成作奸犯科的人，然后又像狩猎森林里的野兽一样追捕他们，直到他们陷入法网，无计脱身为止。这种情况还要继续多久呢？其实，这些无人同情的、不幸的受害者的客观条件如果同威风凛凛的法官们的客观条件调换一下，后者就会站在罪犯席上来，而前者则会坐在审判席上去。"② 按照欧文的这一观点，现代社会所信奉的法律只能治标，而无法治本。欧文虽然看到了改变现存社会的必要性，却没有找到改变现存社会的正确途径。欧文认为要想改变现存的一切，只能依靠道德教育这唯一的途径。其实，这同样陷入一种循环论证的怪圈。因为按照欧文所说的，人是社会环境的产物，要想改变人就

---

　　① ［英］欧文：《欧文选集》第 2 卷，柯象峰等译，84 页，北京，商务印书馆，1981。

　　② ［英］欧文：《欧文选集》第 1 卷，柯象峰等译，24 页，北京，商务印书馆，1979。

要改变社会环境，而要想改变社会环境，又要通过教育来改变受环境决定的人。然而，谁来实施这种教育呢？几乎像所有乌托邦思想家一样，欧文只能期待着某种天才式人物的出现，才能力挽狂澜，来改变现存社会中的一切不合理的制度。

欧文认为，私有制才是产生种种社会罪恶的内在根源。私有制使拥有财产的人变成完全的利己主义者，使人与人之间的关系疏离、情感冷漠，并充满了各种仇恨。因为私有制的存在，人类社会才产生了种种不平等的现象，人的尊严和拥有财产的多寡也画上了等号。即使到了现代社会，随着大机器的使用，生产力获得了极大提高，但也未能从根本上改变这种私有制的现状，反而是加深和巩固了这种历史上长期存在的私有制。欧文说："机器本可以成人类最大的福星，在目前的安排下却成了人类最大的灾祸。"[①] 其中的原因在于，机器虽然提高了劳动生产效率，但生产出来的财富却大部分归属于少数的贪婪资本家所有，这种生产分配极不平等状况的最终根源都是由私有制造成的。如果仅仅满足于这种原子化的个人私利最大化的追求，那么整个人类就不可能获得真正幸福。财产不等于尊严，也不应该等同于幸福。只有等到每个人不再以私利为追求目标，把自己追求的幸福看成与其他人对幸福的渴望相一致时，整个人类才可能进入真正幸福的时刻。马克思对欧文犀利地批判私有制给予了很高的评价："他们猜到了（见**欧文**及其他人）文明世界的根本缺陷的存在；因此，他们对现代社会的**现实**基础进行了无情的**批判**。"[②] 然而，与其他空想社会主义者一样，欧文也是一位天才论者。而在真正的天才还未出现以前，他也只能希望执政的政府能够对他的理想社会的完美设计给予各方面的支持。

---

① ［英］欧文：《欧文选集》第 1 卷，259 页。
② 《马克思恩格斯全集》，中文 1 版，第 2 卷，106～107 页，北京，人民出版社，1957。

三、乌托邦观念的意义及其局限

乌托邦观念是人类对理想社会的一种终极价值诉求，它并不是人对待现实社会的一种消极反应和悲观态度；从乌托邦的形上本性及其宗教背景来看，它是西方传统社会人的一种超越性的智慧和创造。乌托邦不可能成为制约社会变革和历史进步的决定性力量，但它却往往预示着一个旧时代的结束和一个新时代的来临，是一个和谐的社会必须具备的能够自我更新、自我反思的一种内在的精神动力机制。乌托邦思想存在并能够得以宽容的社会可能不是完美的社会，但乌托邦思想没有存在余地的社会肯定是一个压抑人对总体性的渴望，缺失"否定性精神"的"单向度社会"。

乌托邦是人对不同于现实的另一种"可能性"生活的完美构想，这种"可能性"的美好生活也许在遥不可及的天涯海角（空间），也许在令人渴望却不能达到的未来（时间），却不可能完全以当下现实的实然状态存在。人在天性上需要乌托邦的想象，相信乌托邦是比现实存在更为"真实"的理想社会，这种"真实"不是人的感官能够知觉到的同质性存在，而是犹如历史的地平线不断地向远方的前景无限伸展，给人以希望和光明。思考着未来，生活在未来，这乃是人的本性的一个必要部分。乌托邦的伟大使命和意义就在于，它为可能性开拓了地盘，以反对人们对当前现实事态的消极默认。正是乌托邦思维克服了人的物欲惰性，并赋予人以一种新的能力，一种善于不断更新人类世界的能力。没有这种乌托邦想象能力的世界是黯淡的，是一个完结了的世界，甚至无法对之做任何补充。卡西尔在谈到理想与现实之间的关系时指出，能够把"现实"与"可能"明确区分，这正是人类所特有的一种能力，也是人之为人的根本特性所在。卡西尔说："低于人的存在物，是拘囿于其感官知觉的世界之中的，它们易于感受现实的物理刺激并对之作出反应，但是它们不可能形成任何'可能'事物的观念。另外，超人的理智、神的心灵，则根本不知道什么现实性与可能性之间的区别。上帝乃是纯粹的现实性（actus purus），它所构想的一切都是现实的。上帝的理智乃是一种原型的理智（intellectus archetypus）或创造性直观（intuitus originarius），它在思考一物的同时就借助于这种思考活动本身创造和产生出此物。只有在人那里，在人这种派生的理智（intellectus ectypus）那里，可能性的问题才会发生。"① 卡西尔把"可能性"的领域当作"意义"的世界而独立于物理的、实际的、现实的事物，尽管实际上作为可能性的"意义"世界又往往附着在后者之中，以具体的物理形态表现出来。在人的原始思维中，要在存在与意义之间做出区分还是极其困难的，这两者总是被混淆，随着人的理性能力的增长及其文化的进一步发展，对于人的符号思维来说，在现实与可能、实际事物与理想事物之间做出鲜明的区分乃是必不可少的。

然而，在承认乌托邦观念的意义及其对人类社会发展具有重要性的同时，也需要反思在缺乏现实基础和实践根基的前提下，乌托邦观念常常由于理想与现实之间界限混淆而被人们付诸乌托邦的运动与实践，从而造成专制主义及其独裁统治。正如在现实的社会生活中人们的良好愿望总是容易被恶的势力所利用，乌托邦观念也难逃此种厄运，即在人类历史上，利用人们对美好社会的想象而打着乌托邦的幌子来达到某些人或集团的特殊利益，这种情况比比皆是。正是将乌托邦的现实化、"在场化"，使它难以与维护现存秩序的意识形态脱离干系，更无法完全推卸这样一种责任，即由乌托邦的运动与实践造成历史性悲剧，从而使人们的美好愿望反过来似乎又变成统治人本身的一个"怪物"，使人饱尝各种奴役与压制。人们对美好社会理想想象的良好愿望在具体的实践过程中却往往得不到好的结果。这

---

① ［德］恩斯特·卡西尔：《人论》，87～88 页。

正是西方传统社会乌托邦观念的局限性之所在。它不能区分乌托邦和乌托邦的社会运动与实践，往往跃出自身的理论批判之外而将形上的道德诉求强加于整个社会，造成历史的投入与产出的极大反差。

我们知道，乌托邦大多数情况下首先作为一个个体对理想社会充满希望的渴求而出现的，但是，一旦这种个人所设计的社会理想转化为一种实实在在的社会运动与实践，其过程和后果就已不再取决于个人特殊的良好意愿了，特别是当乌托邦的社会理想成为当下现实而转化为一定的意识形态，它就会成为压制个人自由的有效工具或手段。因此，在人们的社会实践活动中应该把乌托邦和乌托邦的运动与实践严格区分开来，前者是一种"应然"的社会理想状态，表征着人们的良好愿望和善良动机，而后者则是一种现实的实际的社会运动，掺杂着对物质利益和政治权力最大化的追逐。原则上说，乌托邦观念并不必然导向乌托邦的运动与实践，构想乌托邦社会理想的人在实践领域中往往也会意识到自身理论的不可操作性而慎重对待，但是，在某些特殊情境下（比如社会更替、权力之争或革命等），乌托邦社会理想却极易转化为乌托邦运动与实践。这正是许多现代自由主义思想家反对按照乌托邦主义、完善主义来构建社会生活的一个重要原因。对于乌托邦的社会运动与实践来说，乌托邦常常演变成激发革命、维护政权和意识形态统治的一个有效工具，而事实上，乌托邦观念较之乌托邦的运动与实践在内涵上要丰富得多。正如伯恩斯坦所表达的："一旦乌托邦成为现实社会意识，它便浸入了群众运动的意识，成为其重要的驱动力。乌托邦便从理论和道德思想的领域渗透到实际思想领域并主宰人的行为。乌托邦奋力所要改变的，是不可能由'现实的'即时行动来完成的，远远超出可预见的将来，而且无法预先筹划。"[①] 人们在乌托邦的社

---

① ［美］R. J. 伯恩斯坦：《形而上学、批评与乌托邦》，载《哲学译丛》，1991（1），45页。

会运动与实践中常常处于政治权力及物质利益的角逐中，而遗失或遮蔽了乌托邦更本源的丰富内涵，从而也摧毁了乌托邦在现实历史进程中的内在合理性。这样，由乌托邦的社会运动与实践所造成的灾难却往往由乌托邦观念本身来承担，致使乌托邦由人们所渴望达到的理想社会状态而成为人们"谈虎色变"的为世人所厌弃的东西了。

其实，尽管对于由乌托邦的运动与实践所导致的专制主义及独裁统治，乌托邦观念本身很难完全推卸责任，但是，真正的问题并不在此，而在于人们对待乌托邦的错误方式和态度，这往往是导致乌托邦观念异化的重要原因。作为对未来理想社会的想象和建构，乌托邦首先应该是一种精神性的观念存在，不管对现实社会的变革起到多么大的推动作用，乌托邦的这一源初性的丰富内涵却是无论如何都不应该被忽略和遗忘的。特别是不应该从政治上把乌托邦社会理想当作整个社会可以追求和期待，甚至可现实化的既定目标。

那么，为什么乌托邦不能被完全现实化？进一步说，为什么被完全现实化为具体存在，乌托邦社会理想的源初动机或目标就会面目全非了？究其原因，可以归纳为以下几点。第一，尽管乌托邦的社会理想是美好的，但由于这一社会理想是某一个知识精英或政治领袖自上而下进行的总体性设计，而不是通过征求大多数人的意见自下而上的求证方式。因此对于实际操作而言，乌托邦社会理想的可行性和可靠性必然受到质疑。第二，由于乌托邦社会理想所要达到的历史目标具有总体性、超验性和未来性等特点，这决定了这一社会理想形式的实现就是一个终极性的社会理念不断自我展开和自我生成的过程，与人本身的存在相同一，永远也不会有终结。如果试图在现实生活中实现这一终极社会理想，就必须把人们强行纳入乌托邦的现实化的运动与实践中，那么，唯独采取专制与独裁的强制方式才有可能办到。一旦需要用强制的方式来实现完美与和谐的乌托邦社会理想，那么，其内在所包含的"善"的合理精神内核就会被"恶"的手段所代替和遮蔽。第三，即便乌托邦社会理想在当下成为了既定现实，那么随着社会的发展，原来设计好的目标是否能够经受得住时代的考验，是否能够被人们毫无偏差地传承下来，这些仍然是个疑问。可见，如果把乌托邦社会理想作为人们摆脱现实苦难而内在具有的精神表达方式，无论在东方社会还是在西方社会，也无论在传统社会还是在现代社会，其价值合理性和真实性都应该是无可置疑的。但是，如果把乌托邦社会理想作为一个社会发展或政治设计的目标，这大多情况下都是未见其利先见其害的，因为这种处理方式会把乌托邦丰富的精神内涵、强烈的道德诉求以及对未来历史的终极关怀经验化、简单化，同时也庸俗化了。在专制主义及独裁统治的体制下强迫人们自上而下接受同一种生存模式，而不再考虑人们之间的个性差异以及每个人不同层面的多向度的需求，再好的乌托邦构想或设计所展示的美好社会愿景都不再具有任何吸引力了。所以，构想并追求乌托邦社会理想本身并没有错，这是人对崇高社会理想的内在的最本真渴求和期待，问题在于人们应该如何去追求乌托邦，是将乌托邦"在场化"并置于政治权力或社会生活的中心，抑或是避免乌托邦的政治化而保持其对现实社会的"永不在场"的批判和警世态度。明智的选择当然是后者。从乌托邦观念的固有本性来讲，它始终应该处于社会生活的"边缘"状态，与主流意识形态疏离，只有这样，乌托邦才能发挥其"应有"的理论批判和道德反思的作用，以使社会理想与社会现实、社会批评与社会存在之间保持一定张力。

　　蒂里希认为，在未被现实化的时候乌托邦具有真实性、有效性和批判力量，但在乌托邦被现实化后的任何时刻，它都是暂时、模糊和不澄明的。乌托邦是真实的，"因为它表现了人的本质、人生存的深层目的；它显示了人本质上所是的那种东西。每一个乌托邦都表现了人作为深层目的所具有的一切和作为一个人为了自己将来的实现而必须具有的一切"①。乌托邦的有效性是指"每一个乌托邦都是对人类实现的预示，许多在乌托邦中被预示的事均已经被证明是真正的可能性。没有这种预示的创造力，人类历史中无数的可能性也许依然得不到实现"②。乌托邦的力量体现在它能够改造已有的事物，并已经证明自身具有高于已有事物的最大力量。乌托邦力量的根源"就是人在自己存在的一切方面的本质的或本体论意义上的不满"③。相对于乌托邦的积极意义而言，其消极性也很明显。蒂里希指出："越接近政治领域，就越能表现乌托邦的一切消极特征和积极特征——它的真实性、有效性和它的力量，同时还有它的不真实性、无效性和软弱性。"④ 乌托邦的这种社会运动与实践中的模糊性和不澄明使人们难以辨清现实的真伪，"如果把那些意义模糊的暂时性的事物和那些意义明确的终极性的事物混淆起来，那就不可避免要产生这种幻灭。我们朝着未来运动和生存，但我们同时又始终在暂时性因而也是在模糊性中生存，如果把某种初步的事物确立为终极的事物，那就会引起幻灭"⑤。

虽然蒂里希看到了，人们在追求乌托邦现实化的过程中出现的绝对化危险，但他似乎并不主张人们采取消极被动的"静观"和"注视"的态度，即让乌托邦保持"未来天国"式的纯粹完整性，而是应该积极投身于现实的乌托邦运动与实践中，哪怕有理想破碎和沉沦的可能性。蒂里希乐观地指出："如果我们像拜膜偶像般地奉献自身，那么形上学的幻灭就不可避免，被当成绝对物的有限的目标和事业就会和我们自身的有限性相冲突而最终破灭。但是，如

---

① ［美］蒂里希：《政治期望》，徐钧尧译，214 页，成都，四川人民出版社，1989。
② 同上书，215 页。
③ 同上书，216 页。
④ 同上书，223 页。
⑤ ［美］蒂里希：《蒂里希选集》上卷，140 页。

果我们在肯定某一事物的同时，我们也认识到它的有限性，那么乌托邦的真实性就在我们一边，这种真实性最终将会取得胜利。"① 按照蒂里希的解释，追求乌托邦的现实化运动并没有错，错误在于，在此过程中把有限的实现乌托邦的手段和当下的现实状况当作乌托邦本身，使实现乌托邦的现实手段陷入"绝对"，而作为终极性的乌托邦观念本身却沦落为达到现实政治权力的手段或工具。要想改变这种乌托邦观念在现实化过程中的异化和沉沦状态，只有通过不断地激发人们的乌托邦冲动来保持乌托邦与现实之间的制衡，使无条件的终极的"善"不会被消解或淹没在有条件的手段中。按照蒂里希的话语说就是："战胜乌托邦的，正是乌托邦的精神。"②

可见，蒂里希对乌托邦的问题采取了相对辩证的态度，但是乌托邦现实化中沉沦的危险在他看来也只能由乌托邦精神来解决。这在实践上是软弱无力的！在这种状况下，乌托邦的问题始终无法摆脱一种两难困境，要么保持"静观"和"注视"的批判态度，它并不要求人的直接介入，而是用某种独特的眼光，去关注眼前发生的各种人事沧桑，然而这种方式对现实社会的变革似乎并不能起多大的实际作用；要么将之现实化，依附于现存政治秩序，然而当它拥有现实权力时却失去了源初的社会理想的超越性，沦为手段和工具。这种理想与现实的二元对立贯穿于人类已有的历史中。特别是在启蒙运动之后，作为那种在传统社会中产生并形成的崇高社会理想在渐渐地消逝，代之而起的是世俗性的个人物欲追求、工具理性与知识权力的膨胀。这样，再也不需要乌托邦观念作为社会生活的精神基础了，世俗生活的幸福及对大众文化的陶醉似乎成了人类再也无法超越的绝对的唯一历史空间，现代社会由此陷入与传统社会

---

① ［美］蒂里希：《政治期望》，227 页。
② 同上书，229 页。

对立的另一极。这同样是令人无法忍受的平庸世界。在这方面，马克思的理论对西方传统社会的乌托邦观念的超越以及对现代社会的批判，能够为我们摆脱这种理想与现实的两难理论困境提供理论支持和实践指导。下一章，我们将就这一问题做一番深入的讨论和分析。

第二章　马克思对西方传统社会
　　　　乌托邦观念的批判与超越

　　首先可以明确并需要反复加以强调的一点是，马克思的理论不是乌托邦，而是一种科学的社会发展理论。这种理论不但强调批判、超越和替代现实的资本主义社会，追求一种没有压迫、没有剥削的理想社会，而且还要通过一定的现实手段来达到或趋近于这一理想社会。指出这一点正是为了在马克思主义理论视野内讨论乌托邦问题确立一个基本理论前提，没有这一前提，就可能导致将马克思的理论还原为乌托邦观念的结果。马克思不再像西方传统社会构想"空间乌托邦"的作者那样，只是把改变社会的理想停留在观念层面的"静观沉思"、"思辨想象"和"理论批判"，也不是像近代空想社会主义者那样，天真地期待天才人物的出现，或指望现实社会的掌权者能够自觉地接受他们改造社会的良好计划。马克思明确地把自己的理论与这些传统哲学区分开来，他说：以往的"哲学家们只是用不同的方式**解释**世界，问题在于**改变**世界"①。在这句话中，"解释"和"改造"两个词不仅表示马克思与以往的哲学家哲学话语方式的不同，更是代表了两种不同的世界观、价值取向和对待未来社会发展的基本原则。马克思同样以这一基本原则来看待西

---

① 《马克思恩格斯选集》，2 版，第 1 卷，57 页，北京，人民出版社，1995。

方传统社会的乌托邦思想，特别是批判和超越了空想社会主义的乌托邦设想，使理想与现实处于动态的辩证关系中。同时，马克思也从来就不是一个盲目的行动主义者，而是把先前的乌托邦社会理想对人类未来命运的终极关怀渗透进他的"实践哲学"的构想和行动中，使自己的理论不致陷入片面与绝对，使自己的行动不会陷入盲目的经验主义和工具主义。从这一点来说，马克思理论与西方传统社会的乌托邦思想之间不是没有任何内在关联，而是对后者的积极扬弃和辩证否定，是通过把被西方传统社会的乌托邦观念所积极阐发的人超越于既定现实的能动性和超越性赋予人的现实的、具体的总体性实践活动，使理想与现实之间的关系不再是抽象的对立，而是内在的统一。

不能简单说马克思理论是乌托邦，但也不可否认，马克思理论内在地包含着社会理想的乌托邦维度，即否定和超越现实的批判维度，没有这一维度，马克思的"人类解放"的终极理想和对未来历史的终极关怀就不可能存在。不理解这一点，就会把马克思思想的产生完全看作偶然的历史事件，与他所批判的传统哲学所蕴涵的乌托邦思想失去内在联系。其实，马克思不是"天生"的马克思主义者，甚至还曾经是"黑格尔主义者"、"费尔巴哈主义者"，但他在不断地进行理论创造和现实活动中，在批判地继承前人思想的基础上来确定马克思主义的基本理论框架。在这一章中，通过马克思的思想发展轨迹来说明，他是如何实现对西方传统社会的乌托邦观念所作的批判和超越，又是如何处理好展望未来的终极社会理想与当下既定的现实之间的相互关系的。

一、由思辨哲学向实践哲学的根本转变

马克思对西方传统社会的乌托邦观念的批判首先集中体现在他对黑格尔哲学及其思想继承者的哲学反思，由费尔巴哈的唯物主义为契机实现了向"实践哲学"的根本转变。黑格尔哲学是德国古典哲学的集大成者，也是整个传统哲学发展的顶峰，在他的哲学中既可以看到最革命的理论因素，也可以看到最保守的理论倾向。所以，无论是反传统还是回归传统，黑格尔之后的哲学家都可以从他的哲学中找到理论基因。马克思对黑格尔哲学的理论批判就是把黑格尔哲学中积极的因素从其保守的理论体系中解脱出来，而置于一个更高的理论基点上。黑格尔哲学的积极的一面就是对人的内在的能动性、主体性的强调，对历史统一性的乐观信念；消极方面就是，在实践中其理论的能动性和超越性往往容易被现实所窒息而陷入保守。从某种角度甚至可以说，黑格尔哲学就是"哲学化"了的乌托邦理论。

1. 对黑格尔思辨哲学的批判

　　青年时期的马克思非常迷恋康德、费希特的哲学，为他们强烈的理想主义所感染，但是，当开始接触黑格尔哲学而成为一名青年黑格尔主义者后，马克思发现了黑格尔的"形式是唯心的，内容是现实的"哲学秘密。这对青年时期马克思思想的影响是决定性的，他曾为此写道："康德和费希特在太空飞翔，对未知世界在黑暗中摸索；而我只求深入全面地领悟在地面上遇到的日常事物。"① 如果从思想的连续性来看，马克思仍是在黑格尔哲学的终结处发现了尚未被现实完全窒息的辩证法思想和历史哲学，把它们确立在新的实践根基的基础上。在马克思之前，黑格尔哲学做了哪些理论工作呢？这首先需要从康德哲学开始着手讨论。

　　在康德看来，人可以认识现象，但不能认识"物自体"本身。人在认识现象的时候，不是"认识必须符合认识对象"，而是"认

---

① 《马克思恩格斯全集》，中文1版，第40卷，651～652页，北京，人民出版社，1982。

识对象必须符合人的认识"，这样，自然和社会规律就不再具有纯粹客观性，而成了人的主观的形式框架能动性的产物。但是，人的这种主观的理性（理论理性）无法认识"物自体"本身，这一通达"物自体"的任务只能由"实践理性"来完成。尽管康德试图通过他的"判断力批判"来统一"理论理性"与"实践理性"之间的分离与裂痕，但实际上仍然没有获得成功。费希特不满意康德的"物自体"这一概念，认为就是因为"物自体"这一概念的设定导致了思维与存在的割裂，所以，应该取消"物自体"概念，达到自我的绝对的同一。费希特认为，"自我"是不证自明的绝对存在，不承认有任何独立于"自我"的"物自体"的客观存在，一切都应是"自我"外化的能动性的产物。费希特说："只要自我是绝对的，它就是无限的和不受限制的。一切存在着的东西，都是它设定的，它不设定的东西，都不存在（对于它来说，都不存在，而且在它之外，都是虚无）。"[①] 外化了的"非我"最终必须返回到"自我"本身，以达到思维的绝对的同一性。这就是费希特著名的"三段论"："自我设定自我，自我设定非我，自我与非我的同一"。在费希特的这一"三段论"中有两个"自我"，一个是有限的"自我"，一个是无限的"自我"，这不是矛盾么？针对这个问题，费希特认为："自我的单纯的设定行为，既是自我的无限性又是它的有限性的根据。自我总是在设定某种东西，仅仅因为它总是在设定某种东西，所以……只要让我们在这种不同设定［活动］的单纯行为中找出一个差别来，问题就解决了。"[②] 也就是说："只要自我的活动返回自己本身，自我就是无限的，从而它的活动也是无限的，因为活动的产品、自我是无限的。"[③] 在这里，费希特采取了一个循环论证的方

---

① ［德］费希特：《全部知识学的基础》，王玖兴译，175页，北京，商务印书馆，1986。
② 同上书，176～177页。
③ 同上书，177页。

式，"无限的产品"（被设定的有限的自我返回自身，形成无限的自我）证明了无限的活动，而无限的活动又产生了无限的产品，产品、活动、活动者都是同一的，形成一个封闭的、完整的圆圈。

可以看出，费希特在康德哲学的基础上已更加走向纯粹的理论思辨，将所有的自然和历史等客观性实在都还原为人的内在的意识能动性的结果，将所有的现实存在都当成应该是人的理想化的自我设定的产物，凡是不符合人的理想的主观设定的东西都是虚无。这是一种完全漠视客观实在的理论表现，恰如一个人蒙上自己的眼睛开始想象所有可能的美好世界，甚至认为现实世界就应该是这样美好的。当亲眼所见现实并不完美的时候，就认为所看到的这个现实世界都是荒谬的。尽管如此，费希特还是为黑格尔统一"理论理性"和"实践理性"开辟了一条通道。因为费希特在解决"自我"和"非我"的矛盾中已经把主体的活动、行动、实践提高到了一个更高的理论层面，为黑格尔哲学由"自我"异化、外化为自然界和人类社会，最终通达"绝对理念"架起了一座桥梁，做了充分的理论准备。

谢林反对康德的"现象"与"物自体"的二元论和费希特的"自我"的绝对同一性。谢林认为，要想解决"自我"与"非我"相互关系的问题，不应该以其中的任何一方为基准，而必须有一种超乎"自我"与"非我"二者之上的更高理论原则。在谢林看来，这一更高的理论原则就是"绝对的同一性"。在"绝对的同一性"中能够达到或实现"自我"与"非我"，亦即主体与客体、思维与存在，也就是理想与现实的失去任何差别的绝对同一。"这种更高的东西凌驾于客观事物和起决定作用的东西之上，因而既不是理智，也不是自由，反而，同时是有理智的东西与自由的东西的共同源泉。"[1] 谢林把这种"绝对的无差别性"的"同一体"当成了人们

---

① ［德］谢林：《先验唯心论体系》，梁志学、石泉译，250 页，北京，商务印书馆，1976。

需要信仰的对象，这一对象完全是不能"称谓"的，因为它是绝对单纯的东西；也不能诉诸"理智"和"自由"，所以也不能成为知识论考证的对象，毋宁说，它就是最现实的上帝这一"终极实在"。在谢林看来，通达这一"终极实在"的唯一途径只能是通过艺术这唯一一种形式了，"艺术对于哲学家来说就是最崇高的东西，因为艺术好像给哲学家打开了至圣所，在这里，在永恒的、原始的统一中，已经在自然和历史里分离的东西和必须永远在生命、行动与思维里躲避的东西仿佛都燃烧成了一道火焰"①。如果说在费希特那里，"自我"与外界的客观存在的界限还是明显的，理想和现实还是有一定距离的，最起码他仍能够区分清楚"存在"和"虚无"，那么，到了谢林这里，一切"自我"与"非我"、主体与客体、理想与现实之间的差异都同质于人们无法通过理智认识却只能依靠艺术直观而达到的"永恒"或"绝对"。在艺术的永恒境界中，"去掉那层看不见的、把现实世界和理想世界分割开的隔膜，打开一个缺口，让那个只是若明若暗地透过现实世界而闪烁出来的理想世界的人物形象和山川景色完全袒露出来——一切壮丽的画卷仿佛都是这样产生的"②。在谢林的"先验哲学"的演绎下，一切矛盾似乎都不复存在了，通过诗、艺术和美的拯救力量，人复归到一个美丽的"神话"世界。

虽然，谢林以统一理想与现实的矛盾为目的，可最终仍掉进神秘的理想主义陷阱，即便如此，谢林的"同一哲学"的统一主体与客体及理想与现实的哲学建构方式仍对黑格尔的哲学有很大的启发意义。因为谢林不再像费希特那样完全把矛盾的一方还原为另一方，而是力图寻找超越于二者之上的最高统一性原则。尽管谢林的统一矛盾双方的基础陷入了"上帝"式的绝对或神秘甚至有些荒

---

① ［德］谢林：《先验唯心论体系》，276 页。
② 同上书，276 页。

谬，但这一理论思路的积极方面却影响了黑格尔和马克思。在黑格尔看来，"绝对理念"是自在自为的，以自身为目的，但它不是与感性的现实世界完全无涉的纯理想性形式，而是像费希特所说的那样，必须通过行动或活动来体现自身的无限性。具体说就是，绝对理念"永恒地设定其自身作为目的，并通过它的活动去促使目的的实现。这种由于认识的有限性和区别作用而回归到自身，并通过概念的活动而与它自身同一的生命，就是思辨的理念或绝对理念"①。黑格尔认为，所谓的"绝对理念"既不是单纯的"自我意识"，也不是"我"之外的"自在之物"，而是二者即理论的与实践的理念式的动态的辩证统一，是超越了主体与客体、理想与现实的二元对立的生成性的客观存在，其"意义在于全部运动"。这已经与费希特的无限的"自我"和谢林的神秘的无差别的"绝对同一性"有了很大的区别。黑格尔把"绝对理念"形象地比喻成一位老人，虽然老人和孩子有时都能说出一些宗教真理，但在老人那里，这些真理已经包含了他的全部生活的意义，是他所有生活经历的总体性概括和总结，而在孩子那里这些真理与生活或世界之间还是外在的和朦胧的关系。

所以，在黑格尔看来，康德之所以把"理论理性"和"实践理性"割裂开来而无法最终获得统一，其中的缘由就在于，康德"使得认识活动将探讨对象、把握对象的兴趣，转向其自身，转向认识的形式方面"，而真正地执行考察认识的工作，却只能在认识的活动过程中才可进行。康德的"想要认识于人们进行认识之前，其可笑实无异于某学究的聪明办法，在没有学会游泳以前，切勿冒险下水"②，这种脱离经验对象及过程的认识活动必然陷入"理论理性"和"实践理性"的外在对立中而无法获得统一。实际上，哲学所涉及的内容无论多么抽象和思辨，它都不能完全脱离感性经验对象而

---

① ［德］黑格尔：《小逻辑》，贺麟译，421 页，北京，商务印书馆，1980。
② 同上书，50 页。

独立存在，否则在实践中就不免会成为无内容的空洞的形式主义，即使"关于上帝以及其他一切超感官的东西的知识，本质上都包含有对感官的感觉或直观的一种提高"①。在黑格尔看来，在人的经验与上帝之间应该有更多的间接性的环节，而这同样能够保持上帝的独立性，但又不必然导致谢林的"神秘的绝对"。从康德到费希特、谢林的哲学，现有与应有、实存与理念、现实与理想都截然对立，从来没有获得真正的统一，他们都只是在脱离现存的"应有"、脱离实存的"理念"以及脱离现实的"理想"中转圈，"哲学所研究的对象是理念，而理念并不会软弱无力到永远只是应当如此，而不是真实如此的程度"②。黑格尔在批评康德至谢林的哲学时说："他们把理智的抽象作用所产生的梦想当成真实可靠，以命令式的'应当'自夸，并且尤其喜欢在政治领域中去规定'应当'这个世界好像是在静候他们的睿智，以便向他们学习什么是应当的，但又是这个世界所未曾达到的。因为，如果这个世界已经达到了'应当如此'的程度，哪里还有他们表现其老成深虑的余地呢?"③ 所以，黑格尔断定，"哲学研究的对象就是现实性"，这里所说的现实性，并不是实存或定在，而是超验与经验的某种程度的统一体。

马克思对德国古典哲学的批判最终集中在对黑格尔派哲学的反思上，而这种反思首先是从批判青年黑格尔哲学开始。马克思曾经是一名虔诚的青年黑格尔主义者，从现有和应有的二元对立出发，认为现有必须服从应有，世界秩序应服从人的超验的理性，以浪漫主义和理想主义的眼光来看待周围感性的现实世界，并以之作为评判现实事物的标准。但是，在《莱茵报》时期马克思卷入现实斗争的实践经历所遭遇到的现实问题使他开始反思青年黑格尔派的思

---

① ［德］黑格尔：《小逻辑》，52 页。
② 同上书，45 页。
③ 同上书，44～45 页。

想。马克思认识到，青年黑格尔派用那种"纯理论的批判"来试图改变"铁"一样的现实，这是连黑格尔的思想都未达到的理论层次，而是退回到费希特的那种抽象的"自我意识"，在遇到的现实问题面前显得极其软弱无力，甚至对现实的具体情况一无所知。为此，马克思将青年黑格尔派称为"思想上的巨人，行动上的矮子"，跟从青年黑格尔派的思想，只能使人们在具体的行动中被迫服从于现实的"非法"统治，相信黑格尔的国家观，即现实的国家是理性的最高体现，它能够最终实现理性的"应有"原则。马克思进一步认识到，只有走出并超越黑格尔的思想，才能把他的思想中积极的革命因素拯救出来，祛除他思想中封闭的哲学体系的禁锢，才能使思想与行动、理想与现实统一起来。

马克思认为，黑格尔哲学中统一主体与客体以及理想与现实的基础即"绝对理念"，虽然由许多中介环节生成、运动而成，但它仍然是一种"精神实体"或"精神总体"，一切中介环节都从属于它，并以之作为最终目的和意义。它是一种现实运动的终结者即客观精神和纯形式，但这没有完全超越康德、费希特和谢林哲学。其实，黑格尔也承认其哲学的纯粹思辨性，为了适应他的包罗万象的哲学体系建构的需要，"绝对理念是普遍，但普遍并不单纯是与特殊内容相对立的抽象形式，而是绝对的形式，一切的规定和它所设定的全部充实的内容都要回复到这个绝对形式中"①。也就是说，黑格尔的"绝对理念"所完成的统一对现实中发生的一切存在仍然是封闭、抽象乃至漠视。在黑格尔思辨哲学中所谓的"运动"、"生成"、"变化"仅仅局限在纯粹精神实践领域中。

离开青年黑格尔派的思想后，马克思开始转向对黑格尔最保守的"法哲学"的批判。黑格尔把"绝对理念"的逻辑原则贯彻到他的"法哲学"中，认为市民社会作为"需要的体系"，其私人利益

---

① ［德］黑格尔：《小逻辑》，423 页。

之间存在着深刻的矛盾，但这种矛盾只有在国家中才能够达到"个人目的和普遍目的双方面的统一"①。这样，在黑格尔的"法哲学"中，国家就成了伦理理念的现实化，是自在自为的"绝对理念"的现实体现，而市民社会和家庭必须以国家作为它的前提和目的。虽然，黑格尔所指的"国家"概念实质上是一种理想化的国家，希望用这种社会理想来消除现实的矛盾，但是，在针对现实问题时他却把当下的普鲁士王国当成了理性的现实体现，这就陷入一种思想与行动的保守。这种情况几乎是所有乌托邦思想家极易陷入的一个误区，即在"理想"或"理念"中向上无限延展，而一旦遇到现实问题就把所有的"理想"或"理念"的最终实现寄托在现实的政治权力上。在理论上，黑格尔是逊色于卢梭的，因为在卢梭看来，社会先于国家，国家只是人们相互缔结契约而达成的产物，没有独立存在的意义。真正的主权在人民那里，人们有权解雇不符合"公意"的国家。黑格尔的观点正与此相反，他认为真正的主权应该在国家那里，而国家的主权则体现在个别的君主身上，体现在"卡里斯马"式的天才的权威上。这就把人民的主权完全转嫁到某一个天才式的人物身上，也就是把人的主体性以一种消极的方式附着在现实的既定政权上。德拉·沃尔佩在比较卢梭与黑格尔哲学时指出，黑格尔的政治思想更容易陷入保守，他"形而上学地使真实的事物理想化，不仅完全不能绝对地超越它们，相反要非批判地屈从于它们，而且因此最终把一种粗俗的和难以容忍的经验论看作是理想的和规范的"②。马克思把黑格尔的"法哲学"这一理论称为"头足倒置"的理论，虽然内容是积极的，但在黑格尔的哲学中往往是内容服从于形式，客观上就为他的"国家理念"的哲学成为当时现实社

---

① ［德］黑格尔：《法哲学原理或自然法和国家学纲要》，258 页。
② ［意］德拉·沃尔佩：《卢梭和马克思》，赵培杰译，65 页，重庆，重庆出版社，1993。

会的意识形态埋下理论伏笔。马克思说：**"德国的国家哲学和法哲学**在**黑格尔**的著作中得到了最系统、最丰富和最完整的阐述；对这种哲学的批判不但是对现代国家和对同它联系着的现实的批判性分析，而且也是对到目前为止的**德国政治意识和法意识**的整个**形式**的最彻底的否定，而这种意识的最主要、最普遍、升为**科学**的表现就是**思辨的法哲学**本身。如果说，思辨的法哲学，这种关于现代国家（它的现实还是彼岸，虽然这个彼岸不过只在莱茵河彼岸）的抽象的、脱离生活的**思维**只在德国才有可能产生，那末反过来说，**德国人**之所以有可能从**现实人**抽象出现代国家的思维形象，也只是因为现代国家本身是从**现实人**抽象出来的，或者只是幻想地满足**所有的人**。"① 马克思对黑格尔哲学的进一步批判则是通过费尔巴哈的唯物主义开启和完成的。

2. 对费尔巴哈旧唯物主义的批判

费尔巴哈的唯物主义为马克思成为真正意义的马克思主义者铺平了道路，为《德法年鉴》时期马克思论犹太人问题和黑格尔法哲学批判，以及在《德意志意识形态》时期实践本体论的创立奠定了一定的理论基础。如果说马克思在黑格尔思想中吸收了统一主体与客体、思维与存在、理想与现实的矛盾双方的辩证法思想，那么，这种辩证法思想与唯物主义的结合则是通过积极扬弃费尔巴哈的唯物主义实现的。耐人寻味的是，费尔巴哈也曾经是一名青年黑格尔主义者。这大概是因为黑格尔是一位思想集大成者，在他的思想中包含的许多矛盾和冲突因素都被包罗万象的"绝对精神"体系掩盖住了。所以，黑格尔思想的瓦解往往是从内部最先开始的，其反叛者大都曾经是他的哲学信徒，当然也包括马克思在内。

费尔巴哈的唯物主义精髓主要体现在对思辨哲学（主要是黑格

---

① 《马克思恩格斯全集》，中文 1 版，第 1 卷，459～460 页，北京，人民出版社，1956。

尔哲学）与基督教之间同构关系的揭示与批判。费尔巴哈看到了黑格尔的思辨哲学与基督教神学的同构关系，把它们当成同一种思维方式来加以解构。费尔巴哈认为，正像基督教把人的本质异化为外在于人的感性和理智而独立存在的绝对现实性即上帝一样，思辨哲学也同样把人的本质异化为脱离人的感性的真实世界而成为现实的人永远无法体悟或达到的"绝对理念"。"思辨宗教哲学使宗教充当哲学的牺牲品，而基督教神话学则使哲学充当宗教的牺牲品。前者使宗教成为思辨专横之玩物，而后者使理性成为幻想的宗教唯物主义之玩物；前者只允许宗教说出它自己所想到的并且说得更好的话，而后者却让宗教代替理性而发言；前者因为无法超脱自身，就把宗教影像当作它自己的思想，而后者因为无法回到自身，就把宗教影像当作事物。"① 从这句话中我们能够看到，哲学的思辨理性与上帝的宗教信仰并不总是矛盾的，中世纪哲学奉行理性是神学的"婢女"，但这个"婢女"对上帝的存在却是不可或缺的，否则上帝的信仰就不能深入到人们的具体实践活动中，乃至人的内心世界。动物没有理性，也就无法形成信仰。换句话说，"信仰"与自在自发的"盲目服从"或迷信不同，它并不像一些人所理解的那样是"人们完全盲目无知的迷信产物"，相反，它是只有具备一定理性思维的人才会形成的系统而稳定的信仰体系。与现代社会不同，在中世纪社会"信仰上帝"被认为是文明人的象征，而相信唯物主义和经验主义的人才会被当成庸俗不堪的人来看待。

在具体问题上，费尔巴哈首先展开对基督教神学的批判，把基督教神学直接诉诸人本学的批判框架，接着展开对思辨哲学的批判，揭示其与基督教神学或哲学的内在同构关系。费尔巴哈认为，在中世纪之后思辨哲学家的任务就是使基督教信仰理性化，而他的任务则在于使上帝人本化。在费尔巴哈看来，上帝不是什么神秘莫

---

① ［德］费尔巴哈：《基督教的本质》，荣震华译，1页，北京，商务印书馆，1995。

测的不可企及的怪物，它只是人的本质的异化。假如抽去了上帝的一切属人的本质规定，那么，上帝仅仅是"虚无"。上帝的一切规定性都是人所赋予的："人怎样思维、怎样主张，他的上帝也就怎样思维和主张；人有多大的价值，他的上帝就也有这么大的价值，决不会再多一些。上帝之意识，就是人之自我意识；上帝之认识，就是人之自我认识。你可以从人的上帝认识人，反过来，也可以从人认识人的上帝；两者都是一样的。"① 在费尔巴哈看来，基督教神学就是人跟自己的分裂，人把"全知"、"全能"、"全善"的上帝作为自己的对立面来崇拜，从而使人忘记或压抑自己现实的感性的具体存在。费尔巴哈认为，要想认识到现存的真实的人，只有将基督教观念翻转过来，"凡在宗教中作为宾词的，我们都可以把它作为主词，而凡在宗教中作为主词的，我们也都可以把它作为宾词。这也就是说，我们可以将宗教之神谕颠倒过来，把它理解为反面真理（contre-verites），而这样一来，我们就洞察了真相"②。按照费尔巴哈的哲学批判，中世纪的上帝观念，就被费尔巴哈彻底"祛魔化"了，上帝成了第二性的存在，而现实的、有感觉的活生生的人就成了第一性的存在。

17—18 世纪的旧唯物主义者，像狄德罗、爱尔维修和霍尔巴赫等，也曾经激烈地批判过基督教。但他们把基督教的产生归结为人们的习惯、成例和偏见所致，认为基督教造成了政治腐败、道德沦丧和社会混乱等各种丑恶的社会现象。霍尔巴赫就认为，人们信教是因为："他们遵循着祖先为自己指出的道路；他们信教，是因为自幼就听到别人告诉过他们必须信教；他们希望，是因为自己的祖宗就希望过；他们战栗，是因为自己的祖先就战栗过；他们几乎从来就没有想到过考量一下自己信仰的动机。"③ 但

---

① ［德］费尔巴哈：《基督教的本质》，42～43 页。
② 同上书，99 页。
③ 北京大学哲学系外国哲学史教研室编译：《西方哲学原著选读》上卷，193 页。

总的来看，17—18 世纪的旧唯物主义者大都是从理论的外部来攻击基督教的，他们并没有指出人们信仰基督教的心理学和哲学根源。相比较而言，费尔巴哈对基督教的批判是从内部展开的，因此也是更为深刻的。

由于基督教神学和思辨哲学在本质上是同一的，所以，在费尔巴哈看来，批判思辨哲学与批判基督教神学所使用的方法并没有什么根本区别。在思辨哲学中，主体即实体，也就是"绝对理念"，而客体则是从自我意识外化或异化的产物，也就是自然和历史。费尔巴哈认为，在方法上"我们只要将宾词当作主词，将主体当作客体和原则，就是说，只要将思辨哲学颠倒过来，就能得到毫无掩饰的、纯粹的、显明的真理"①。这样，就不是"绝对理念"决定自然和历史，而是相反。

讨论至此，我们可以说，费尔巴哈对思辨哲学和基督教神学的批判在性质上都是唯物主义的。也正是以费尔巴哈的唯物主义为契机，使一直受黑格尔影响的马克思思想开始由思辨哲学向实践哲学的方向转变。在一定程度上说，费尔巴哈完成了对基督教神学与思辨哲学的批判任务，致力于把宗教世界归结于它的世俗基础，使附着其上的美丽光环褪色，余下的理论工作如马克思所说就是："**真理的彼岸世界**消逝以后，**历史的任务**就是确立**此岸世界的真理**。人的自我异化的**神圣形象**被揭穿以后，揭露具有**非神圣形象**的自我异化，就成了为历史服务的**哲学的**迫切**任务**。于是，对天国的批判变成对尘世的批判，**对宗教的批判**变成**对法的批判，对神学的批判**变成**对政治的批判**。"② 在马克思看来，费尔巴哈理论批判的唯物主义性质并没有真正贯彻到底，在祛除黑格尔的唯心主义之后又使自身

---

① ［德］费尔巴哈：《费尔巴哈哲学著作选集》上卷，荣震华、李金山译，102 页，北京，商务印书馆，1984。

② 《马克思恩格斯选集》，2 版，第 1 卷，2 页。

失去辩证法思想。在批判基督教神学和思辨哲学中一直保持唯物主义姿态的费尔巴哈在历史观上却仍然陷入唯心主义的深渊。因为费尔巴哈把现实的感性的人不是看作"社会人"，而是看作孤立的原子化的"自然人"，不是积极地去试图变革现存的既定社会，而是消极地等待历史英雄人物的"到场"。马克思说："费尔巴哈把宗教的本质归结于**人**的本质。但是，人的本质不是单个人所固有的抽象物，在其现实性上，它是一切社会关系的总和。"① 然而，费尔巴哈脱离现实的社会关系而从孤立的个人出发，就必然使人与人之间仍然陷入一种外在的对立，虽然取消了人与上帝的分裂，却代之以人与人的"社会本质"的分裂。

由此，费尔巴哈对自然和历史的具体的现实仍然采取传统的"静观"态度，而没有看到，自然和历史不是先天或先于人类活动而存在的，而恰恰是人的现实的实践活动的结果，"直观的唯物主义，即不是把感性理解为实践活动的唯物主义至多也只能达到对单个人和市民社会的直观"②。自在自然是给定的，这无可置疑，但人化自然，如工业、社会制度等从特定的历史时期来看是既定的，从人类已有的历史作历时态的分析，从根本上它们都是人的现实的实践活动的产物。由于费尔巴哈在批判黑格尔"头足倒置"的思辨哲学同时，却把黑格尔哲学中的辩证法思想即人能动地改变现实的创造性因素也统统抛弃了。这样，费尔巴哈思想就已失去了对市民社会的理性批判能力，看不到变革现实社会的物质力量和精神超越性，他的思想目标也只能定位在抽象的"类本质"上，即"一种内在的、无声的、把许多个人**自然地**联系起来的普遍性"③。马克思将自己所要确立的新唯物主义跟费尔巴哈哲学划清了明确的界限：

---

① 《马克思恩格斯选集》，2 版，第 1 卷，56 页。

② 同上书，56～57 页。

③ 同上书，56 页。

"旧唯物主义的立脚点是市民社会，新唯物主义的立脚点则是人类社会或社会的人类。"① 由于失去辩证法的合理内核，费尔巴哈的思想陷入人与环境的二元对立，最终又回到17—18世纪旧唯物主义"英雄创造历史"的唯心主义历史观。费尔巴哈不是把理论批判的立足点放在世俗世界的改变上，而是主张实行新的关于"爱的宗教"这一浪漫主义形式来改变现实社会。这与黑格尔的唯心主义历史观在实际效果上有殊途同归之谬。

可以说，在马克思之前，唯物主义和辩证法都是分离的，无论是17—18世纪的机械唯物主义还是费尔巴哈的唯物主义，它们都未能在历史观上实现唯物主义与辩证法的有机结合，相反，辩证法思想却在唯心主义那里得到了长足发展。所谓"辩证法"就是与片面、孤立、静止地看待一切事物的形而上学（与辩证法相对）世界观相对立的一种思维方式。它强调运动、变化、生成和发展，其动力不是来自于外部的推动，而是源于事物本身的内在矛盾。如费希特的"自我"与"非我"的辩证运动，黑格尔的"思维外化或异化为现实存在，最终又回归思维本身"的精神运动，这些都体现了一种生成性而非现成性的辩证思维方式。但是，在唯心主义那里，辩证法只能被理解为一种思维的运动和概念的流动，只是体现了人的精神活动的能动性和创造性，而不是人的实践活动的现实的能动力量。所以，在辩证法大师黑格尔那里，虽然也强调生成和运动的辩证法，但是，由于内容服从于其体系建构的需要，最终扼杀了丰富的辩证法思想，使其理论最终陷入思维与存在、理想与现实的二元对立。在思维中实现了"绝对理念"的生成，在现实中却把经验给定的事实当作永恒理念的充分体现，以为这样他的"绝对理念"的终极理想就能够在现实中彻底实现。殊不知，这仅仅是他个人的美好愿望而已，历史的发展从来不会按照人的思维或理想乃至人的美

---

① 《马克思恩格斯选集》，2版，第1卷，57页。

好的想象去展开。唯物主义与辩证法的有机结合，形成以实践为本体的历史唯物主义或辩证唯物主义，这在马克思成熟时期的思想中才最终形成并趋于完善。马克思深刻认识到："以前的一切唯物主义（包括费尔巴哈的唯物主义）的主要缺点是：对对象、现实、感性，只是从**客体**的**或者直观**的形式去理解，而不是把它们当作**感性的人的活动**，当作**实践**去理解，不是从主体方面去理解。因此，和唯物主义相反，**能动的**方面却被唯心主义抽象地发展了，当然，唯心主义是不知道现实的、感性的活动本身的。"① 辩证法不止是人的思维活动才具有的一种特性，更主要的，它首先是人的实践活动的一种本质属性；思维的能动性只是人类实践活动长期发展的产物，而不是相反。这就可以理解马克思的一个重要观点：以往的哲学家只是解释世界，但不能够改造世界，真正改造世界的能动力量是人们现实的以物质生产为基本要素的总体性实践活动。

3. 实践本体论的确立

从上一节的分析可以得知，马克思要确立一种成熟的科学的社会发展理论，确立一种新的世界观，就必须既要区别于思辨哲学，又要超越旧唯物主义，既要避免那种漠视现实生活的过分理想主义或乌托邦主义思维，也要摆脱对现实生活缺乏超越性和批判性的旧唯物主义或庸俗唯物主义。这两个极端在本质上往往都是相通的，具有异曲同工的实际效果。马克思成熟时期的理论改变了思维与存在、理想与现实的二元对立思维方式，这就是马克思实践本体论（也称实践哲学）的确立。马克思实践本体论的确立是在《德意志意识形态》一书中完成的。在这里，马克思彻底清算并走出了旧唯物主义的窠臼，以全新的理论姿态超越传统形而上学。青年黑格尔派从思维主体的角度把握自然、社会，但是他们所谓的"主体"即

---

① 《马克思恩格斯选集》，2版，第1卷，54页。

"自我意识"、"先验自我"、"绝对理念"等等，这些抽象的观念或概念是认识论中的积极主体，却是生存论中的消极主体，人只能被动地解释自然和社会，提出"应然"的理想状态，却找不到达到这一理想状态的现实的可行途径，更无法真正地引导人们改造给定的现实世界。费尔巴哈的唯物主义将"主体"确立为有感觉的、活生生的现实的人，这有其积极的合理性，但按马克思的哲学理解这并不彻底，因为费尔巴哈所理解的人仅仅是自然人，是脱离社会生活的自在自发的而非自为的主体，无法适应社会化的世界历史的潮流。实际上，在《德意志意识形态》一书中马克思思想已经实现了对这二者的综合和扬弃。此时马克思思想已趋于成熟，他认为人的本体论意义上的实践活动既具有能动性，又有客观性，并且把它作为历史主体的人和历史客体的环境赖以存在的本体论基础。正如马克思所说："全部社会生活在本质上是**实践的**。凡是把理论引向神秘主义的神秘东西，都能在人的实践中以及对这个实践的理解中得到合理的解决。"[1] 以实践为根基的历史理论或历史哲学遵循科学的实证精神与人文的终极关怀相统一的原则，不再虚构完全脱离现实的抽象乌托邦，不再对未来的理想社会做具体详尽的谋划和设计，而是始终将理性的目光注视着现实的生活世界，以求人生此岸的幸福。这如马克思所指出的："在思辨终止的地方，在现实生活面前，正是描述人们实践活动和实际发展过程的真正的实证科学开始的地方。"[2] 马克思的哲学思想就是要通过人的实践活动及其现实的社会改造来实现完整的人或总体的人这一终极性的历史目标。

从马克思的实践本体论最终确立开始，人们才能够把科学的社会发展理论建立在历史唯物主义和辩证唯物主义基础之上，看到了现实的物质生产在历史发展过程中的基础性作用。以此理论为出发

---

[1] 《马克思恩格斯选集》，2版，第1卷，56页。

[2] 同上书，73页。

点，历史不再仅仅是思辨哲学家头脑中建构或虚构的产物，也不是某个英雄人物"强力意志"的结果（尽管它对历史发展的影响确实很大），更不是完全脱离人的实践活动、人只能消极被动地接受而不能主动地去创造的"铁律"。从根本上说，历史是人们长期实践活动的结果，是必须有人参与其中的以实践活动的人为主体，不断在发展、变化和演进的活生生的历史趋势的再现。它像地平线一样不断向未来推进和伸展，只要人的实践活动存在，人类历史就永远也不会终结，而是处于不断的自我超越中。

其实，马克思对人的实践活动的认识也有一个由抽象到具体的日趋成熟的过程，而且这个成熟过程是很曲折的。在撰写博士论文时期，马克思把"实践"理解为"哲学的实践"，即"世界的哲学化同时也就是哲学的世界化，哲学的实现同时也就是它的丧失，哲学在其外部所反对的东西就是它自己内在的缺陷，正是在斗争中它本身陷入了它所反对的错误，而且只有当它陷入这些错误时，它才消除掉这些错误"①。也就是说，哲学只有在现实社会中才能发挥作用，克服现实社会的矛盾，从而实现哲学与世界的内在统一，世界因哲学而理性化，哲学因世界而将自身的原则贯彻到底。这明显带有费希特哲学"自我"与"非我"相统一的印迹。在出版《莱茵报》和编写《德法年鉴》时期，由于马克思开始接触现实的社会问题，看到物质利益在社会发展中的重要影响，由此，马克思开始由哲学的理论批判转向现实的政治批判和实际斗争，对宗教的批判转向对法和世俗社会的批判。在这一时期，马克思所理解的"实践"不再是停留在书斋中的理论批判，而是对世俗生活的政治实践。马克思在"德法年鉴"的书信中说："到目前为止，一切谜语的答案都在哲学家们的写字台里，愚昧的凡俗世界只需张开嘴来接受绝对科学的烤松鸡就得了。现在哲学已经变为世俗的东西了，最确凿的

---

① 《马克思恩格斯全集》，中文1版，第40卷，258页。

证明就是哲学意识本身，不但在表面上，而且骨子里都卷入了斗争的漩涡。如果我们的任务不是推断未来和宣布一些适合将来任何时候的一劳永逸的决定，那末我们便会更明确地知道，我们现在应该做些什么，我指的就是**要对现存的一切进行无情的批判**，所谓无情，意义有二，即这种批判不怕自己所作的结论，临到触犯当权者时也不退缩。"① 可见，在这一时期马克思的实践观可以概括为：批判的武器不能代替武器的批判，物质力量只能依靠物质力量来摧毁。但这并意味着不再需要理论批判，而是指也需要能够将理论与实践、理想与现实相结合，具有改造社会的科学理论。只有批判的革命性与实证的科学性高度结合的理论才是马克思及其思想的追求目标。只有能够为群众所掌握的理论，也只有这种理论而非书斋中的哲学家纯粹思辨的哲学构想，才真正能够激发人们实践的能动力量。正如列宁所概况的："马克思认为他的理论的全部价值在于这个理论'按其本质来说，它是批判的和革命的'"②，其中的缘由，"就在于它把严格的和高度的科学性（它是社会科学的最新成就）同革命性结合起来，并且不仅仅是因为学说的创始人兼有学者和革命家的品质而偶然地结合起来，而是把二者内在地和不可分割地结合在这个理论本身中"③。

马克思把"实践"理解为"生产实践"，这是在《1844 年经济学—哲学手稿》一书中开始初步体现出来。在这一时期，马克思认为，人的本质就是自由自觉的活动，也正是这样一种理想的活动方式才构成人与动物的根本区别之所在。人的生产活动应该是有意识、自觉进行的，而当前的现实社会中人的生产活动却是异化的、片面的。马克思说："有意识的生命活动把人同动物的生命活动直接区别开来。正是由于这一点，人才是类存在物。或者说，正因为

---

① 《马克思恩格斯全集》，中文 1 版，第 1 卷，416 页。
② 《列宁选集》，3 版，第 1 卷，82 页，北京，人民出版社，1995。
③ 同上书，83 页。

人是类存在物，他才是有意识的存在物，也就是说，他自己的生活对他是对象。仅仅由于这一点，他的活动才是自由的活动。异化劳动把这种关系颠倒过来，以至人正因为是有意识的存在物，才把自己的生命活动，自己的**本质**变成仅仅维持自己**生存**的手段。"① 马克思正是希望通过这一自由自觉的活动来克服费尔巴哈所理解人的活动的消极性和被动性。按照费尔巴哈唯物主义的理解，人的实践活动就是对感性的现实既定存在的消极接受，而不是将之看作脱离人的本真性的异化存在，因此更无法谈超越和扬弃现实的给定存在。费尔巴哈看不到人的实践活动所具有的能动性和创造性，所以直观地去看待自然和社会，才会以为这些本应属于人类实践活动的结果，却被看作"自然而然"先于人而存在的事物。与此相反，马克思以实践本体论为基础，从人的实践活动的能动性和创造性出发，精辟地分析了在资本主义社会中人的劳动或具体的生产活动的异化状况，他指出："对劳动者说来，劳动是外在的东西，也就是说，是不属于他的本质的东西；因此，劳动者在自己的劳动中并不肯定自己，而是否定自己，并不感到幸福，而是感到不幸，并不自由地发挥自己的肉体力量和精神力量，而是使自己的肉体受到损伤、精神遭到摧残。因此，劳动者只是在劳动之外才感到自由自在，而在劳动之内则感到爽然若失。劳动者在他不劳动时如释重负，而当他劳动时则如坐针毡。"② 换言之，异化的劳动是外在的、偶然的、强制的，不是真正以劳动的主体为目的，而是服从支配劳动的另一个人的目的，而劳动者本身则沦为手段或工具；劳动者只能维持其生活所必需的物质需要，而不可能获得个人的全面发展。这就是劳动的异化导致人自身的异化与片面性。

---

① 《马克思恩格斯全集》，中文 1 版，第 42 卷，96 页，北京，人民出版社，1979。

② 马克思：《1844 年经济学—哲学手稿》，刘丕坤译，47 页，北京，人民出版社，1979。

　　从对劳动异化的分析中，马克思看到人与人之间的对立，从物的关系中分析出人与人之间的社会关系。这是非常重要的思想。因为在封建社会或农业文明中，人的社会关系表现得很明显，不同的身份代表不同的等级或权力，相应的，对人与人之间的社会关系的分析相对来说要容易些。与封建社会的农业文明不同，在资本主义社会中，由于打破了一切等级制度，整个社会服从于资本的逻辑，采用雇佣和被雇佣的方式来生产和劳动，从形式上看，这一切似乎是自由和平等的，但是，实质上人与人之间的不平等已被物的关系、资本的同一性逻辑掩盖住了。正是由于资本主义的物的关系和资本的同一性逻辑使人与人之间的新的不平等关系得以继续和维持，并附上"永恒性"的魅力。为了揭示资本主义社会中人与人之间社会关系的实质，只能从资本主义社会中特定的物质生产方式和生产过程的科学分析中来获得，也就是说，只有充分认识被资本主义社会遮蔽住的人与人之间关系的"拜物教"性质，才能把人与人之间的真实状态清晰地呈现和展示出来。所以，马克思在《资本论》一书中通过"商品"这一概念就能够以"全息"的方式透视整个资本主义社会中人剥削人的秘密，揭示其必然灭亡的本质，以此来确立在未来共产主义社会中人的全面发展的自由状态。

　　这种祛除"物的遮蔽"，呈现人与人之间本真关系的方法在《1844年经济学—哲学手稿》一书中就已经初露端倪。马克思试图为下列问题找到一个令人满意的答案：在一个似乎非常公正和平等的社会中，为什么劳动者生产的产品越多反而越贫穷？为什么劳动者在劳动时感到不快乐，而在劳动之外却感到欣喜若狂？马克思认为，这其中的缘由或玄机不在于劳动本身，而是劳动背后所隐藏着的不同于以往的人对人的新形式支配和奴役，形式上的平等决不意味着人与人之间实质上的平等。马克思论证说："如果说劳动产品不属于劳动者，并作为异己的力量与劳动者相对立，那么，这只能是由于产品属于别人而不属于劳动者。如果说劳动者的活动对他本身说来是苦恼，那么，这种活动就必然给别的什么人带来享受和欢乐。不是神灵，也不是自然界，而只有人本身才能是这个支配人的异己力量。"① 而且，人与人之间的这种现实关系并不像资本主义许诺的那么美好，而是隐藏着一种深层的异化，即"人自己本身的活动是替别人服务的、受别人支配的、处于别人的强迫和压制之下的活动"②。这种支配劳动的异己力量就是与工人对立的资本家。与这种异化的劳动相反，只有那种自由自觉的劳动方式才能体现出人的真实本质，才能够把人自身当成目的，而不是把某一些人的活动当成谋取他人追求物质利益最大化的手段或工具。

从总体上看，在撰写《1844年经济学—哲学手稿》时期，马克思仍是用那种人的理想的实践活动方式来批判现实的异化劳动，而对现实的生产方式、内在矛盾和发展趋势等问题还缺乏必要的科学认识。在这一时期，马克思提出的自由自觉的实践活动在现实社会中不可能以经验的方式具体存在，而只有到共产主义社会中才可能成为现实。因此，在一定意义上可以说这一时期马克思思想仍带有浓厚的乌托邦印记，仍然没有把那种对理想社会的强烈渴望倾注在对现实社会的实证性科学考察中。也就是说，只有对现实社会有了更科学的认识，才能对未来历史发展有更准确的推断和把握，对完整的社会或总体人这一种终极性渴望才不会成为历史的泡影，而是实实在在地体现在现实的人的总体性实践活动中。在这一时期，马克思所理解的共产主义也是哲学共产主义，带有强烈的理想主义色彩，还没有被看作一定的现实社会运动的结果。可见，对人的实践活动的不同性质的理解就会得出相应的对共产主义的不同认识。由于这一时期马克思还没有完全把异化劳动的根源归结为资本主义私有制的结果，而是相反，异化劳动成了比私有制更为根本的概念，私有财产是外化了的劳动，是劳动者同自然界与自己本身的外在异

---

① ② 马克思：《1844年经济学—哲学手稿》，53页。

化关系的产物和必然结果。此时马克思所理解的共产主义是对私有财产的扬弃，但在根本上说却是对异化劳动的否定，试图由自由自觉的人的实践活动来代替这种令劳动者痛苦不堪的异化劳动方式。似乎只有这样，所有的问题就能够真正解决了。

在《神圣家族》一书中，马克思发现了历史的发源地其实就在现实的粗糙的物质生产中，对现实的物质生产的内在矛盾和发展规律也有了较为初步的认识。这为马克思在《德意志意识形态》一书中对人的实践活动的总体性的理解发生"质"的飞跃做了充分的理论准备。在《德意志意识形态》一书中，马克思已经不再用是否具有自由自觉的意识活动作为人与动物的根本性区别，而是认为，人与动物的最大不同点在于人的物质生产实践，这种实践活动方式最终决定了人类的其他一切实践活动，如精神活动、政治活动和宗教活动等。马克思说："因此我们首先应当确定一切人类生存的第一个前提，也就是一切历史的第一个前提，这个前提是：人们为了能够'创造历史'，必须能够生活。但是为了生活，首先就需要吃喝住穿以及其他一些东西。因此第一个历史活动就是生产满足这些需要的资料，即生产物质生活本身，而且这是这样的历史活动，一切历史的一种基本条件，人们单是为了能够生活就必须每日每时去完成它，现在和几千年前都是这样。"① 人与人之间存在的各种复杂关系归根结底都是在这种物质生产关系基础上形成的，反过来讲，在此基础上形成的各种社会关系也会制约和影响人们所从事的物质生产活动，只要人类存在，这种物质生产关系和其他社会关系的相互影响就必定如此。

应该说，实践的观点是马克思主义历史观首要的、最基本的观点，不理解实践的科学内涵就不可能摆脱唯心主义和旧唯物主义在历史观上所陷入的两难困境。那么，究竟什么是"实践"？按照成

---

① 《马克思恩格斯选集》，2版，第1卷，78～79页。

熟时期马克思思想的理解,"实践"概念在实质上说就是人所特有的对象性的、有意识的活动,是以物质生产为基本要素的一种总体性的活动方式,它是主体与客体、主观与客观、理想与现实的具体的、历史的统一。在这一解释中所谓的"总体性"就是指人的这种实践活动既不可以单纯还原为主体,也不可以简单还原为客体,而是主体与客体的现实的具体活动的统一。否则,就会出现两种对"实践"概念的片面理解。或者,过于强调内在主体的因素,返回到意识哲学或思辨哲学,对人的感性世界的变化视而不见,缺乏对现实进行实证的科学分析,容易导致纯粹的乌托邦想象;或者,过于强调外在客体的因素,使人的实践活动沦为经验主义、操作主义、行为主义和理性主义等工具性层面,失去人内在所特有的能动性和创造性的形上之维①,容易使个人的生活陷入平庸与世俗,使社会陷入单面化而沉湎于历史片段永恒的神话。而这种对"实践"概念的片面理解消解了其本身所应具有的乌托邦超越维度,使人成了单纯为了满足当下物质生存的消极存在者。马克思强调人的总体性实践活动的本体论意义,正是为了避免这两种错误倾向。

必须首先把马克思所指的"实践"这一概念与思辨哲学家的"实践"区分开来,因为后者所理解的"实践"终归还是人的意识活动或道德自觉,无论如何强调意识的自觉性、能动性,都无法替代马克思所理解的"实践"本身所具有的总体性。虽然,康德认为人的"实践理性"高于"理论理性",是人的一种目的性活动、主体性的意义表达,但这种"实践理性"仍是与客观实在截然对立、

---

① 在亚里士多德以来的西方传统文化观念中,人们常常从形上的本体论框架来理解实践,这样,实践被解释为道德上以自身为目的的无条件的、自由的和完满的"至善"。与之相应,实践所具有的能动性和创造性也是超验的,即追求一种道德境界的完善。自启蒙运动以来,特别是现代性的社会发展观念向全球性扩展,实践的超验性和形上之维被遮蔽乃至消解,代之而起的是现代流行的无深度的世俗化、功利性和效用性的实践活动方式。

不可通约的。具体地说，实践理性通过规范人的意志而支配人的道德活动，使人达到道德的自由自觉，但康德的实践没有脱离伦理实践的范围。所以，黑格尔称康德的"实践理性"是一种"主观理性"，还没有经历客观实在性这一必要环节，不可能具有总体性的深度。但是，康德却开了一个理论先河，即把"实践"这一概念作为本体论建构的基础，把"实践"活动作为人的一种本质性的规定。这影响了整个德国古典哲学甚至马克思。黑格尔提出了"生产实践"和"劳动实践"概念，即指人作为主体按照主观的内在本性去规定并改造客观世界的物质和现象，从形式上看，这已经接近了马克思的以物质生产为基本要素的"实践"概念。但是，黑格尔所理解的"实践"概念仍然局限在理论活动的意识范围内，现实的感性的实践活动仍只是这种思辨的"绝对理念"活动的一个环节或具体展开。按照黑格尔对"实践"概念的理解，现实的粗糙的物质生产不可能进入思辨哲学家的理论视野，这些思辨哲学家也只是抽象地发展了人的实践的能动性而已。

马克思从来就没有否定过人的实践活动所应该具有的能动性、主动性和超越性。但是，他的理论越是走向成熟时期，就越能够摆脱那种德国古典哲学思辨的、纯理论的"实践"概念，而关注人们的现实生活世界，一切从生活出发，"不是意识决定生活，而是生活决定意识。前一种考察方法从意识出发，把意识看作是有生命的个人。后一种符合现实生活的考察方法则从现实的、有生命的个人本身出发，把意识仅仅看作是**他们的**意识"①。针对思辨哲学的纯粹理想主义构想，马克思强调"实践"的感性活动的一面，但也并不会由此就失去生活的自由自觉。这恰恰是回归或上升到一种真实的自觉，而不是由现实压迫所导致的一种虚幻自觉。现今还存在一种观点或理论隐含着一种不可忽视的错误倾向，就是将马克思所指的

① 《马克思恩格斯选集》，2 版，第 1 卷，73 页。

"实践"概念庸俗化和平面化，认为人的实践无非就是经验意义上的感性实践活动，就是人们单纯从事物质生产实践，接受给定的现实。这是对"实践"概念的一种很肤浅的狭隘理解。

"实践"（praxis）主要是人在社会生活或物质生产中有意识地自觉性活动，它包括劳动、创造、理解、美和革命等有意义的生活内容。它与"应用"（practice）是有一定联系的，但是它们却是处于不同层面的异质性概念。在我们当前的现实社会生活乃至学术界的理论研究中，一些人常常将"实践"理解为与实际"应用"一样的同质性概念，从而使"实践"概念本身失去了理应具有的本体论意蕴。这种对"实践"理解的结果是，人们在行动中考虑更多的是当下的物质生存的满足，而不去积极思考人生的价值和意义、社会的理想和历史的终极关怀等问题。人往往处在极度异化状态中，却幻觉自己俨然成为"上帝"，人以"碎片化"① 的生活方式存在却误以为自己获得了真正的自由。这种对"实践"概念的理解与现代性强调物质生活在人类社会中的绝对重要性是相同的，它们都走向了思辨哲学及道德理想主义的反面，而不是对之超越和扬弃。这里所谓的现代性的价值观念就是无限度地满足人的物质需要，将获得金钱和财富作为人生意义和社会发展的根本目标。据此可以说，现代人的实践活动方式不是自在自发的，也不是自由自觉的，而正如马克思所说的是"以物的依赖性为前提"的异化活动方式，随之，现代人的意识也是一种被实证主义浸染的"物化意识"。必须清楚的是，马克思所指的"实践"不是现实、经验、操作等行为主义或技术主义层面的概念，不同于自然物的直接现实性，而是内含着超越

---

① "碎片化"是与"整体性"或"总体性"相对的一个范畴，用在人的生活方式上特指人在社会生活中以当下的物质需要的满足为终极目的，而超越人们世俗生活之上的精神追求则被视为虚无。这样，人对无限的精神需求被现实的物质欲望所代替。然而，缺失了某种超验价值目标的指引和提升，人的这种现实生活必然缺少意义的维度贯穿其中而呈现出"碎片化"状态。

现实的直接给定性的一种创造性、自主性的活动。这种活动不排斥人的目的、价值、情感和理想等内在的因素，这正体现出人的实践活动的"属人"性质。如果祛除这种活动的"属人"性质，人的实践所具有的超越性和人的本真自由就无法体现，更不能显现出人的实践活动的总体性。如果看不到人的实践活动所具有的超越本性这一总体特征，也就无法根本理解，马克思在《德意志意识形态》一书中分析"分工"、"生产力与生产关系"的辩证运动、历史发展规律等这些具体现实问题的同时，仍然能够指出资本主义制度的不合理、非人道状况，得出应以彻底消灭固定分工或私有制（在马克思看来，分工和私有制是一个问题的两个方面）为己任的共产主义来代替资本主义。在《德意志意识形态》时期，马克思的思想已有了可靠的现实依据，所以，能够把对未来历史的终极价值诉求建立在对现实的实证分析基础之上，而且，随着马克思后期思想的逐步发展，这种强烈的价值诉求就越是隐而不显，处于"不在场"状态，但这并不表示马克思已经放弃了那种超越现实的指向未来的价值诉求。

所以，"实践"是主体与客体、理想与现实、价值与真理的内在的、动态的总体性统一，而实践本体论也不仅仅是一种哲学立场或方法，更是一种人类历史发展的基本形式。从实践本体论出发我们可以清晰看到，任何一种理论都不是完美无缺的，它不但要符合自身的价值合理性，即追求某种超验的价值目标，并以之作为否定和批判当下现实的标准和依据，同时也必须考虑达成某种目的所需要的可操作的、合情合理的手段及其相应的行动和要求。实践就是一种动态的协调、平衡和张力，它使人类的价值合理性与工具合理性以及超验的精神追求与当下的实际务实之间保持一定的"弹性"。这里所说的"弹性"一词也就是辩证法的一种形象表达，是矛盾双方的一种内在包含的对立统一的辩证关系，而不是陷入传统本体论或传统形而上学意义上的非此即彼的还原论。因此，可以这样说，只有马克思的本体论意义上的"实践"才能够使辩证法思想贯彻到底。

二、实践本体论的现代超越

迄今为止，无论理论自身的发展逻辑，还是理论所经受的外部挑战，马克思主义的理论形态在不同的时期和不同的国家都发生了多种变化。尤其在现代的西方社会，各种思潮与哲学流派层出不穷、百家争鸣，充分展示了西方近代启蒙运动所带来的文化发展的多元性与创生性。尽管西方后现代主义思潮在竭力地批判近代的启蒙运动，指出了启蒙运动的内在限度，但不可否认的一个事实是，它自身归根结底也是启蒙运动的一个成果。所以，马克思主义不是封闭的哲学体系，它必须吸收现代西方文化的优秀成果，才敢于和能够面对当代世界发生的各种变化，真正做到"与时俱进"。

1. 实践本体论内含科学精神与人文精神的统一

总的来说，马克思主义在现代社会仍保持其旺盛的生命力大概至少有两个方面的原因。一方面，马克思主义创立之初，其理论就内含着科学精神与人文精神的统一。20 世纪的马克思主义的理论发展，"正是从马克思不同阶段、不同层面思想的交接处和马克思与恩格斯思想的差别处产生了当代马克思主义分化的根据。不同的马克思主义理论家从不同的视角出发对马克思主义作了不同的阐释和重建，由此而出现了众多的新马克思主义流派"[1]。另一方面，后来的马克思主义理论并没有停留在对其经典著作的研究上，而是在当代西方科学主义与人文主义争论的背景下同步发展的。

对马克思主义的本体论研究在当前中国的哲学界已取得一定的

---

[1] 衣俊卿等：《20 世纪的新马克思主义》，4 页，北京，中央编译出版社，2001。

共识，学者们大都承认实践本体论为马克思思想成熟时期的哲学基础。如果说马克思早期的思想还停留在人本主义的思想框架之中和理性地去看待历史的话，那么，直到《德意志意识形态》时期，马克思的思想已经有了本质的超越并确立了实践本体论的范畴。从这时起，马克思把对资本主义现实的分析作为自己理论研究的重要课题，从社会存在决定社会意识的基本观点出发，对生产力和生产关系的辩证运动规律、历史主体和历史发展的运动规律，进行了全面的论证，形成了他的科学的共产主义思想。这时的马克思认为，历史的发展已不再是人的自由自觉的本质丧失和复归的简单三段论式逻辑发展过程，而是在以物质生产为基本要素的人的总体性实践活动的基础上，作为历史主体的现实的人和作为客体的环境相互作用形成历史发展的客观规律。马克思所说的历史发展的客观规律，是内在于人的实践活动中的，是人的本质力量的客观体现。它不是外在于人的不需要人的努力而自律运转的自然历史过程或纯知识论体系。从根本上说，它是人的实践活动的一种可能性趋势。所以马克思把共产主义社会称为可能的现实的社会历史运动，而不单单是人的一种社会理想。著名的哲学家波普尔在《历史决定论的贫困》中指出马克思是地道的历史决定论者。这是对马克思思想的不公正的评判。他没有看到马克思思想的总体性质。相反，波普尔本人倒是从自然科学的方法去解析历史的，这是一种地道的历史决定论。

马克思的前后期的哲学思想是有着内在的必然联系的。马克思一生当中都在追求"人类的解放"这一终极目的，这从马克思的早期思想中更能充分地体现出来。但与德国古典哲学的思辨哲学家不同，马克思力求找到通往终极目的的现实道路，这充分体现在马克思于《资本论》一书中对资本主义的基本矛盾乃至整个人类社会的历史发展规律的科学分析。如果只注重马克思后期的思想强调客观规律的作用，而忽略了其中体现的价值关切，那么就会将马克思的思想人为的分割开。客观上应该承认，马克思前后期的思想有一些差异，前期更注重逻辑地分析历史现象，更注重价值判断，而后期则注重实证的经验考察，对现实进行科学的分析。这从异化范畴在他的前后期思想中的地位变化就可以看出来。在马克思早期思想中，异化是核心范畴，典型表现在《1844 年经济学—哲学手稿》一书中。在这里，马克思从异化范畴人手分析资本主义社会人与产品、人与自身的活动、人与人的类本质以及人与人的分裂，最终得出结论：只有消除异化，人才能恢复人的自由自觉的类本质。这当中明显带有黑格尔主义的思想印记，没有完全摆脱黑格尔以理论逻辑裁剪历史的分析方法，当然也无法根本超越黑格尔的哲学。但马克思继承了黑格尔的对历史的终极关怀的思想。《德意志意识形态》一书完成之后，经过对蒲鲁东小资产阶级政治经济学的批判，直到《资本论》的写作，马克思才真正完成了对黑格尔哲学的根本超越。但这种超越并不是根本否定黑格尔哲学以及马克思早期的思想，而是一种积极的扬弃，是站在更高理论基点上的超越。马克思从现实劳动的内部矛盾中找出异化劳动产生的根源，从人与物、人与人的现实物质关系中找出自我异化的根源，并指出消除异化的现实途径：只有在经济领域以公有制代替私有制才真正有可能彻底消除人的异化状态。所以马克思前后期的思想不是对立的关系，而是超越与被超越的关系。马克思后期的思想是以事实判断为基础的价值判断，是以人类解放和总体人的生成为终极关怀的事实分析，这较之前期单纯以价值判断为基础的人本主义思想更具有现实性和历史性。马克思对资本主义社会的实证性分析并不是为资本主义的合理性作论证，更不是美化资本主义的现实，而是从资本主义社会内部找出资本主义必然灭亡的现实根据，实际上是为资本主义从根本上"祛魅"的过程。

以往的传统哲学对社会理想的追求在很大程度上脱离特定的社会现实，对现实的批判也往往以价值判断为思想核心。如，康德将真、善的分裂统一于美学当中，黑格尔用绝对精神的至高无上来消除人的现实的异化状态。这固然为人类未来发展提供了一种理想，但缺乏科学的性质，无法深入到现实社会的层面，也就没有实现社会理想的最大的可能性。所以他们对人类的终极关怀是纯粹思辨的、宗教式的。这就不难理解后来实证主义强烈拒斥传统形而上学的原因。在马克思的一生当中，他始终将对人类命运的终极关怀与人类的现实层面的变革联系在一起，通过分析现实社会运动的内在机制来得出人类解放的现实道路，通过实践基础上的事实判断与价值判断的统一，而不是理论上的"是"与"应当"的逻辑联结，来阐述社会历史发展的客观规律。

2. 实践本体论面临的双重挑战

马克思把以物质生产为基本要素的人的总体性实践活动作为哲学本体论基础，就是要消除本体论建构与历史的现实发展之间的矛盾，打破本体论承诺的独断性。这保证了马克思的实践本体论的开放性与前瞻性。它必须面对历史发展所带来的新的文化观念、新的历史问题的挑战。现代西方社会的文化价值观念是多元的，但往往出现彼此的不可通约性。在拒斥传统形上学的哲学潮流中，除马克思主义之外，还有唯意志主义、生命哲学、实证主义、实用主义等等诸多流派。这些哲学流派虽与马克思主义的创立和形成的时期几乎处于同一历史时段，也都是强调对传统形而上学的超越。但是超越的路径却是根本不同的，对社会的影响的程度也殊为不同。马克思的思想更多的是从人的社会性的本质出发，认为人的本质"在其现实性上，它是一切社会关系的总和"，强调历史发展规律的客观性和人的活动的能动创造性的统一，是科学主义的实证精神和人文主义的终极关怀的统一。而与其处于同一时代的诸多哲学流派却处于科学主义和人文主义的激烈争论中而无法获得统一。

以唯意志主义、生命哲学为代表的人文主义大都通过非理性因素来反对传统形而上学的理性的僭越。现代西方人文主义强调神秘的生命体验和超越性的终极关怀，倡导以人为本的精神追求，为上帝死后的西方人重建安身立命的精神家园。在方法论上，西方人文主义反对科学主义所主张的知识的普效性、确定性、实证性等等，主张使用想象、隐喻、内在直觉、神秘体验等多元化的方法。在语言问题上，西方人文主义反对把语言降格为工具或手段，力主语言的多义性、神秘性和人文特征。在对人生的态度问题上，它反对完全把人当成自然科学研究的对象和理性的奴仆，主张从非理性的途径或用非概念、非逻辑的语言去把握具有不同情感、直觉、欲望及具有自由意志的人。西方人文主义在现代科学主义似乎主宰一切的形势下倡导这种观点不乏其合理性，尤其是面对"唯科学"观念给人类造成的诸多灾难面前，终极关怀的人文精神未尝不是给人类世界注入一剂清醒的良药。人文主义强调了人的主观性、创造性、超越性以及主体性，发展了人对形上的终极之谜的探索精神，使人能够独立地、坚强地面对和体悟着无限。但另一方面，现代西方人文主义在反对传统形而上学的同时，在一定的程度上也消解了哲学对统一性的确定性追求。

以实证主义和逻辑经验主义为代表的科学主义明确提出"拒斥形而上学"。这种哲学主张，把精确科学奉为圭臬以统辖所有人文学科。在语言问题上，它力主扫除日常语言的多义性和歧义性，主张用逻辑方法或经验实证的方法，建立一种精确的、描述的和工具性的理想语言。在探讨人自身的问题上，它反对采取"理解"的解释学方式，主张从精确科学的角度规定人的本质特征，进而取消对人生的意义和价值等终极性问题的思索。这样，科学主义始于对知识确定性、合理性的寻求，而实际上却是将人的知识、人的存在问题作了经验、逻辑的还原，取消了知识的价值层面与人的总体性存在。从表面上看，科学主义的这种做法达到了知识确定性的效果，而实际上它是把知识的现有特性作为唯一的价值合理性确定下来。科学主义对传统形而上学的"科学性不足，思辨性有余"的批判是有利的。正如当代德国哲学家 H. 赖欣巴哈在探讨思辨哲学产生的根源时指出："当科学解释由于当时的知识不足以获致正确概括而失败时，想象就代替了它，提出一些朴素类比法的解释来满足要求普遍性的冲动。"① 但是，如果说人文主义抓住传统形而上学对世界终极目的的解释这一方面，而放弃了对哲学的统一性、确定性的追寻，那么，科学主义则从相反的路径出发，仅仅关注知识的普遍性和确定性，而反对对人与世界作价值层面的分析与总体性的展望。从这里可以看出，现代西方的科学主义和人文主义不管它们独自的理论形态发展得多么完善，不管它们以何种口号来反对传统形而上学，从根本上说，它们都没有超越传统形而上学，只是对传统形而上学内在矛盾的两个方面之分的极端强调。西方传统形而上学，无论是柏拉图的理念世界与感性世界之分、康德的现象与物自体之分、黑格尔的绝对精神与异化世界之分，都内含着因果逻辑分析和对人类未来命运的终极关怀之间的矛盾和冲突。他们的理论不足之处只是在于没有找到统一这种矛盾的现实基础：人类的总体性的实践活动。而现代西方哲学的许多哲学流派却放弃了寻找更高理论基点的统一性，仅从某一方面（或者是纯粹知识论的考证，或者是独特的非理性的内在体验）来对人与世界的关系进行阐述。他们的理论虽然使人与世界在某一方面的关系理解更丰富，但却失去了其总体的性质，且由此形成了科学主义与人文主义的长期争论而无法达成共识的分裂局面。

马克思主义的发展与现当代科学主义与人文主义的争论也并不是毫无关系的，而且，这种争论一直影响着马克思主义的发展进程。俄国十月革命胜利后，马克思主义的发展阵营由欧洲转向东方。受科学主义的影响，以伯恩斯坦和考茨基为代表的第二国际的

---

① ［德］H. 赖欣巴哈：《科学哲学的兴起》，伯尼译，11 页，北京，商务印书馆，1983。

机会主义者修正马克思主义的理论，认为唯物史观只是一种世界观，一种倾向一种思想和要求的体系，而不完全是科学。第二国际的马克思主义者强调以经验、逻辑分析的科学为尺度来衡量科学社会主义和唯物史观，以自然科学作为研究一切历史与社会的标准。他们不是从唯物史观入手，而是从社会达尔文主义出发，认为社会历史是自然的一部分，是自然规律的体现。在这种观念的指导下，第二国际的马克思主义者不再积极投身于社会变革，而是消极地等待着社会革命的自动爆发，认为未来的理想社会不通过人的努力自然而然就会实现。这种状况被认为是导致一系列的欧洲社会主义运动失败的重要原因。在这种情况下，一些思想敏锐的马克思主义者开始对马克思主义的根本问题进行理论反思。卢卡奇的《历史与阶级意识》一书开创了这一理论研究的先河，它重新恢复人的历史、实践在马克思主义中的理论中心位置，重新提出人的主体性、能动性、创造性在人的实践活动中的作用。卢卡奇强调政治运动、文化批判在社会历史运动中的积极作用，揭开了西方马克思主义的文化批判的序幕。此后科尔施的"总体性理论的重建"、葛兰西的争夺文化领导权和实践哲学的建构、法兰克福学派的社会批判和大众文化批判理论、布洛赫的希望哲学等等都渗透着深厚而现实的人文主义关切。当然，在西方马克思主义的发展过程中，德拉·沃尔佩的实证主义的马克思主义、阿尔都塞的结构主义马克思主义，作为一股支流在涓涓流淌。但从总体上看，西方马克思主义是以人文主义的精神反抗着实证主义、逻辑经验主义对马克思主义的浸染。但后来的历史实践证明，这也很容易使西方马克思主义只从马克思早期思想中寻找理论资源，这就不可避免地使他们的理论陷入抽象乌托邦的构想之中。这一点从青年卢卡奇对实践概念的界定就已经开始了。青年卢卡奇不是把实践当成以现实的物质生产为基础的人的总体性实践活动，而是把实践理解为无产阶级的阶级意识。他没有把现实的变革诉诸人的总体性的实践活动，而是认为革命的命运（与此相关的人类命运）将依赖于无产阶级意识形态的成熟，也就是依赖于无产阶级的阶级意识。

我们有必要"回到马克思"。马克思是从科学精神与人文精神相互融合的视野中来建构唯物史观和实践本体论的。科学地批判资本主义社会的非人道的异化状况，以此为基础来展望未来社会的基本面貌，并把现实的变革与理想社会的实现置于以物质生产为基础的人的总体性实践活动中。也只有这样，才能彻底地扬弃传统形而上学的理论框架，避免马克思主义研究中的科学精神和人文精神的分裂。马克思曾说过："人应该在实践中证明自己思维的真理性，即自己思维的现实性和力量，自己思维的此岸性。关于离开实践的思维的现实性或非现实性的争论，是一个纯粹**经院哲学的**问题。"①强调人的实践活动的基础性作用并不是要取消理论研究的必要性，并不认为人只要从事实践活动，理论问题自然而然就会解决，而是说，无论形下的实证研究还是形上的基础研究，理论研究都应与人的实践活动形成互动关系，不能完全脱离人的现实生活世界。而如果我们强调完全否定理论的实践，就必然失去实践的总体性质，实践也将沦为操作性的工具层面而失去自身所具有的批判维度。所以，我们要坚持马克思的实践的总体性观点，亦即实践的感性的创造性与实践的合理性论证之间的辩证的、历史的统一。

三、乌托邦与历史的终结：马克思理论视角的历史反思与批判

在现代社会中，乌托邦观念在消解，共产主义运动也处于低潮，由此，一些现代性的鼓吹者经验性地得出结论：随着这样一些变化，历史在走向终结。事实果真如此吗？

---

① 《马克思恩格斯选集》，2版，第1卷，58～59页。

1. 对历史终结论的理论回应

通过以上的分析，我们能够更为准确地判断，马克思理论不是乌托邦理论，而是一种科学的、开放的社会发展理论。但在现实中，马克思理论又往往被认为是乌托邦，尤其是一些持自由主义思想的哲学家更把其归为乌托邦主义者之列。如波普尔把马克思和柏拉图的理论都看作整体主义、乌托邦主义，都视为对人的自由的一种限制。他反对对社会做整体上的改造，认为这不符合科学的实证标准。相反，他主张在社会发展中只能做"零星工程"式的改良。丹尼尔·贝尔针对国际社会主义阵营的瓦解，看到作为革命的工人阶级已经被同化到现存秩序中，这样，社会主义作为一种改变现存秩序的"乌托邦观念"已经失去无产阶级的支持，随之，社会主义的这种新意识形态也正在人类历史中消逝，意识形态长期对峙状况也将不复存在。因此，"在西方世界里，在今天的知识分子中间，对如下政治问题形成了一个笼统的共识：接受福利国家，希望分权、混合经济体系和多元政治体系。从这个意义上讲，意识形态的时代也已经走向终结"①。但丹尼尔·贝尔认为，乌托邦并不会随着意识形态的终结而终结，而是"人们需要——像他们一直需要的那样——得到关于其可能性的前景，关于把激情和理智结合起来的方式。在此意义上，今天比以往任何时候都更加需要乌托邦。不过，通往上帝之城的阶梯再也不可能是'信仰之梯'了，而只能是一把经验之梯：乌托邦必须具体化为：一个人想要往何处去，怎么样才能抵达那里，谁将为此有所付出，有所领悟，有所证明，并有所决定"。否则，"乌托邦也将会有与意识形态相同的命运"②。也就是说，在这个世界上只应有一种乌托邦就是自由主义的乌托邦，只应

① ［美］丹尼尔·贝尔：《意识形态的终结》，张国清译，462 页，南京，江苏人民出版社，2001。

② 同上书，465～467 页。

有一种意识形态，就是自由主义意识形态。

与丹尼尔·贝尔提出的"意识形态的终结"相呼应，福山直截了当地提出"历史的终结"，宣称作为自由与民主的现代西方社会是人类历史发展的最终阶段，最完美的社会形式，马克思主义已经死亡，人类历史已走向"千年王国"的历史终点。换言之，人类的历史只有一种可能性就是当代的自由主义理念。福山欣然拥抱现实，他说："我们长期生活在安定的自由民主中，现在已面临跟以前完全不同的状况。在我们的祖父母时代，许多认真思考的人大都已预见辉煌的社会主义的未来，在这未来中私有财产和资本主义已废除，有些地方也不需要政治。可是，在今日，已经很难想象比现状更美丽的世界，也很难想象本质上既非民主亦非资本主义的未来。……我们不可能描绘比现状'本质上'不同又比现状美好的世界未来图像"①。福山"历史的终结"这一结论反对有超越资本主义的自由与民主之外的可能性，这必然把马克思主义和乌托邦作为同一个层面的理论来加以拒斥，甚至把马克思关于未来社会的构想称为共产主义乌托邦。这是对马克思主义的极大误解。

马克思主义与乌托邦观念或乌托邦主义，尤其相对于空想社会主义有共同之处，即超越于既定的直接现实而把理论的目标指向未来的理想社会，构想并相信有一种替代现实社会的另一种可能性选择。历史不是单向的，而是多维的；不是直线的，而是螺旋式上升的。它不可能凝固在现实的某一个点上，历史终结论无非是人主观地夸大现实的单纯意识形态的结果。从这一共同点来说，马克思理论常常被指责为乌托邦主义。但是，如果仅仅凭借这一共同点就认为马克思理论是乌托邦主义，这就显得过于肤浅了。因为无论从马

---

① ［美］弗兰西斯·福山：《历史的终结》，历史的终结翻译组译，63 页，呼和浩特，远东出版社，1998。

克思通过对思辨的德国古典哲学的批判从而得出的建立在唯物主义基础之上，从人的总体性的实践活动出发的历史观，还是马克思直接对空想社会主义的批判，而得出的科学共产主义，我们都可以看到，马克思理论与乌托邦主义的实质性区别，即马克思的理论是建立在对资本主义社会的政治经济学批判基础上的，而不单纯是对资本主义现实所作的道德批判的价值关切和理论反思。而且，存在这一区别并不是说马克思理论就绝对地否定了乌托邦主义，而是继承了它对超越于既定现实的理想社会执著追求这一理论批判传统，并在此基础上寻找实现理想社会的现实的可行途径或道路。这一实现理想社会的途径或道路不是在当下具体情境中就可以一劳永逸地获得，而是一个不断向前发展和演进的历史过程，因此，历史永远也不会终结。

　　马克思所构想的未来理想社会形式是共产主义，但他对共产主义本身的理解在不同阶段也有所不同。在《1844 年经济学哲学手稿》一书中，从人自由自觉实践活动的视角出发，马克思把"共产主义"理解为一种"哲学共产主义"，即"**共产主义**是**私有财产**即**人的自我异化的积极的扬弃**，因而是通过人并且为了人而对**人的**本质的真正**占有**；因此，它是人向自身、向**社会的**（即人的）人的复归，这种复归是完全的、自觉的而且保存了以往发展的全部财富的。这种共产主义，作为完成了的自然主义，等于人道主义，而作为完成了的人道主义，等于自然主义，它是人和自然界之间、人和人之间的矛盾的**真正解决**，是存在和本质、对象化和自我确证、自由和必然、个体和类之间的斗争的真正解决"[①]。可见，此时的马克思对共产主义理解还具有思辨性、抽象性，仍无法与乌托邦主义对未来理想社会的构想明确区分开来。这个时期的共产主义被看作克服人的本质的"异化"，向真正的人的"复归"，这就使他对社会或

---

① 《马克思恩格斯全集》，中文 1 版，第 42 卷，120 页。

历史的认识带有很强的理想主义色彩。尽管这种对未来社会的展望和对历史的设计是非常美好的，但在具体的实践活动中，仅仅有理想主义式的理论建构是不够的，还必须有对社会历史发展规律的科学认识及现实的社会运动，"要消灭私有财产的**思想**，有共产主义**思想**就完全够了。而要消灭现实的私有财产，则必须有**现实的**共产主义行动"①。

马克思在《德意志意识形态》一书中指出："共产主义对我们来说不是应当确立的**状况**，不是现实应当与之相适应的**理想**。我们所称为共产主义的是那种消灭现存状况的**现实的**运动。这个运动的条件是由现有的前提产生的。"② 在这个时期，马克思所理解的"共产主义"是"科学共产主义"，它不再像乌托邦主义那样确立了一种"应然"的社会理想状况，而是在现实社会中有现实依据、具有可操作性并可以实现的未来理想社会，是人类社会更高的发展形态。《德意志意识形态》一书所体现的科学共产主义思想与三大空想社会主义思想家的共产主义乌托邦思想不同之处在于以下四点。第一，理论基础不同。前者以历史唯物主义为基础，后者以唯心主义为基础。第二，阶级基础不同。前者以现代无产者为自己的阶级基础，而后者反映了尚未形成阶级或阶级意识的早期无产者的愿望和要求。第三，主要理论内容不同。前者通过社会发展规律得出共产主义的结论和实现共产主义的条件和道路的学说，后者依靠对现实的道德批判而提出超越现实的理想社会"应然"状态，在头脑中构造未来理想社会的宏伟蓝图。第四，依靠的力量和实现共产主义的道路不同。前者依靠现代无产阶级的觉悟和斗争，后者依靠有产者的主动退让和学者的宣传。③

---

① 《马克思恩格斯全集》，中文1版，第42卷，140页。
② 《马克思恩格斯选集》，2版，第1卷，87页。
③ 参见黄楠森等主编：《马克思主义哲学史》第1卷，466页，北京，北京出版社，1996。

　　在这一时期的马克思思想中，共产主义从空想变成了科学，使之成为人们在现实社会中可追求和可现实化的社会理想。但必须清醒地认识到，马克思在对一事物积极"肯定"的同时，其中也必然包含着"否定"的因素。所以，对共产主义来说，它超越于资本主义而成为"用实际手段来追求实际目的的最实际的运动"①，在这个社会里，消灭了三大差别，消灭了旧式分工，使个人体力和智力都得到真正全面的、自由的发展。这是对共产主义的"肯定"。但是，共产主义也内在地包含否定性，这不仅仅指它对资本主义社会的否定，更包括对自身的否定。它并不把自身设定为最完美的尺度，并不是人类历史的最终完美形态，只是人类社会发展的一个必然环节。这种否定性正是基于马克思所追求的社会理想的乌托邦维度。通过把共产主义从乌托邦的社会理想中剥离出来，使它们成为不同层面、相互制约的社会理想，这样，既可以为人们提供超越资本主义的现实道路，又可以使乌托邦的终极社会理想保持自身的超越性和完整性，不至于滑向现实的意识形态。

　　在理解马克思所确立的"共产主义理想"这一问题上，应该避免两种错误倾向。一种观点认为，应该信奉马克思主义，相信共产主义能够付诸实践，但他们往往只关注共产主义的科学性和进步意义，而对其理想性和未来性的理解不够深刻和全面。他们同样认为共产主义超越于资本主义，却不知在何种意义上超越及其超越的具体路径。这样就抹杀了共产主义的理想性和未来性而在具体实践中将其完全现实化，其结果必然使之缺失超越现实的乌托邦维度而导致"历史的终结"，从而，共产主义被当作人类历史上最完美、最值得追求的理想社会形式。还有一种观点认为，人类社会的发展应该放弃马克思主义意识形态，因为这种意识形态是乌托邦，没有任何的科学性和确定性可言，是对人类未来社会的不切实际的幻想。

---

　　①　《马克思恩格斯全集》，中文 1 版，第 3 卷，236 页。

这种观点集中体现在启蒙运动以来形成的现代性价值观念上。这两派争论的焦点集中在"如何看待共产主义和乌托邦之间的关系"，以及"共产主义是否成为人类历史发展的终点"。只有把这些问题解释清楚，对马克思主义及其构想的共产主义社会理想才会有更为全面的认识。

可以肯定地说，马克思并没有将共产主义设定为人类历史发展的终点，而是把它作为替代非人道化的资本主义的更高发展阶段，这一阶段只是人类史前史的结束和真正人类历史的开端。马克思反对抽象、思辨地看待和谈论历史，而主张从人们的现实的实践活动出发来改造人类的历史。所以，马克思不可能把共产主义设定为历史的终点。因此，马克思不主张用乌托邦来解释和设计历史的一个重要原因就是，乌托邦为人类历史设计了一个完美无缺的理想社会，而对如何达到这一理想社会却一无所知。乌托邦之历史设计的这种空想性对人类社会的发展有一定危害，但马克思不是完全抛弃乌托邦，而是把人类历史上乌托邦设计所凝结的道德信念与终极关怀建基于人们的现实的实践活动中，从而消解乌托邦理想的空想性而将其超越现实的乌托邦精神保留下来。卢卡奇在指出马克思理论与乌托邦之间的区别时说："马克思把真正实现了的社会主义、共产主义称为人类史前史的结束。他同甚至是最伟大的乌托邦的区别不仅在于，他客观地、精确地描述了导向共产主义的社会——历史的趋向，而且还在于，他在这个阶段上并没有发现一种人类历史最终达到的顶峰，相反，仅仅是人类真正的、实际的历史的开端。从劳动（由此人类客观的和主观的存在基础）的形成到共产主义，我们还只是经历了这一过程的史前史、真正人类历史的史前史。"[①] 其实，乌托邦主义尤其是空想社会主义，虽然也指出历史发展有其最

① ［匈］卢卡奇：《社会存在本体论导论》，沈耕、毛怡红译，37页，北京，华夏出版社，1989。

终的完美形态，但与福山所称的"历史的终结"还是有所区别。这一区别是，前者所说的历史最终的完善阶段是实体性、终极性和启发性的，并且，这种深层的形上价值尺度是指向未来历史的广阔的可能性空间，而不是当下既定现实的经验的永恒化或实体化，后者则把现实存在的具体经验事实当作历史最完美的形态，以"现在"来制约和决定未来，认为人们再没有必要去追求更完美的社会了。福山"历史的终结"这一论断是一种用主观臆断来截断历史之流的做法，从表面看似乎在尊重历史事实，但实质上却不尊重历史规律或历史总体。它是一种"只见树木，不见森林"的完全脱离乌托邦社会理想的历史观。

在看待乌托邦主义的近代表现形式即空想社会主义的问题上，马克思同样持辩证唯物主义态度。他首先肯定了空想社会主义者对资本主义社会批判的积极意义。正是这一批判引导马克思在探索实现共产主义具体道路的同时，展开了对现实的资本主义社会更猛烈的批判。马克思指出："这些社会主义和共产主义的著作也含有批判的成分。这些著作抨击现存社会的全部基础。因此，它们提供了启发工人觉悟的极为宝贵的材料。它们关于未来社会的积极的主张，例如消灭城乡对立，消灭家庭，消灭私人营利，消灭雇佣劳动，提倡社会和谐，把国家变成纯粹的生产管理机构，——所有这些主张都只是表明要消灭阶级对立"①。马克思对空想社会主义超越资本主义而建构的未来理想社会给予很高的评价，认为这些积极的设想都包含有天才的成分。马克思所反对的是，空想社会主义者只停留在对未来美好社会的想象中，而对现实社会的具体情况、发展规律以及如何实现理想社会等问题都缺乏必要的科学认识。这其中的缘由既有主观的，也有客观的。对此，马克思指出："这种对未来社会的幻想的描绘，在无产阶级还很不发展、因而对本身的地位

---

① 《马克思恩格斯选集》，2版，第1卷，304页。

的认识还基于幻想的时候，是同无产阶级对社会普遍改造的最初的本能的渴望相适应的。"① 由于空想社会主义者对现实社会缺乏必要的科学理性认识，使他们在实践中陷入消极和被动，由个人的发明活动代替社会活动，拒绝一切政治行动和革命行动，迷恋于用和平的手段达到或实现他们心目中的社会理想，这使他们很容易在现实的实践活动中投入资产阶级的怀抱，"他们还总是梦想用试验的办法来实现自己的社会空想，创办单个的法伦斯泰尔，建立国内移民区，创立小伊加利亚，即袖珍版的新耶路撒冷，——而为了建造这一切空中楼阁，他们就不得不呼吁资产阶级发善心和慷慨解囊。他们逐渐地堕落到上述反动的或保守的社会主义者的一伙中去了，所不同的只是他们更加系统地卖弄学问，狂热地迷信自己那一套社会科学的奇功异效"②。

空想社会主义者之所以在行动中陷入保守而幻想着统治者的垂青，这与他们对未来理想社会构想的抽象性密不可分。他们执迷于对理想社会的想象而对现实社会达到理想社会的具体途径却一无所知，一旦资产阶级给他们一点好处，他们就会把实现理想的途径附着在资产阶级身上，期待有一天他们的理想会自动在现实社会中兑现。另外一个原因就是，他们虽然否定现实社会的不合理性，打破资产阶级社会永恒性的神话，但是他们却把自己所设想的理想社会当作人类最完美的社会形态，并试图在历史的发展中兑现为现实存在。这同样是用一种新的神话代替另一种神话。尽管说，空想社会主义者渴望在现实中兑现的并不是与现实苟同的给定存在，而是超现实的理想社会，但是，"空想社会主义把共产主义当作一种与现存相对立的和给定的理想状态而加以设定，而没有把共产主义当作现实的历史运动，当作人的实践运动不断展开的开放过程。……因

---

① 《马克思恩格斯选集》，2 版，第 1 卷，304 页。
② 同上书，305 页。

而在很大程度上陷入了乌托邦历史设计的误区"①。与空想社会主义者不同，马克思从未把共产主义加以神化，也没有像欧文要急迫地在现实社会中建立一个共产主义村那样把这种社会形态推之当前。他认为，共产主义就是现实的运动过程，在历史哲学的层面，它是现实社会的发展与历史的形上思辨相互结合的产物，具有长期性和艰巨性，而不是一朝一夕就可以完成的。并且，马克思认为，共产主义不能"作为某种地域性的东西而存在"，而"只有作为'世界历史的'存在才有可能实现"，并且，它不是历史的终结，只是真正自由的开始，是未来理想社会的平台。要是有谁斩断历史，把共产主义当作当下的、切近的目标或者当作历史的最终结局，这些做法肯定都是错误的。

2. 历史终结论的实质

马克思所构想的共产主义不是乌托邦，当然也就不存在所谓"共产主义乌托邦"终结的问题。作为人类社会的一种终极理想，乌托邦是人的形上本性使然，它从来就没有以具体社会形态的形式存在过，毋宁说，它是历史地平线的无限性延展。所以，乌托邦也不存在所谓"终结"的问题，否则，若乌托邦"终结"了，意味着人也就不复存在了。丹尼尔·贝尔所说的社会主义或共产主义"意识形态的终结"，其预言也为时过早，因为他没有认识到，像中国这样的社会主义国家在现代化建设上所取得的举世瞩目成就。许多问题是不能单纯用经验或直观作判断或预言。作为社会主义或共产主义意识形态与资产主义的现代性意识形态有本质的区别。前者的终极目的是获得人类的解放或总体人的生成，它具有自我反思和批判的能力，其意识形态本身只是达到这一终极目的的手段或途径而

---

①　衣俊卿：《历史与乌托邦——历史哲学：走出传统历史设计之误区》，67 页，哈尔滨，黑龙江教育出版社，1995。

已，正像为了消灭阶级差别而需要实行无产阶级专政一样。而后者是为了维护资产阶级的特殊利益，将资本主义这一特定的社会形态永恒化的一种虚假的意识形态，它将历史片段化约而提升为整体，这样，活生生的多元的历史就被凝固为抽象的纯粹的现代性这一单一历史。前者会认为社会主义或共产主义只是实现理想社会或总体人的一个平台，而真正的理想社会或总体人则是一个未来指向的无限延展的历史空间，它相信永远不会或根本不可能存在历史的终结。也就是说，在具体的社会形态上只有更好，没有最好。而一些鼓吹乌托邦终结和社会主义或共产主义乌托邦终结的人认为现代性社会是最好的，作为自由与民主的资本主义社会是人类历史上最好的，是不可匹敌、无法跨越的最高目标。这只不过是当代市场叫卖的一种庸俗逻辑，凡出售商品的人都认为自己的商品是最好的，姑且认为这是合理的，但历史可不是商品，而是更为复杂得多的需要真实面对的社会存在。否则，自欺欺人的把戏只会使人类为此付出沉重的代价。毋宁说，这是历史的欺骗。

福山把"历史的终结"这一结论的理论根源追溯到黑格尔，认为自己用更加确凿的事实确证了黑格尔的结论。在福山看来，黑格尔就曾经断言："形成近代自由国家基础的自由平等原理，已在最进步的国家里发现，并付诸实施；没有另外一种社会与政治组织的原理和形态比自由主义杰出。换言之，自由社会已从过去社会组织所呈现的'矛盾'中解放，结果历史的辩证发展乃告结束。"[1] 其实，福山误解了黑格尔思想的深层含义，他对"历史"的理解与黑格尔有较大差异。黑格尔认为，真实存在的历史不是现实的"实存历史"，而是"精神历史"，即精神的运动发展轨迹。这种"精神的历史永远是它的解放，把它所是的东西作为对象，认识它所是的东西，从而使自己摆脱这种东西，以此达到一个更高的阶段。历史就

---

① ［美］弗兰西斯·福山：《历史的终结》，83 页。

是自我意识的这种必然前进的发展"①。"精神历史"存在着从低级向高级的发展趋向，但本质上并不存在最终的发展阶段。黑格尔所谓的"绝对精神"不是固定在某一个概念点上，而是理论理念和实践理念的统一过程；不是有限的理性可以一劳永逸地把握和捕捉住的，往往需要依靠信仰来体悟，即它本身就是无限。而现实的"实存历史"是有限的，它必须依靠或分有"精神历史"才能够实现自身的完善完满。从形式上看，黑格尔确实承认历史是有限的，但是，他所说的有限的可以终结的历史是不真实的现实的"实存历史"，而真正的历史即"精神历史"是无限发展的。即便黑格尔所说的现实的"实存历史"也不是静止的一次性完成，而是和"精神历史"处于循环往复的无限运动中。每一个终结都是一次新的开始或开端。正如薛华所认为的那样："黑格尔决不认为他那个时期历史已经达到不再发展的极限，恰恰相反，对于黑格尔来说，历史到达他那个时期，也只是一个新时代的开始阶段。"②

马克思认为，黑格尔颠倒了"实存历史"与"精神历史"之间的关系，"实存历史"是真实、无限的，它决定"精神历史"的发展过程，而不是相反。黑格尔颠倒了的历史观在现实行动和实践中容易造成"历史终结"的假象，使普遍的"假想真实"的历史依附于经验性的给定实存，造成经验的绝对化。马克思把"实存历史"与"精神历史"二者之间的关系颠倒过来，对历史的理解会从事实本身出发，而不会只从特定的观念出发对之加以任意夸大或贬低，还历史以本来的真实面目。可惜，福山只是模仿了黑格尔历史观形式上的东西，而对黑格尔哲学的合理内核却是弃之不顾。更不可思议的是，福山把马克思看成与黑格尔一样持"历史的终结"这一论

---

① ［德］黑格尔：《黑格尔法哲学》第 1 卷，伊尔亭格版，342～343 页。转引自薛华：《黑格尔对历史终点的理解》，3 页，北京，中国社会科学出版社，1983。

② 薛华：《黑格尔对历史终点的理解》，11 页。

断，他说："马克思更进而接受黑格尔相信历史可能终结的观点。换言之，他预见没有内部矛盾的最后社会形态，认为这种社会的实现会让历史过程结束。"① 并且，福山还认为："共产主义并不能比自由民主'高级'，在最后将自由平等推广到世界各角落的历史中，两者属于'同一'阶段。"② 这是福山为了达到扼杀马克思主义这一目的而采取贬低马克思思想的一个步骤。马克思从来都没有认为真实的共产主义是不存在任何矛盾的历史的最后社会形态，也不是达到所谓"历史的终结"。马克思在《共产党宣言》一书中认为，共产主义不是要结束一切历史，而是要结束资本主义这一特定阶段的历史，"共产主义的特征并不是要废除一般的所有制，而是要废除资产阶级的所有制"③。对于自由与民主问题，马克思思想同样清晰，他反对的不是一般的普遍的自由与民主，而是资本主义的虚假的、缺乏真正普遍性的自由与民主。福山所鼓吹的正是这种资产阶级虚假的自由与民主在全球范围内的普遍胜利。

其实，福山的历史观不是空穴来风，而是有其一定的历史渊源的。首先，它来自基督教的末世论思想。福山对基督教末世论世界观的继承只是形式上而不是内容上的，并且，同样对末世论世界观的继承却可以得出布洛赫的"希望原理"或"乌托邦精神"。因为，基督教的末世论世界观在形式上确实承认有一种时间不可逆的一维的"历史的终点"。但这一"历史的终点"应该是指向未来或彼岸，而不是当下现实。更准确说，基督教的"历史的终结"具有象征意义，而不是指现实中就存在一个历史的终点，即终极目标的实现，因为"象征的成就永远不是完美的，从来没有鲜明性，因为象征的成就需要这样一种形式，它是某种完美的东西在尘世成就范围以外

---

① ［美］弗兰西斯·福山：《历史的终结》，84 页。
② 同上书，86 页。
③ 《马克思恩格斯选集》，2 版，第 1 卷，286 页。

存在的符号。象征是架在两个世界之间的桥梁。象征说明，完美形式只是在某种界限以外取得的，而不是在这个封闭的俗世生活圈里取得的"[1]。福山同样抽去基督教内容上的合理性以及对未来历史的终极关怀，将历史的终点推之当下资本主义的自由与民主。也就是说："基督教期待的是最后审判，继之而来的是永恒的天堂般的和平，这种观念毕竟不同于现代性的主要观念，现代性的主要观念则被描述为一种对历史终结的期望。在基督教那里，天堂不仅仅是一种福佑的比喻。复活和拯救被认为是可以改变我们本性的，'历史的终结'却不是这样。相反，它被认为是要满足人的本性。"[2] 更为主要的是，福山的历史观就是启蒙运动以来的为当下现实作论证的现代性文化观念的集中表达，"在因为古代生活的终结和神话的坍毁而引发的漫长合理化的历史中，现代性只是构成了最后一个时代"[3]。在启蒙运动以来形成的现代性危机这一背景下，以这种当下还原的极端方式试图来一劳永逸地解决现代社会的各种矛盾，这可以说是一种掩耳盗铃的做法，这种"抽刀断水"的戏法挡不住历史的向前车轮。再者，如果人类历史真的像福山所说的那样在现代社会的自由主义那里终结了，人类再也不用费尽心思去争取新的社会形式，那么，人就不再存在任何现实意愿，也就不会想再去改造现实，当然也就不会去改造自己了。历史永远是向前发展的，存在的只是不同阶段的进步，为历史设定一个现实终点的做法无疑极为荒唐可笑。现代性承诺的这种所谓"美好社会"不是别的，无非是新形式下的同质性的极权社会，即马尔库塞所说的"单面的社会"或"单向度的社会"，由这种没有差异的社会而塑造的人也就是单面人

---

① ［俄］别尔嘉耶夫：《历史的意义》，张雅平译，108 页，上海，学林出版社，2002。

② ［法］科耶夫等：《驯服欲望：施特劳斯笔下的色诺芬撰述》，贺志刚、程志敏等译，121 页，北京，华夏出版社，2002。

③ 汪民安等主编：《后现代性的哲学话语：从福柯到赛义德》，349 页，杭州，浙江人民出版社，2000。

或常人。尼采称这样的社会为没有"英雄"的社会，没有"超人"的时代。德里达这样形容现代社会，"这是一个脱节的时代。这个世界出毛病了。它已经破败不堪，但它的破败已不再重要。不论是年老还是年轻——人们已不再以那种方式考虑它。……这个世界出毛病了，其画面黯淡无光，几乎可以说是漆黑一团"。而福山避开这一切漆黑的画面而描绘的资本主义世界的"那幅图画的乐观主义染有犬儒主义的味道"①。德里达真可谓一语道破福山思想的实质！现代社会真的像福山所说的那么美好吗？如果并不是这样，那么，现代社会出了什么毛病！它缺失了什么？乌托邦与现代性有关系吗？如果有，又是什么关系？进一步说，乌托邦对现代性而言又意味着什么？这些是下一章所要探讨的问题。

---

① ［法］雅克·德里达：《马克思的幽灵：债务国家、哀悼活动和新国际》，何一译，112页，北京，中国人民大学出版社，1999。

第三章 乌托邦与现代性

乌托邦问题不仅属于纯理论、纯思辨的形上构思，也是实践性很强的现实问题。乌托邦的"实践性"不应指乌托邦的"应用性"，即把乌托邦当作现实的可操作的社会化运动，完全纳入人类历史的发展进程中，而是积极地关注当下的社会问题，深入到人类的实践活动中反思和批判给定的现实存在。作为一种终极价值，乌托邦社会理想是人的本体论意义上渴望"总体的人"和"完美的社会"的一种"隐喻"表达，但是，仅仅以这种方式来理解乌托邦，还没有完全摆脱传统社会的乌托邦主义观念，也无法将乌托邦的内在价值和意义充分展现出来。乌托邦不单纯是抽象思辨的，也是生动具体的。为了充分理解乌托邦的价值，恰恰需要从乌托邦所要否定的既定的现实入手，才能澄明乌托邦的真实性及其积极意义。也只有把乌托邦与我们当前所面对的现实问题结合起来讨论，才能把握一个完整意义的乌托邦内涵。

一、乌托邦的意义在于重新审视现代性

乌托邦根源于前现代社会的文化观念，具有乌托邦思想的社会最起码可以表征，这是一个双向度的社会，存在和保持着对现存社会的批判和超越维度，人们不会认为现实存在的一切都是合情合理

的。尽管对解决具有根本性的一些问题或危机来说，乌托邦观念往往是软弱无力的，甚至无法提供解决社会问题的具体方法或途径，但它却能够从更深层面开启人们寻找新的社会发展道路，让人们换另一种区别于当下的思维方式来思考现实问题，以为"还是存在一套可能的社会秩序，这套秩序既是有益的，又是正当的"①。然而，令人感到失望的是，乌托邦的传统观念却被较之西方传统社会在某些方面要自由得多的现代社会所拒斥和否定，甚至与乌托邦观念有着天然血缘联系的知识分子似乎也放弃了这一安顿其精神世界的"天职"。与海德格尔的"真正意义上的学者消失了"的判断相吻合，卡尔·博格斯指出了知识分子放弃道德乌托邦的总体性社会谋划，成了完全为现实服务的具有专门技能的专家，他说："然而，在现代时期，占主导地位的知识分子类型是技术专家治国型的变体，它的优势随着工业发展的先进水平和相伴而至的社会生活的合理化而出现。技术专家治国型知识分子用各种不同的方式使官僚的国家资本主义的平稳运作和工业社会的其他形式合法化。"② 在法兰克福学派的思想家看来，在这种技术专家治国型知识分子为主导的社会体系中，持反对态度的意识形态和做法已被完全否决。

应该说，卢梭及其浪漫主义开启了以乌托邦的视角来审视现代社会的理论先河，甚至有人称只有卢梭的思想才真正预示了"现代性的第一次危机"。布鲁姆在谈到这一问题时指出："卢梭还是判断说，古代的城邦和真实的平等和集体的自由是走得最近的。尽管古代城邦有着所有那些拘限、传统、克制、严峻的义务等诸如此类的东西，看起来要比自由社会更加远离自然状态，在自由社会，人们

---

① ［美］阿兰·布鲁姆：《巨人与侏儒》，秦露、林国荣、严蓓雯译，201～202 页，北京，华夏出版社，2003。

② ［美］卡尔·博格斯：《知识分子与现代性的危机》，李俊、蔡海榕译，4 页，南京，江苏人民出版社，2002。

显得有着多得多的跟随自己喜好的空间，但是，古代的城邦却切近了人之为人的那些本质的东西。"① 这里所说的"自由社会"就是指与古希腊的古典型社会和中世纪相异的现代社会。与当时许多启蒙思想家的观点不同，在卢梭的理论视野中现代人比西方传统社会的人更加远离人之为人的本质精神或人类生存的本真状态。换言之，在现代性的耀眼光环开始放射出夺目光彩时，卢梭的智慧就已穿透"历史的迷雾"，并向人们昭示了那个完全背离自然而淳朴的"黄金时代"所可能进入的世俗功利的封闭"铁笼"。

在卢梭之后，乌托邦的处境每况愈下，特别在当前经济全球化浪潮欲席卷地球的每一个角落，人类几乎不再需要任何形式的乌托邦，人类的历史也呈现出终结于现代性的幻象。我们清楚地知道，在现代社会中已经没有完整意义的乌托邦著作了，像爱德华·贝拉米的《回顾》、西奥多·赫茨卡的《自由之乡》、托夫勒的《第三次浪潮》等等这些著作已经不再需要付诸人的更多想象力去构想一种超越现实的完美社会、健康社会，而是立足于当前的现状去计划人类可以把捉住的切近未来。人通过精确地计算或理性地筹划就能够设计和创造未来的美好社会，历史似乎成了现代人唾手可得的"囊中之物"。赫茨勒对此不无悲观地说："空想社会主义者就是最后一批乌托邦思想家。随着理论史的不断完善，思想进化的不断发展，真正的乌托邦已不再出现。这是因为人们这时已具有社会进步和发展的思想，无须想出一个完美无缺的代替物，而需要对当前的社会进行改革。"② 所以，赫茨勒把空想社会主义之后出现的所谓"乌托邦"称为"拟乌托邦"，这是有一定道理的。乌托邦观念的缺失不再是哲学家的一种预言，而是人们不得不面对的一个残酷事实。乌托邦不再是人之为人的一种确证，而成了外在于人的可有可无的观

---

① ［美］阿兰·布鲁姆：《巨人与侏儒》，208 页。
② ［美］乔·奥·赫茨勒：《乌托邦思想史》，219 页。

念。其具体表现就是：在现代社会中精确地计算和预测代替了人的丰富的想象和诗意地安居；人类所创造的物质财富丰富了，大地却贫瘠了，社会离散了，人的内心体验也贫乏和干涸了；人变得越来越"精明能干"，可对各种关涉"生活的意义和价值"问题却无能为力。这就是没有乌托邦观念所展现出来的灰暗的"世界图景"，"如果乌托邦这块沙漠中的绿洲枯干，展现出的就是一片平庸不堪和绝望无计的荒漠"①。英国作家王尔德（Oscar Wilde）也说："不包含乌托邦在内的世界地图，是不值一瞥的。"②伽达默尔对现代社会的看法是："当今的时代是一个乌托邦精神已经死去的时代。过去的乌托邦一个个失去了它们神秘的光环，而新的能鼓舞、激励人们为之奋斗的乌托邦再也不会产生。这正是我们这个时代的悲剧。"③乌托邦思想的消失必将使现代社会处于静止状态，在这静止的社会中人将变成"物"，变成没有崇高理想的、任由物欲和贪婪支配的"存在者"。可见，乌托邦精神的缺失与现代性及现代世俗社会的形成、发展和成熟存在某种内在的相互作用的必然联系。

诚然，人类社会不可能按照完美主义、乌托邦主义来建构，这已经成为现代社会或现代人的基本理论共识。现代性已从根基上剔除乌托邦观念得以存在的理论基础和社会根基。第一章曾经指出，乌托邦观念得以存在的两个最基本的理论前提是"本质先于存在"和"国家优于个人"，而现代性得以存在的两个最基本的维度则是工具理性主义和个人主义。这决定了乌托邦观念在现代社会中必然是不受推崇的过时的理论。那么，是否由此就经验主义地判断，乌托邦观念应该作为在人类社会进步中的陈迹被扔进历史的"垃圾

① 龚群：《道德乌托邦的重构——哈贝马斯交往伦理思想研究》，330页，北京，商务印书馆，2003。
② 转引自张隆溪：《乌托邦：观念与实践》，载《读书》，1998（12），69页。
③ 章国锋：《伽达默尔谈后现代主义》，载《世界文学》，1991（2），282页。

堆"？抛弃乌托邦观念的现代世界真的如现代人所许诺和期待的那样美好和自由吗？答案当然应该是否定的。抛弃乌托邦观念的现代社会，正如与传统文化断裂的现代性文化观念那样，必将陷入某种抽象、单一的理论匮乏中。因为"现代时间意识，理所当然地严禁任何倒退思想，严禁任何无中介地向神话本源的返归思想"①。对现代性来说，乌托邦是传统价值的一部分，而任何所谓"实质性传统"（substantive tradition）② 都将是它前进的包袱和障碍，必须卸之而后快，然后才能轻装前行。现代性让人们放弃超现实的社会理想，将之视为空想，这往往是通过消解传统的价值、对待传统文化采取极其肤浅而短视的态度来实现的。换句话说，现代性只有在抛弃传统文化制约的同时，才能够放弃未来的终极价值的规导，这样，它就能够理所当然、顺理成章地相信依靠现有的工具理性和科学实证的手段来一劳永逸地解决人类未来社会面临的所有问题。殊不知，恰恰是现代性对传统文化的理性反思和无条件拒斥，才致使自身陷入一种非批判或非反思的自我封闭状态中，因为从本质上说传统的文化底色与未来的乌托邦构想是紧密相连、密不可分的，正如一枚硬币的两面是同时存在的。实质上，传统文化犹如血脉，应该更新，但决不可以隔断。

在时间观念上，过去的传统沉积与未来的乌托邦期盼都是对现在转瞬即逝的当下状态的一种道德约束，当现代性欲求完全抛弃传统文化制约的同时，也就意味着正在关闭通往未来历史的可

---

① 汪民安等主编：《后现代性的哲学话语：从福柯到赛义德》，349 页。

② "实质性传统"是 E. 希尔斯提出的一个概念，它"是人类的主要思想范型之一，它意味着赞赏过去的成就和智慧以及深深渗透着传统的制度，并且希望把世传的范型看作是有效指导"。比如说，对宗教和家庭的感情，对祖先和权威的敬重，对家乡和集体的怀念之情等等。正是因为这种"实质性传统"未能经过人的理性和经验科学证实，所以它被启蒙运动以来的现代性视为社会进步的绊脚石而遭到大肆讨伐。在本文中出现的传统概念大都是在"实质性传统"意义上使用的。请参见［美］E. 希尔斯：《论传统》，傅铿、吕乐译，27 页，上海，上海人民出版社，1991。

能性空间的通道。蒂里希曾指出，要成为人，就意味着要有乌托邦，因为乌托邦植根于人的存在本身，"没有乌托邦的人总是沉沦于现在之中；没有乌托邦的文化总是被束缚于现在之中，并且会迅速地倒退到过去之中，因为现在只有处于过去和未来的张力之中才会充满活力"①。我们日常生活中所理解的智慧也可以通俗表达这一道理："不知道过去焉能知道未来？"然而，正如在《共产党宣言》一书中马克思所看到的那样，正是对传统文化的消解才导致现代社会和现代人越来越趋近于现实的世俗化而丧失了指向未来的超越性，"一切固定的僵化的关系以及与之相适应的素被尊崇的观念和见解都被消除了，一切新形成的关系等不到固定下来就陈旧了。一切等级的和固定的东西都烟消云散了，一切神圣的东西都被亵渎了。人们终于不得不用冷静的眼光来看他们的生活地位、他们的相互关系"②。马克思的思想主旨就是要通过批判资本主义的方式来否定现代社会，构想一种能够超越现代性的共产主义理想社会。

一些拥护现代性的人认为，如果没有超越现实的乌托邦构想，人们遵循现代的"活命哲学"，似乎生活得也很快乐，正如没有了传统，人们仍可以处在现代的法理秩序中生存。但是，不可否认的事实是，在相信"笼中人的神话"的现代社会中，那些不在场的话语变得虚无缥缈，人已被调整得十分适应他们的现实生活，被嵌入到现实的"物化意识"中。随之，人的种种可能性正是在这里被遮蔽了。缺失乌托邦观念所导致的后果是严重的，正如曼海姆所说的，乌托邦成分在人类思想和人类行动之中的完全消失意味着，人类的本性和发展将会呈现出某种全新的特征。乌托邦的消失会导致某种静态的事态——就这种事态而言，人本身将会变得与事物没有

①　［美］蒂里希：《政治期望》，215～216 页。
②　《马克思恩格斯选集》，2 版，第 1 卷，275 页。

什么不同。而我们在这种情况下就会面对我们所能够想象的最大的悖论——也就是说，已经对生存达到了最高程度的理性控制的人，却变得没有任何理想，变成纯粹由各种冲动组成的动物了。因此，在经历了曲折漫长而又非常英勇的发展过程之后，恰恰在达到最明智的阶段——在这里，历史不再是某种具有盲目性的命运，而是越来越变成了人类自己的创造过程——的时候，人类却由于放弃了各种乌托邦而可能失去其塑造历史的意志，并且因此而失去其理解历史的能力。基于此，对启蒙运动以来的现代性文化观念的分析和批判将有助于我们更深刻地理解乌托邦的价值和意义及其对缓解现代性危机的重要性，对恢复现代与传统、未来的时间性关联的必要性。因为恰恰乌托邦观念能够展现如果没有乌托邦的预示就仍然是隐蔽着的种种可能性。

二、启蒙的现代性话语

"现代性"（modernity）是一个极为复杂的概念，对"现代性"的理解也众说纷纭。但总的来看，它是一个开启于启蒙时代的文化观念，象征着一个旧时代的结束和新时代的到来。至于在具体的问题上究竟"何谓现代性"，是否只有一种意义的现代性？这需要做进一步的讨论和辨析。

1. 广义的"现代性"与狭义的"现代性"

虽然不同的学科或研究领域对现代性的理解有比较大的分歧，但在哲学及其伦理学领域，对现代性的理解还是存在一定程度的共识，即认为现代性的价值观是对西方传统的古希腊文明和中世纪的基督教传统的反叛而形成的一种文化断裂或断层。由于当前日益加深的生态危机、信仰危机和认同危机等原因，人们对现代性价值的合理性产生了质疑，所以，现代性价值由人们曾怀有的坚定的文化信念转变成当前的褒贬不一、危机四伏的观念。一种观点认为，现代性之所以产生合法性危机，其缘由就在于，它背离西方文化的传统而失去了一种"深度文化"的制约，相应的解决方案为：只有通过回归文化传统才能够彻底缓解现代文化危机。另一种观点则认为，现代性的合法性危机在于没有完全脱离传统文化的樊篱，人类不但必须摆脱前现代社会的传统观念，而且还要彻底脱离现代性价值观，将一切传统消解掉而走向后现代性，这就是否定一切的后现代主义。还有一种观点对现代性价值持一种相对辩证的态度，认为现代性价值仍有自身内在的创生性，它是一项尚未完成的谋划。

这些关于现代性的思考所产生的分歧及其解决方案的巨大差异，其中一个重要原因在于对现代性概念理解上的异质性。只有充分认识这种异质性，才能在对现代性概念的理解上达成基本的或更深一层的理论共识，才能对如何解决现代性的文化危机展开充分的辨析和讨论。在最基本的层面上应该有两种对现代性概念的理解。

第一，广义的"现代性"。

广义的"现代性"，其内涵是指，在人类历史上每一个时代的人都认为自己的时代是优越于过去的，是对"现代"的一种价值确认。比如说，在西方中世纪人们就会认为有信仰的人优于拥有理性的人，与古希腊人及其社会相比，中世纪的人就是现代人，是新人，而中世纪的社会也相应被称为现代社会。但是，这种对现代性的理解不会把"现代"这一时间观念绝对化，而是把它看作相对的。也就是说，现代性自身在时间观念上不应该是封闭的，而应该处于传统和未来的历史性关联中。马克思思想就是持这样一种现代性观念，他不反对现代的自由与民主理念，认为这是优于传统专制主义的现代民主形式。但他不认为真正的自由与民主在资本主义社会已经得到彻底实现，而认为真正的自由与民主的实现是一个相当漫长的历史过程，是处于过去和未来的中介而不断的生成过程中。

也只有能够将"现在"把握为"生成"，需要从过去的"深度文化"传统和未来的超验社会理想中把握瞬间即逝的"现在"，那么，才能看到"现在"的具体事实。哈贝马斯继承了马克思的思想传统，认为现代性仍是一项尚未完成的谋划。鉴于当前一些人对现代性的前途心灰意冷，哈贝马斯用交往乌托邦重新燃起人们对现代性的热情，使人们对未来历史充满了希望和期待。不过，哈贝马斯所指望的现代性已经不是当下的现实的现代性，而是一种已经积极扩展了内涵、拥有乌托邦维度的广义的"现代性"。从广义的"现代性"视角来看，"现代性的启蒙理想始终承担着'乌托邦'的作用，作为人类前行永远的远景方向与批判源泉而存在于现实世界的彼岸。……现代性的平等、自由等理想或许将永远没有彻底实现的一天，但恰恰是这种'非现实性'筑成了人类永恒不熄的'乌托邦'梦想"①。

第二，狭义的"现代性"。

狭义的"现代性"（如无特别说明和强调，文中出现的"现代性"一词均指狭义的"现代性"，本文所反思和批判的也正是此种意义的现代性）即启蒙运动以来的现实存在的现代性文化观念。这种对现代性的理解认为，人类应该一劳永逸地摆脱传统社会价值观念的束缚，相信科学技术、社会进化、历史传统的现时态的终结以及"现代"的瞬间永恒化。这种现代性价值观念就是在现代社会中为现代人所珍惜的、占主导性地位或意识形态霸权的种种价值目标，如"工业化、都市化、技术化、官僚化、科学主义、工具主义、世俗化、平等主义以及唯物主义"②，等等。与广义的"现代性"相一致的是，狭义的"现代性"同样认为，今人优于古人，现

①　吴冠军：《多元的现代性：从"9·11"灾难到汪晖"中国的现代性"论说》，193～194页，上海，上海三联书店，2002。
②　［美］大卫·雷·格里芬编：《后现代精神》，王成兵译，17页，北京，中央编译出版社，1998。

代优于传统，但是，后者以现代的与远去的、过时的和消逝的时代
相比较来突出当下现时代价值的基础性、中心性地位。虽然，人们
目睹的感性的现代世界在持久地高速度运转，似乎一切都在不停地
变化和发展，然而，支配现代每个人的一些现代性的基本价值却处
于相对的恒定状态。甚至感性世界的变化速度越快，人们就越加迷
信现代性价值的永恒性。进一步说，现代人的价值观念多元化，这
仅仅是某种表面现象，实则是现代性以其"润物细无声"之能已把
现代人的价值追求牢牢"锁定"在一定的价值区域。这正是启蒙运
动以来形成的现代性价值的成功之处，"因为现代人相信人们在价
值选择方面是自由的，没有任何力量能把特定的价值强加于个人。
但实际上资本主义制度具有极强的价值导向作用，它虽不再像中世
纪的宗教裁判所那样去直接干涉人们的信仰自由，但仍以一种无形
的裹挟力迫使人们追求特定的价值而摒弃另一些价值"①。比如说，
洗衣机的功能在不断更新，笔记本电脑不断出现新的款式，计算机
的程序在不断地升级，手机的样式在不断地更换，在各种消费品的
样式不断更新过程中，人们更加会相信科技的力量是无穷的，相信
现代的世界越来越趋于"人性化"了，反倒认为自己已经跟不上时
代的步伐。随着周围感性世界的不断变化，人也需要更新换代和
"升级"了。可见，在启蒙以来的现代社会背后，支撑着当下社会
不断发展、变化和演进的内在的动力和价值的综合的信念体系就
是现代性。丹尼斯·史密斯在谈到"现代性"问题时指出，有三
种强大的支配性力量正在左右着现代世界。第一种是现代的民族
国家，利用庞大的官僚机构来控制和威胁民众；第二种是现代科
学，改进操纵自然界的工具来肯定人类对自然界的影响力，同时，
也渗入世界的深处；第三种是资本主义，通过对利润的系统化追

---

① 卢风：《启蒙之后——近代以来西方人价值追求的得与失》，238 页，湖南，湖南
大学出版社，2003。

逐，将全人类纳入创造财富的活动当中。① 在丹尼斯·史密斯看来，现代性的核心价值就是依靠这三种强大的力量为基础，为了改善和提高生活水平而奋斗：过得更好，做得更好，得到的更好，向人们承诺了一个即将到来的更为美好的世俗天堂。《现代性与后现代性》一书归纳了这种现代性的一些基本特征：现代性观念的核心是理性及主体性；"自由"构成现代性的根本价值；现代性表现为世俗化的、"祛魅"的过程；宗教在现代性中的位置。②

在时间观念上，广义的"现代性"与狭义的"现代性"之间的差异也表现得非常明显。严格说来，广义的"现代性"是以时间的未来向度为价值导向，过去、现在和未来作为一个不可分割的整体处在相互关联中，一切都处于生成和运动中，任何瞬间都不具有永恒的意义。在广义的"现代性"这一理论视野内，"现在"在时间范畴中不具有完全的独立性，它必须在"过去"和"未来"的相互关联中才具有完整的意义。这样，属于"过去"的文化传统不再当作被"现在"任意宰制和切割的过了时的历史事件的"垃圾堆"而遭到随意的抛弃，而是富含有价值和意义的载体，将"过去"、"现在"和"未来"三种时间样态凝聚在一个统一体中，使不同的历史阶段保持一定的连续性，使人类的历史成为一个整体。未来的希望也不是凭空而产生的想象，它往往是以一定的形式蕴涵或潜藏在过去的传统中，通过不断地回归传统来获得创造未来的精神动力，"因而传统恰恰具有一种开放性，不是向虚无之深渊敞开的开放性，而是一种建基于本真的、虽然也许是偶然的历史之根源上的开放性。传统永远是一部尚未完结的历史，永远是一项未完成的事

---

① 参见［英］丹尼斯·史密斯：《后现代性的预言家：齐格蒙特·鲍曼传》，萧韶译，8 页，南京，江苏人民出版社，2002。

② 参见陈嘉明等：《现代性与后现代性》，3～10 页，北京，人民出版社，2001。

业"①。作为人类对未来理想社会的想象与建构，乌托邦的另一种表现形式即浪漫主义，恰恰就是对传统社会中曾经存在的美好记忆或经历在更高层面上的一种回归或重建。实际上，任何一种文化传统绝对不会像浪漫主义所想象的那样美好，甚至可能存在着一定程度的专制和独裁，但是，相对当前人们生存于其中的当下社会来说，传统社会中的一些理想或价值显得更加弥足珍贵。通过回归和重建一种希望，并在未来的社会中获得某种程度的价值和意义的整合。因此，从这一意义上说，今天的人类非常有必要亦有可能从乌托邦的独特视角来考察、审视和批判启蒙以来的现代性在价值观念上的得与失，从而论证重建现代性的乌托邦维度，恢复其自我反思和批判的内在机制的必要性和可行性，使现代性成为一项尚未完成的谋划，使人们相信历史不会终结于现代性。

与广义的"现代性"不同，可以把狭义的"现代性"定义为与传统文化特征相对立的文化状态，把瞬间的"现在"或"现时态"作为历史的终极圭臬，把当下状况加以绝对化而使现实历史趋于永恒和绝对。在狭义的"现代性"这一理论视野内，人们完整的时间观念被"现在"切割成碎片，过去永远消失，未来尚未生成，人们被封闭在永恒的现在或永恒的今天，不再需要过多的记忆和想象，"那么在这一被割裂的时间里，现在与未来和过去就无可救药地被隔断了，致使了解历史成为不可能。……这也许就是一种疯狂，在这种情况下，人类只能在一小块一小块的时间里，在被割裂的、没有任何联系的时间的瞬间里度过"②。简言之，这种狭义的"现代性"就是把那种短暂的、易逝的、偶然的东西当成永恒的和不变的，从时尚的事物中抽取出永恒的持久。这样，普遍、永恒与绝对

---

① 唐文明：《与命与仁：原始儒家伦理精神与现代性问题》，95～96 页，保定，河北大学出版社，2002。

② ［俄］别尔嘉耶夫：《历史的意义》，58～59 页。

就不再是对人的本质的一种展现与提升，不再是与当下现实相对的"应然"理想状态，而是人在即时享乐中就能够感受到"零距离"的瞬间体验，即便它往往成为"泡影"而破裂，人们也往往乐此不疲。这是现代文化的一个悖论。在西方传统社会中，自然、神或上帝成为人们的信仰而处于永恒的"不在场"状态，它们是超验的终极实在，也是人们的心灵得以栖息的"精神家园"；沉浸在其中，人的贪欲得到抑制、情感得到升华。然而，启蒙运动以来的现代性把自然当成了自然物可供支配，把神或上帝的属性完全附着在"物"上，金钱和权力成了人们精神世界的主宰，导致的后果是：无论在物质追求还是在精神生活方面，人们都无法获得终极性安慰，无法体验到自我的本真性存在。人们只有在不停地、无限制地去追逐物质利益和享受商品的极度快感中才能感受到自身的存在，也似乎才能有"家"的感觉，然而，这个"家"终归是人的临时处所，使人缺乏本体论意义上的安全感。鲍曼说："现代文化也有一种独特的悲剧特征：文化只有在漂泊中才真正地觉得是在家中。"①其中的缘由就在于，现代人放弃了对普遍、永恒与绝对的形上追求，而只关注形下的"器物"层面，试图建立与彼岸相对立的物质富饶的世俗化的"人间天堂"。然而，若失去了前者的"关照"，现代人的社会理想犹如沙漠中的海市蜃楼一样，缺乏深层的文化根基而显得虚无缥缈。因此，现代人的精神追求就会处于"无家可归"的流浪状态，只能在漂泊中不断追逐新鲜感和刺激来获得心理上的暂时的安慰或瞬间的永恒体验。

从现代与传统二元对立的思维方式出发，启蒙运动以来的现代性将过去的一切传统都被视为当下社会前进的负担和阻力，人类似乎只有彻底摆脱传统的重负，才能轻装前行，走向历史的未来。然

---

① ［英］齐格蒙·鲍曼：《后现代性及其缺憾》，郇建立、李静韬译，91页，上海，学林出版社，2002。

而，事实证明，现代对传统社会文化观念的叛逆式怨恨或"皮洛式的胜利"①，其产生的消极后果和影响是极为严重而深远的。一方面，人不知从何而来，又应该前往何方，人生陷入虚无主义，社会沉沦于相对主义。被誉为"人类习性之父"的康拉德·洛伦茨认为，现代社会不加辨别地破除传统或将传统的价值予以抛弃，导致现代人"与自己赛跑"，"在恐惧性忙碌与忙碌的恐惧"② 双重压力下拼命向前奔跑，在追求知识和技能的一维轨道上急速行驶，却又不知道该驶向何方。另一方面，与传统的彻底决裂，使人们失去了生存的根基和本源，人生的意义和社会的终极理想缺失。失去了传统的终极价值观念制约，启蒙以来的现代性文化观念就完全相信资本主义社会能够在现实的世俗社会中实现人类"理想王国"的梦想，既不需要浪漫主义对过去曾经拥有的美好生活和经历的追忆，也不需要乌托邦理论去构想一种超越当下现实而又指向未来的理想社会，而是认为资本主义的现代性社会已经是脱离传统而独立的自在自为的自足性理想社会的"永恒在场"。正像福山所说，人类再也不需要想象另一种未来的世界图景，而只需要把资本主义发展以来所确立的现代性价值作为人类历史发展的最终鹄的，并将之向全球普遍化扩展就完全可以了。一般来说，一些批判哲学家所反对的都是启蒙以来的现代性，即狭义的"现代性"，而不是广义的"现代性"。如，韦伯把现代性解释为工具理性日益增长的历史性趋势，吉登斯把现代性说成是一个充满危险的难以驾驭的时代，海德格尔把现代性理解为技术主宰一切、只关注"存在者"而遗忘本源性"存在"的社会，等等。

将"现代性"区分为狭义的"现代性"和广义的"现代性"，

---

① "皮洛式的胜利"原指古希腊伊庇鲁斯国王皮洛于公元前 280 年与罗马军队交战付出巨大而惨重的代价取得了战争的胜利。后来常被喻为得不偿失的胜利。

② ［奥地利］康拉德·洛伦茨：《人类文明的八大罪孽》，徐筱春译，72 页，合肥，安徽文艺出版社，2000。

这种划分有利于继续讨论现代性的内涵与展开、超越现代性、多元的现代性、现代性与后现代性以及现代性与乌托邦之间的关系等一些具体问题时能够做到有的放矢，明确支持或反对何种"现代性"，而不会将两者混为一谈。此外，这种对"现代性"概念的划分从理论资源上来说也是有据可循的，它相当于马泰·卡林内斯库将"现代性"区分为资产阶级的"现代性"和审美的"现代性"。在马泰·卡林内斯库看来，应该有两种对"现代性"的理解，一种是资产阶级的"现代性"，另一种是审美的"现代性"，在 19 世纪前半期的某个时刻，作为西方文明史一个阶段的现代性同作为美学概念的现代性就发生了无法弥合的分裂。可以把资产阶级的"现代性"概括为："进步的学说，相信科学技术造福人类的可能性，对时间的关切（可测度的时间，一种可以买卖从而像任何其他商品一样具有可计算价格的时间），对理性的崇拜，在抽象人文主义框架中得到界定的自由理想，还有实用主义和崇拜行动与成功的定向——所有这些都以各种不同程度联系着迈向现代的斗争，并在中产阶级建立的胜利文明中作为核心观念保有活力、得到张扬。"与之相对的是审美的"现代性"，它是对前者的合理否定和批判，并将现代性的内涵给予积极的拓展，它"将导致先锋派产生的现代性，自其浪漫派的开端即倾向于激进的反资产阶级态度"[①]。类似于马泰·卡林内斯库对现代性的划分方式的，还有德国哲学家魏尔默提出的启蒙的"现代性"和浪漫的"现代性"。与上述对现代性的理解方式相比，本书将"现代性"区分为广义的"现代性"和狭义的"现代性"，在内涵、表达和解释上更为清晰、集中和明确。

在这里，有必要把"现代性"与"现代化"（modernization）两个概念作一简单区分。应该说，现代性与现代化在内涵上有许多

---

① ［美］马泰·卡林内斯库：《现代性的五副面孔：现代主义、先锋派、颓废、媚俗艺术、后现代主义》，顾爱彬、李瑞华译，48 页，北京，商务印书馆，2002。

意义相近之处，只是在适用的范围上有所不同而已。现代性意指在后传统的西方社会中建立起来，并在 20 世纪开始成为具有世界历史性影响的社会制度、价值观念或发展模式。它是西方社会经过启蒙运动数百年来在西方现代化基础上对现代主导价值观念的高度抽象和提炼，是西方现代社会发展的价值谱系的综合，不仅仅表现在物质技术层面，更主要表现在西方现代文化的基本理念上。而现代化一般指非西方社会按照现代性文化观念对本土文化的一种价值重塑，是从传统社会向现代社会转型过程中，以西方的工业化为模板的经济、政治和文化等各个方面的总体性社会变迁。西方社会同样经历了现代化的过程，但与之相比，非西方社会的现代化往往表现为被动性、复杂性和植入性，而只要它走上了现代化的轨道，现代性及其危机就往往成为其不可逃避的问题。在一般的意义上说，现代性是现代化所要达成的目标，而现代化则是达到现代性这一价值目标的现实途径和过程。现代性这一原本在特定地域里和特定时间内产生的文化价值观念在现代社会却成为全球普遍的可诉求的单一抽象的社会价值体系，具有超越民族界限的极强的文化普适性，几乎成为抹平一切文化个性的同一性框架。从消极意义说，现代性是一些西方发达国家推行的价值"符咒"，而从积极态度来看，它又是一些开始或正在实行现代化的国家趋之若鹜、梦寐以求的"现世乐园"，是能够兑现为现实的、完全纳入历史进程的所谓"现代乌托邦"。对正处于由传统农业文明向现代工业文明转型的现代化国家来说，单纯从消极或积极中的任意一种态度来言说现代性也许都不够全面，会在理论和实践上造成一定的偏颇和误导。从目前全球范围来审视，人们对现代性的态度普遍过于盲目和乐观，而对现代性所显现出来的各种危机及其潜藏的毁灭人类自身的可能威胁往往关注和重视得不够，不能够深入而全面地反思和检讨，更没有从实践上试图限制和改变现代性在全球范围内的无限度的扩展。

作为启蒙以来的现代性，它最初表现为"资本主义"这一侧重经济和政治的内涵，这种内涵的现代性已经被马克思所批判和否定。马克思在他所生活的时代就以对资本主义的批判方式来反思启蒙以来的现代性价值，他说："资产阶级在它已取得了统治的地方把一切封建的、宗法的和田园诗般的关系都破坏了。它无情地斩断了把人们束缚于天然尊长的形形色色的封建羁绊，它使人和人之间除了赤裸裸的利害关系，除了冷酷无情的'现金交易'，就再也没有任何别的联系了。它把宗教虔诚、骑士热忱、小市民伤感这些情感的神圣发作，淹没在利己主义打算的冰水之中。它把人的尊严变成了交换价值，用一种没有良心的贸易自由代替了无数特许的和自力挣得的自由。总而言之，它用公开的、无耻的、直接的、露骨的剥削代替了由宗教幻想和政治幻想掩盖着的剥削。"① 马克思对现代性的批判主要从经济和政治的层面来展开，在肯定资本主义所取得的辉煌成就的同时，也指出了资产阶级纯粹为"生产而生产"的异化本质。对资本主义社会中的每一社会成员来说，一切真正有价值的活动就是赚钱、积累利润和资本，其他的活动都是达到这些最有价值的活动的手段或工具。在这一疯狂追逐物质利益最大化的时代，每个人都身不由己地被抛入急流中而无法约束和控制自己。在后马克思时代，特别在资本主义和社会主义两大意识形态阵营对峙局面消失后，作为启蒙的现代性价值本身并没有终止，反而却有终结历史之强势，在文化深层上更加渗透到社会生活的各个层面。这是在马克思生活的时代没有充分显现出来的征兆。现代性作为现代社会价值和意义的表达填补了现代人在社会理想上的真空，"在社会主义受到怀疑之后，它完全被用来掩盖任何大的集体的社会希望或目的的缺失。因为资本主义本身没有任何社会目标。大肆宣扬'现代性'取代'资本主义'，使政治家、政府和政治科学家可以自

---

① 《马克思恩格斯选集》，2版，第1卷，274～275页。

称它具有社会目标，从而掩饰那种可怕的缺失"①。为了改变资本主义制度，马克思认为应该通过政治、经济系统的彻底变革来颠覆启蒙的现代性价值。从根本上说，这套社会改造方案是科学的、辩证的和合理的，但在我们当前革命条件尚未成熟之时，过分强调经济和政治层面的革命在理论和实践上却是冒险的。特别在资本主义的现代化国家暴力机器已强大到足以轻而易举地粉碎任何一场革命的时代，革命除了给革命者带来死亡和监禁外，已没有多大的实际意义。针对这种现实状况，西方马克思主义者葛兰西提出了另一种可能性，即通过夺取资产阶级的文化领导权来瘫痪资产阶级的集体意志，从而为资产阶级的经济、政治层面的变革创造历史条件。在当代社会中，资产阶级不仅用暴力手段来维护它的统治，而且还从现代性的文化意识形态方面来支配无产阶级。也就是说，由于现代性的文化价值观念的因素对历史总体发展的制约越来越显著，所以我们对现代性的批判也应由经济和政治方面开始转向文化批判方面，以争取文化上的领导权。在当前意识形态的背景下，这种文化意识形态上的批判决不是与马克思主义相悖，而是在新的历史时期针对不同的时代问题所采取的相应策略。这里具体分析现代人所固守的一些最基本的文化价值观念及其与乌托邦的相关性问题。

2. 工具理性主义

理性是西方哲学使用范围最广泛、内涵也最丰富的概念之一。它的复杂性在于，在西方哲学的不同历史时期，理性的内涵以及对社会生活各个方面所起的作用都极为不同。但总的来看，理性能够成为文化的核心概念，能够成为哲学的"新阿基米得点"则是在西

---

① ［美］詹姆逊：《现代性、后现代性和全球化》，王逢振主编，377～378 页，北京，中国人民大学出版社，2004。

方近代社会才开始发生的。古希腊的古典型社会也强调人的理性，对理性的张扬同样是哲学家们内心所追求的目标。但严格来讲，与西方近现代社会相比，古典时期所使用的理性概念在内涵上却有着很大的差别。在古希腊的古典时期，理性的内涵更丰富、更本原、更本真，也具有更大的内在统一性。第一章曾经提到，正是在西方传统社会时期（包括古典型社会和中世纪）理性概念的这种本质源初性和内在统一性成为乌托邦思想形式得以产生的重要理论资源之一。

（1）现代性之工具理性主义维度

在古希腊的古典型社会中，在赫拉克利特哲学那里，理性体现在"逻各斯"上，"逻各斯"并不能简单地理解为"逻辑"，也不能理解为人的"自我意识"或"规律"等，而应该理解为，它是决定一切生亡存灭过程的东西，是一切生亡存灭的感性世界要遵循的、能够协调一切的东西。赫拉克利特把世界比作"一团永恒燃烧的活火"，处于不断的生成、运动和变化之中，但这并不是世界本身的真实面目，也不应该是人追求的终极目的。人真正应该追求的应是内在于世界之中的"逻各斯"。它并不是如近代人开始把理性理解为人自身所特别具有的某种认识能力，而是内在地约束人的思想和行为，是一切人或一切事物都共同具有的内在一致性。这几乎没有从西方近代社会开始理性所具有的主体与客体相分的认识论及主体对客体操纵和控制的价值论含义。在苏格拉底和柏拉图哲学那里，理性不仅仅是他们的哲学思考方式，也是他们的人生实践方式，是他们最高的生活准则。苏格拉底曾认为，没有经过理性审视的生活是不值得过的，理性与生活是内在统一和本源一致的。这种古典意义上的"理性反思"不是由笛卡尔哲学开创的脱离世界的纯粹占有的主体性反思，毋宁说，它是顺应人的源初的自然本性而生活，是人的一种自在自为的自由存在状态。这种"理性反思"的生活是自制而非贪婪、节制而非放纵、终极关怀而非当

143

下满足。柏拉图把"理念"既视为世界的本源，又看作理性原则的最高显现，它是一切个别存在者以及其感性知觉的基础。"理念"是超越"洞穴假象"的客观实在的绝对理性精神，需要摒弃的恰恰是封闭在自我主观意识的独断精神。所以，从本质上说，柏拉图的"理念"是开放的，以此所构想的"理想国"，虽然从内容上看极不符合现代社会的人性价值观，甚至是极端压抑人性和排斥人的自由的（波普尔和哈耶克），但只要细加分析就不难看出，柏拉图"理想国"的每一步制度安排，其最终目的都是为了达到社会的整体和谐和人性的内在统一；社会安排局部的非理性恰恰是为了使整体的存在理性得到最大限度的彰显。此后的所有乌托邦社会构想在一定程度上都体现了柏拉图"理想国"这一社会建构理念。也就是说，不符合现代性价值原则的传统乌托邦观念却未必与人的真实本性相悖，恰恰相反，在剔除了乌托邦观念，建立在人的主观理性基础上的现代性价值在一定意义上说却是越来越远离人的真实本性。与柏拉图哲学有所不同，亚里士多德更加注重人的感性作用，故此，他反对柏拉图完全依据"理念"原则把人的感性和理性分开，反对柏拉图离开人的感性世界而抽象地谈论"理念"所导致的过分理想主义。但是，亚里士多德并没有脱离古希腊社会的主导思想，他仍然认为，以"善"为最高目标的神性第一原理作为完满的现实性在终极实在层次上制约着人变化不居的感性世界和人对当下现实世界的执迷。

在古希腊社会的文化观念中根本就不存在完全脱离世界的"大我"的理性存在，人附着在宇宙的存在理性而使自身的本质属性得到提升和完善。虽然这种存在理性也与人有关，但它的主要立足点并不是像近代西方社会的理性观那样，建基于一个以主体与客体相分离为前提的抽象的认识主体，而是将存在（总体性存在而非给定性的存在者）本身作为理性的出发点和最终归宿。也正因如此，古希腊人所理解的"理性"并不是一个简单的同质性概念，而是一个比近代西方哲学的理性远为复杂和多样的概念。古希腊人的理性观念不是让人去外在地征服和获取什么来填充自身的空虚，而是首先使人自身所具有的知、情、意保持一种平衡，尤其要控制人的容易膨胀的情欲，使人本身的内在的"德性"得以显现，并与"大宇宙"的秩序保持和谐。按照现代人的理解，古希腊人的这种保持着源初自发统一性的理性观念并没有主体性可言，尚未达到现代人所理解和认同的主体性高度，这正是现代人之于古代人的优势所在。对此问题需要辩证理解，不可采取简而化之的方式或态度。

在西方中世纪，从奥古斯丁经安瑟伦到阿奎那的基督教哲学传统，都把古代存在中的神性因素看作一个人格化的、创造性的上帝的神圣理性，而人作为被创造物的理性必然是不完满的，是对上帝的存在理性的分有。为了区分这两种理性，阿奎那把上帝所具有的完善的理性称作"理性"，而把人所具有的一种认识能力的理性叫做"知性"。"知性"附属于"理性"，在"理性"的功能中找到自身存在的意义，是人获得具体知识的基本途径。但是，作为人的认识工具，"知性"只能认识外界具体的特定对象，而无法认识和反思对象关系的总体。所以，对于人的"知性"能力来说，上帝的这种绝对的现实存在只能是间接知识，人无法达到对它的最终的确切认识和领悟。上帝的"理性"从本质上规定了人的"知性"的认识能力及其内在限度。简言之，在拥有全知、全善和全能于一身的上帝面前，人的认识是有限而渺小了。在基督教思想家看来，若没有上帝的启示，人类就不可能对自然和社会进行研究。上帝既是人类知识的来源，也是人类知识的终结。

古希腊社会把理性概念安排到宇宙的、神的事物上，中世纪的基督教哲学虽然使理性开始转移到被创造物上，但一直与上帝的存在理性发生着内在关联。而由中世纪晚期开始的唯名论却使得理性概念越来越脱离宇宙、神乃至上帝存在这些理性的本源始基而趋于人的主体化、主观化，人的理性与自然、宇宙和上帝或本质的领域断绝了内在联系而还原到人本身，由此，产生了近代哲学的经验主义和理性主义的分歧。在作为人类生活形态主导思想的古典形上学和基督教信仰逐渐消退之后，建立在人的理性基础之上的新的经验科学似乎提供了唯一适当安排人间事物的保证。奠基于人自身的主观理性则因此被迫去寻求为科学奠定一个扎实的基础，即去寻求一个对它作为理性本身来说可能的真理和确定性基础。

从中世纪晚期唯名论之后，只为人自身考虑的工具理性（或曰科技理性、技术理性和算计理性）从自然、宇宙、神或上帝的存在理性中开始分裂出来，并取代了后者曾经具有的至高无上的本体论地位。这也就相当于海德格尔曾反复强调的"存在的遗忘"，但他把"存在的遗忘"根源追溯到柏拉图哲学不免有些牵强，实则从西方近代社会才开始这种实质性的"存在的遗忘"。作为一个源初统一的、复杂多元的概念，从近代社会开始理性就蜕变为主体性的、简单同质性的概念，从而，作为传统社会中存在理性之一部分的人类工具理性代替存在理性本身，构筑了现代新的"形而上学"独断论神话，成为现代社会用以衡量一切的终极圭臬。一旦周围的事物被人从宏大的宇宙秩序中抽取出来，它们就失去了在宇宙的"存在之链"中曾具有的与人同等的地位和意义，仅仅成为我们人类做各种生产计划或工程设计的原材料和工具，而人类自身在这种"上手之物"的包围中也就渐渐遗忘了人的本源性存在。在西方传统社会中被视为理性之源的自然、宇宙、神或上帝等提升并约束人的价值的总体性存在，在现代社会中则被视为人的工具理性得以运作的最大绊脚石而遭到摒弃，或称之为传统社会遗留的糟粕，或称之为仅仅是人的主观情感的一种非理性表达。"可事实证明作为工具性的理性，只服从必然而排斥自由，理性注定了必须服从逻辑，服从共同的法则，这样才不会失去工具性、明晰性和真实性。究极而言，理性不对任何事情作判断，它也不能对任何幸福加以承诺，它与自由是格格不入的。"① 20世纪上半叶爆发的两次世界大战，人的工具理性充分显示了它灭绝人寰的超人能力，技术理性成了杀人理性，每个人都在这场"杀人游戏"中保持泰然处之的冷静的旁观态度，不到涉及自身利益的时候不会"拔刀相助"。当今的生态危机并没有因为生态环境急剧恶化而有所缓解，对自然的工具理性式的主宰以服从人的物欲膨胀为要求，各国相应仍在经济发展的一维轨道上互相竞争，以此来获得经济霸主的地位。如果沿此道路继续走下去，工具理性使现代社会成为"自由王国"的承诺必将成为泡影而付之一炬。

现代社会的文化观念迷恋于可见的、可知的、可预期的事件结果，而对于仅仅依靠人类现有的技术手段无法达到的超验、超功利的存在理性即乌托邦的社会理想则视之为空想和幼稚。带有悖谬意味的是，现代性并不由此认为自己已经放弃了对真正完美社会的追求，而是认为所有完美社会理想都可以还原为现代人实际可以把捉住的、通过一定的技术手段可以实现的社会状态。换言之，现代性迷信着人类按照现代社会的发展逻辑，遵从工具理性的指引，人类所构建的完美的理想社会不在彼岸，就在人类可以预期的确定历史时空范围内。殊不知，在现代社会中，人活动的空间范围在无限扩大，而人的活动的时间维度却在逐渐萎缩，"人类生活的范围在过去和未来两个方面都大大受到限制，他丧失了对其文化遗产及其对终极目标的探求，他仅仅生活在现存之中。但现存也日益变得空虚，他越少由记忆的实体支撑，便越不能孕育已萌芽的未来可能性的种子"②。理性的蜕变使盲目追求速度和效率的现代人丧失了与历史的形上意义世界之间的内在联系，不再相信除了人自身之外还有

---

① 王岳川：《后现代主义文化研究》，151页，北京，北京大学出版社，1992。

② ［德］卡尔·雅斯贝斯：《历史的起源与目标》，魏楚雄、俞新天译，128页，北京，华夏出版社，1989。

更为本源性的存在。

从时间性、历史性的角度来分析，现代人依靠人类自身所拥有的万能工具理性能消解传统的一切滞障，最终完全能够制约和决定人类未来的历史，这也就是其所信奉"历史的终结"神话。殊不知，这已经使现代社会凝固在"绝对的现在"时空之中，转瞬即逝的、不易捕捉的此时此刻反而却转化为历史的永恒幻象。更为无法摆脱的是，现代社会的"指南针"——进步观念①强化了存在理性蜕变为工具理性的合历史目的性的必然，为现代社会的发展建起了一道固若金汤的意识形态之墙，似乎只有这样，现代社会的文化观念就是完全无可指摘的。其实，这使现代社会陷入了一种无法自我摆脱掉的"美丽陷阱"。它构筑了一个自我辩护的逻辑前提，而这个前提同它的结论恰恰构成一种循环解释。也就是说，现代性要证明自身的合理性，依靠的恰恰是构成自身的基本要素即工具理性的价值，形成了一个封闭的解释怪圈，而这个怪圈又由于现代性的工具理性凯旋而在物质的器物层面取得的辉煌成就，更是堵塞了人们反省现代性的通道，消解了对它批判性地加以清算的可能。

（2）工具理性主义与生态危机

由于日益摆脱了传统社会"深度文化"的道德制约，工具理性的泛化一方面使人类的物质生产能力大大提高，创造了前人无法想象的大量物质财富，使人类社会的各项制度管理更加有效，大众文化的知识普及也获得了空前的繁荣。这些都是有目共睹的、为现代人所自豪的"现代性成果"。但是，我们又不能由此忽视由工具理性的泛化所直接带来的现代性负面因素：生态危机、能源危机等，以及间接的乃至更深层的现代性后果：信仰危机、情感危机、认同

---

① 现代的进步观念相信，现代社会在科技理性的指引下是不断向前发展的，所有由此产生的问题和不足之处最终都可以由科技理性来彻底解决，不需要其他的可能性的假设或诉诸回归传统的文化观念，现代社会正在趋向完美。

危机等。前者涉及人与自然之间的关系，后者则指向人与人、人与社会、人与文化之间的关系，这直接来源于现代性的另一个重要维度：个人主义（下面将对这一问题作具体分析）。哈贝马斯将现代社会诊断为："资本主义现代化的历史，实质上是工具理性越来越发达，其运用范围无限扩张的历史，西方现代社会的许多弊病正产生于此。"这是资本主义社会制度的"合法性"逐渐丧失的重要原因，也不可避免地导致现代社会整体上的"非理性化"。[①] 无疑，工具理性是一把极其锋利的"双刃剑"，它无限制的过度发展在给人类自身带来物质丰裕的同时，也"切割"了人们内心的完整，割断了个人与他人、自然、社会乃至宇宙的内在的天然"血缘"联系，使人成了"被抛于世"的孤零零存在，找不到自身存在的本体论根基。

从表面上看，生态危机（也称环境危机）和能源危机等是人与自然的关系危机，而更深层面的根源则是现代性的工具理性泛化所导致的文化危机。在西方传统社会中，人依附于自然，用形象的语言说，人对自然的基本价值观念，即"大地是母亲"。人遵循的是"万物有灵论"，人可以与自然界进行抗争，但不可能完全成为自然界的主人，因为自然本身与人一样也属有灵性的存在，都是上帝的创造物。自然的内在价值始终是人不可跨越的界限。即使在近代西方社会中，人对自然的态度仍然保持某种程度的泛神论观念，如斯宾诺莎的"实体即自然"等。而到了现代社会，人有足够的能力或手段来控制自然界，人与自然的主奴关系角色发生了根本转换，自然完全被启蒙时代的理性精神和自由意志"祛魅化"，相应的，人也就成了地道的自然界的操纵者和控制者。现代人将自身作为抽象

---

① 参见章国锋：《哈贝马斯："实践理性"和"社会化主体性"》，见［德］尤尔根·哈贝马斯、米夏埃尔·哈勒：《作为未来的过去》，章国锋译，181 页，杭州，浙江人民出版社，2001。

的"我思",将自然界当作与己无关的"我思"的对象,两者之间留下了深深的鸿沟。对象性思维由此形成,它将人作为主体、中心和主宰,将自然界中的万事万物作为可资利用的客体与对象,把自身褊狭的目的设立为完美的尺度,而将万物强行纳入这一尺度,予以征服和改造。由于世界的主客体分化,人们以对象性思维对待自然,便排除了自然以其他方式显现的可能性,只看到自然物于己的有用性这一种属性,抹杀了自然的丰富性的本质内涵。正如海德格尔所说,在现代社会中自然赤裸裸地成了人的"加工材料"和"储备物",它完全失去了其本身所应具有的自在自为的独立特性而沦为人的"上手之物",随之人类自身也成了"无保护"的"被抛于世"的存在。只有充分认识到这一点,人才可能拯救自身。所以,后期海德格尔思想都在竭力反抗西方近现代的人道主义,即把人的价值放在上帝位置的狭隘的"人类中心主义"这一现代性观念。从这个角度来看,将人从宇宙中心的宝座位置拉下来,对于人来说未尝不是一件好事。这样做,不但可以让事物本身回到它应有的恰当位置,而不光成为聚集在人身边的"上手之物",积极地说,这也是对人的一种解放。人只有自觉地放弃一些从眼前获得利益角度看对人们似乎是至关重要的东西,往往会获得更宽阔、更普遍的视野,对事物和人自身也会有一个全新的认识和价值评价。这正印证了一句话:"退一步海阔天空"。

在现代社会中,人对自然工具理性的价值或观念推动了现代社会的高速运转,给人类社会生活带来了极大的方便和舒适。但是否由此就可以断定,人的这种对待自然的工具性态度或观念就是合情合理的?我们不必通过复杂的理论分析,而仅仅关注一下周围的事实世界所发生的消极性变化即可看出。大气污染、臭氧空洞、森林覆盖面积骤减、生物种类趋向单一化以及核污染对自然环境的不可修补性的破坏等现象,无不反映出人类生存的自然环境恶化程度之严重。这种急剧恶化了的自然环境已经或正在威胁人类自身的生存。而令人感到可悲的是，这种毁灭性威胁从根本上说不是来自自然界的无情，而恰恰来自启蒙运动以来现代人的工具理性价值观念无限度泛化以及过于外求的人类占有主体性活动方式或观念所致。人除了应该自觉地约束自身行为而回归、寻找或重建一种全新的、更本源性的生活方式外，没有什么其他更有效的途径或方式可以完全改变这种状况。那种幻想着试图只有通过科学技术的进一步发展来改善人类的生存环境而达于完美社会的做法无异于自欺欺人。雅斯贝斯指出，现代人对技术理性"魔鬼信仰"的消极性已经凸显，"技术已给人类环境中的日常存在造成了根本的转变，它迫使人类的工作方式和人类社会走上全新的道路，即大生产的道路，把人类的全部存在变质为技术完美的机器中的一部分，整个地球变成了一个大工厂。在此过程中，人类已经并正在丧失一切根基。人类成为地球上无家可归的人。他正在丧失传统的连续性。精神已被贬低到只是为实用功能而认识事实和进行训练"[①]。应该看到，作为工具理性，技术仅仅是一种手段，迫切需要对它进行指导和约束，否则，后果将不堪设想。换言之，如何对待技术理性，这将决定人类未来的历史命运。正如英国著名的历史学家汤因比警示我们的："人类将会杀害大地母亲，抑或将使她得到拯救？如果滥用日益增长的技术力量，人类将置大地母亲于死地；如果克服了那导致自我毁灭的放肆的贪欲，人类则能够使她重返青春，而人类的贪欲正在使伟大母亲的生命之果——包括人类在内的一切生命造物付出代价。何去何从，这就是今天人类所面临的斯芬克斯之谜。"[②]

其实，人对自然的工具性利用并不是在现代社会才开始出现

---

① ［德］卡尔·雅斯贝斯：《历史的起源与目标》，114 页。
② ［英］阿诺德·汤因比：《人类与大地母亲》，徐波、徐钧尧、龚晓庄等译，735 页，上海，上海人民出版社，1992。

的，而是存在于迄今为止人类的历史发展中，而且可以肯定地说，在未来的人类社会发展中同样必须存在。更准确地讲，自然对人的"有用性"价值是人类赖以生存和发展的必要条件。所以，一些观点认为保护自然就是不砍伐树木、不捕杀动物、不开采自然资源等等，这同样是以另一种形式将人与自然对立起来，倒是更加凸显了自然对人的"有用性"价值的重要地位，也无法彻底驳倒现代人类中心主义的生存观念。人的正常的需求是可以得到满足的，这种满足不会对自然造成不可逆的破坏。有两种满足人类需求的方式，一种是"基于欲望的满足"，另一种是"基于需要的满足"，前一种是无限的、非自然的满足方式，后一种是有限制的自然满足方式，如果人们的需求"仅仅是一种自然的生活需求，那么它就是正当的，满足它就是合理的，反之不然"①。我们反对的是前一种满足人类需求的反自然的生活方式，特别是对于一些不可再生的且对人自身具有安身立命的自然资源，人类更要把握好其中的"度"。这个"度"根本上说不是由人来划定的，而是由自然本身所具有的内在价值预先"设定"好的。

从人类历史上看，在传统社会中自然对人的"有用性"价值是从属于自然独立于人、不以人的意志为转移的固有的内在价值。因为在传统社会中，人们相信"宇宙和谐"是人类自我认识和认同的根基，绝对不可能因为人类暂时利益的需要而打破这种内在和谐。人们只要能够实现自己所必须的物质需要满足就完全可以了，没有任何必要非得在单纯物质享受中获得快乐，他们能够从"天人合一"的宇宙和谐中获得现代人所无法体验到的真正持久的快乐与幸福。可从另一个角度来看，这种传统的对待自然的文化观念虽然保持了人与自然的一定和谐，但同时又一定程度上是以牺牲人的自觉性、自主性为代价的。在启蒙时代之后，随着宗教文化观念的衰

---

① 万俊人：《生态伦理学三题》，载《求索》，2003（4），152页。

落，特别是到了能够彻底脱离新教伦理精神束缚的现代世俗化社会，人对自然的态度较传统社会发生了根本性的逆转，并滑向了另一极端：自然服务于人。"在现代化过程的影响下，这个自然界实际上已不再被认为它本身就是一种力量。自然界只能成为一个消费对象和一种为了进一步生产和交换的生产手段。"① 今天的现代人完全可以按照自己的理性设计与自由意志处理和安排大自然所提供的物质资源，在现代人眼里，大自然成了没有任何灵性的、被肢解的、干瘪瘪的存在而隶属于现代资本主义的由"为生产而生产"过渡到"大量生产、大量消费和大量抛弃"的线性经济模式为特征的庞大经济体系之中。"以致于现代人只能够从理性的构思和实用性的观点来看自然，今天，一条河在人看来只是推动涡轮机的能源，森林只是生产木材的地方，山脉只是矿藏的地方，动物只是肉类食物的来源。科技时代的人不再和自然做获益匪浅的对话，他只和自己的产品做无意义的独白。"②

可见，在现代社会中，自然界不过是人的对象，不过是有用物而已，它不再被认为是自在自为的力量，而对自然界独立规律的认识本身不过表现为"理性的狡猾"，其目的是使自然界单纯服从人的生存需要。对自然界的奴役带给人类极其舒适的物质享受的同时，也必然打乱了人类赖以生存的自然环境或生存环境的可修复性的自主和谐。甚至可以说，这是现代人为了获得自身的现世幸福而付出的高昂的、沉重的，甚至是不可逆的代价。所以，从根本上说，自然和人应处于一个"共同世界"（共在）中，自然界受破坏和摧残其实也就是本真的人性遭受到的破坏，自然界被控制也就是人被"物"所控制和奴役，人对自然的单纯工具性态度，自然对人

---

① ［英］约翰·基恩：《公共生活与晚期资本主义》，马音等译，241 页，北京，社会科学文献出版社，1999。

② ［德］孙志文：《现代人的焦虑和希望》，陈永禹译，68 页，北京，三联书店，1994。

也必然报之以无情的反抗和报复。因此，把自然界从人的奴役下解放出来与把人从现代性的枷锁中摆脱出来在根本上是完全一致的，即"解放自然从根本上来讲就是解放人类"①。从这个角度说，人类的真正幸福并不完全在于获得物质财富的多寡，而是取决于建立人与自然的内在和谐的一致性关系。另外，把自然从人的奴役下解放出来不是把人再放到被动性的屈从位置而听从自然的召唤，而是解放自然所实现的人的生命本能的解放会赋予人以更大的主动性和能动性，这种主动性和能动性不再把人对自然的支配性的工具关系看作主要的，而是建立一种更宽泛的人与自然的伦理、审美和艺术等多重的全面关系。

3. 个人主义

个人主义（individualism）与理性的蜕变及工具理性的泛化几乎是同时发生的"现代性事件"，前者更多表现为人与人、人与社会之间的关系，而后者则主要体现在人对自然的方式或态度上。这两方面相互影响、交织、糅合在一起，共同构成现代性的不可或缺的双重维度。比如，人对待自然的工具性态度会影响人与人之间的以利益为主导性的现实交往关系，而在以竞争和功利为主的个人主义人际交往氛围中也很难想象人会自觉地去保护自然界的生态环境。

（1）个人主义的理论形成

一般认为，个人主义的理论发轫于中世纪晚期的宗教改革运动，在近现代哲学的启蒙运动中日趋成熟。其实，在尚未与政治权力结合的基督教的源初教义中，个人主义思想的萌芽就已内蕴于其中。国内有学者指出，基督教的源初教义对个人主义思想的形成具有实质性作用，因为"上帝创造了人，并赋予每个人灵魂，这给了

---

① ［法］塞尔日·莫斯科维奇：《还自然之魅：对生态运动的思考》，庄晨燕、邱寅晨译，122 页，北京，三联书店，2005。

人存在的意义以及他作为个人的基本权利。而且，由于承认人在上帝面前都是罪人，社会等级完全不同的人至少享有一时的平等，他们寻求着同样的灵魂得救，期待着同样的最后审判。上帝对人不论其财产、门第，一视同仁。个人拯救的教义给了基督徒一种关于个人的特殊意识，虽然基督耶稣以自己的生命为人类赎了罪，拯救仍然是以个人为单位的"①。这里所说的"基督教"应该是指源初教义意义上的基督教，因为在中世纪时期，基督教与政治权力合二为一，基督教的教义也意识形态化，个人的拯救必须通过教会这一指定的权威性世俗组织才能得以实现，这为后来发生的宗教改革运动埋下了伏笔。因此，在中世纪基督教的意识形态的文化观念中奉行的是整体有机论，强调的是世界的整体和谐，而不是某一部分群体或个人的价值凸显。

个人主义的直接理论来源是文艺复兴和宗教改革运动。文艺复兴通过人权对神权的挑战，再次确认了"人是万物的尺度"这一人道主义原则，从而为现代意义的个人主义诞生提供了理论前提。但文艺复兴运动仍然是在中世纪基督教神学框架内对个人价值的呼吁，其逻辑起点和最终结论仍然放在基督教的个人拯救上，人最终得复归于上帝的怀抱。宗教改革运动重创了基督教神学体系，却没有完全推翻中世纪基督教神学，反而使上帝更加神秘缥缈，使其成为纯粹的超验的形上学之规定。它对个人主义的贡献在于，积极肯定了个人良心的独立抉择和判断，为个人主义的进一步发展扫清了理论障碍。通过宗教改革运动，"个人信仰不需要中介，他对自己的精神命运负主要责任，他有权利和义务以他自己的方式并通过他自己的努力，直接建立他与上帝之间的关系"②。在一定意义上说，

---

①　钱满素：《爱默生和中国：对个人主义的反思》，199 页，北京，三联书店，1996。

②　[英] 史蒂文·卢克斯：《个人主义》，阎克文译，88 页，南京，江苏人民出版社，2001。

正是以宗教改革运动为起点，西方的文化观念开始与宗教和形上学文化传统断裂，整个西方社会开始向世俗化、大众化和个体化的方向发展。这推动了现代性的崛起及其观念的进一步普遍化。

由笛卡尔开创的理性主义使个人主义在哲学观念上开始确立。笛卡尔提出"我思故我在"这一哲学命题，并把这一命题当作建立新哲学体系的"基石"。这一命题的内涵是指每一个人认识的基础或出发点就是他自己的独立存在，而不是任何其他个体，也不是整个社会的存在。作为理性的"自我"是决定一切活动的独立实体，由它才可能推导出外部物质世界和上帝。这样，每一个人的独立思考和理性判断是他认识或行动的唯一合法基础。这在逻辑上已假定了一个彻底摆脱他人、自然、社会乃至整个宇宙制约的抽象的个人存在，每一个理性的"自我"个体都成了一个封闭的单子，相互内在隔绝。这一观念导致的最终结果就是，个人与他生活于其中的生活世界的分离，人的精神世界和肉体世界的分离。从表面上看，这是给予人的肉体与精神、人与世界同等重要的位置，其实是贬低了人的精神生活和世界的意义，抬高了个人的感性的创造性作用，高扬个人的外在征服世界的占有性主体，降低了人所生活于其中的他人、自然、社会，直至整个世界在塑造完整"个体人格"①的文化学含义。

笛卡尔之后，康德倡导启蒙的理性精神，对个人价值的强调更加彻底。康德所理解的启蒙运动是：每个人在"抛却了不成熟状态的羁绊之后，就会传播合理地估计自己的价值以及每个人的本分就

---

① 这里所说的"个体人格"这一概念采用别尔嘉耶夫的《人的奴役与自由》（徐黎明译，贵阳，贵州人民出版社，1994）一书的用法。别尔嘉耶夫认为，人受上帝、自然和社会等的奴役，归根结底在于人受缺乏超越性的狭隘"自我"的奴役，使人自身陷入与自然、社会和上帝相隔离的自我封闭的状态。要彻底摆脱这一状态，只有让人重新关注"他者"及"更高的存在"、"另一个世界"，按照他的理解就是重新回到自然、社会乃至上帝的怀抱，才能获得完整的"个体人格"，而不是抽象的原子化的"个体人"。

在于思想其自身的那种精神"①。根据启蒙精神，康德明确提出，人只能作为"目的"而不是"手段"存在，在自然观上人为自然立法，在社会层面人为自身立法。这就把人无论是作为"个体人"还是作为整体存在的"人类"都提高到了至高无上的位置。尽管康德在"实践理性批判"中也试图用道德法则来约束人自身，使人成为"道德人"而超越工于算计的科技理性化了的人，但他所强调的道德法则是彻底理性化的产物，已趋于主观化、形式化，缺乏实质性的内容。康德认为："人就是这个地球上的创造的最后目的，因为他是地球上唯一能够给自己造成一个目的的概念，并能从一大堆合乎目的地形成起来的东西中通过自己的理性造成一个目的的系统的存在者。"② 在这里，作为个体的人和作为整体的人类在逻辑基点上都是统一的，由此，相对于驾驭自然的人类中心主义和与他人、社会相对立的个人主义在基本理念上相辅相成、相互呼应，前者只是后者的应用范围的扩展而已。

（2）个人主义与主体性

为了更充分理解个人主义的内涵，有必要提及"主体性"这一概念，有关"主体性"（subjectivity）的哲学理解比较复杂，不同的历史时期对"主体性"的理解有所不同。西方传统社会的价值观认为，神、绝对精神或上帝才是绝对的主体，才拥有实在的"主体性"。在现代性看来，"主体性"就是指人类的主体性、个人的主体性，是对人的能动性的一种积极的价值肯定和确认。而在后现代主义视野内，"主体性"与"中心"、"基础"、"本质"等都是应该被消解的同质性概念，因为正是现代社会对人的主体性的过分张扬才导致了"大写"的人成为世界的"中心"、"基础"，人对自然的奴

---

① ［德］康德：《历史理性批判文集》，何兆武译，23~24 页，北京，商务印书馆，1990。

② ［德］康德：《判断力批判》，邓晓芒译，284 页，北京，人民出版社，2002。

役、社会向心力的离散以及人生意义的失落等一系列现代性危机由此才得以形成。从根本上说，只有人才具有主体性，没有人的存在，就无所谓"主体"可言，更谈不上主体性，但人应该如何来理解自身的主体性，成了问题的关键。在西方中世纪，人也承认自己的主体性，但由于人信仰全知全能的上帝，从而能够看到自身主体的有限性：人能够做什么，不能做什么，以及应该做什么。而到了现代社会，人没有了更崇高的信仰，代之而起的是完全世俗化的生活，面对着的是完全祛魅了的世界，人失去了自己的本体论根基。就西方个人主义的形成过程而言，并不是个人主义价值观的确立，现代人的主体性就达到了无以复加的程度，这其中有一个逐渐脱离传统文化制约的过程。在笛卡尔至黑格尔哲学之间，以理性为基础的人的主体性与作为人的理性认识和价值判断的终极根据的上帝之间仍保持一种内在的平衡。黑格尔哲学之后，理性与上帝的脐带彻底断裂，人的主体性失去了终极价值的制约，作为"追求深度价值和意义的人"的形象消失，"大写"的人成为历史的真正主体。

其一，对西方近代理性主义主体性哲学的审视。

文艺复兴时期先知们歌颂"人是万物之灵"，呼唤人的理性，要求人的自由平等。这种对中世纪的神权至上的反叛对后来的思想家产生了深远的影响。但他们所宣扬的理性、人权还具有抽象性，依赖于人的自然本性，通过将人复归于自然来体现人的主体性，自然即神。

真正打开神权缺口，以"人义论"代替"神义论"并开始张扬人的主体性的哲学家是笛卡尔和康德。笛卡尔将"我思"与外在的客观世界划清了界限，确立了理性的基础地位，大大提高了人的主体性。康德的启蒙哲学更加彻底，他使理性开始成为指导人类生活的自律性力量。德国古典哲学的集大成者黑格尔尤其相信理性的实体力量，认为理性不仅仅是形式的，而且具有强大的活力，整个西方哲学史都可以囊括在他的理性的逻辑范畴中。

　　然而，通过对笛卡尔至黑格尔之间的哲学进一步考察，我们会发现，他们在对以理性的普遍性为基础的人的主体性强调的同时，还适当保留着西方中世纪的上帝观念对人的理性能力的制约，也即对人的主体性的限制。上帝只是隐退，回归其"不在场"状态而未被真正杀死。也就是说，他们在强调人的普遍理性的同时，也看到了人的理性能力的界限，相信人的理性最终需要上帝的支撑和关照。上帝仍是人的主体性的形上学基础，具有对感性的超验制约力。笛卡尔认为："如果世界上有某些物体或某些心智或者其他的本性并不是完善完满的，那它们的存在一定要依赖上帝的力量：如果没有上帝，它们就一刻也不能维持存在。"① 在他看来，只有上帝才是完善完满的，而人类自身是有缺陷的，人经常会犯错误。人犯错误的根源不在于上帝，而在于人自身拥有有限的理智和自由意志。尤其是比理智广阔得多的意志很容易陷入迷途，颠倒真假和善恶的标准。笛卡尔认为，只有"严格地把我的意志限制在我的认识的限度内，使它只对理智向它清楚明白地提出的东西作判断时，我就决不会犯错误"，而且"必须应当以上帝为它的作者"②。

　　康德所宣扬的人的主体性又推进了启蒙运动的进程。他认为，人所认识了的客观世界已经不是纯客观的，而是建立在人的主观形式框架至上的产物。康德相信人的理性力量能够为自然和社会立法，但他并不像贝克莱和休谟那样否定客观实体的存在，而是认为人的纯粹理性只能认识现象，却无法认识物自体本身，人的理性无法跨越这一界限。康德尤其限制了能够认识自然界的"理论理性"，因为它无法摆脱经验的困扰，而优先于"理论理性"的"实践理

---

① 北京大学哲学系外国哲学史教研室编译：《西方哲学原著选读》上卷，376 页。
② 同上书，379 页。

性"能够超越经验主义和功利主义而达到人的自律。理性主义集大成者黑格尔也未将人的主体性推向极端，认为理性的自我必须经过外化为自然界、历史等过程或中介环节，再回到主体的精神世界，以此无限的螺旋式的上升才能达到绝对理念。按照黑格尔的表述："绝对理念，本来就是理论理念和实践理念的同一，两者每一个就其自身说，都还是片面的，理念在自身中把自己仅仅作为一个被寻求的彼岸和达不到的目标。"① 实际上，黑格尔所讲的"绝对理念"就是理性化的上帝。人不仅应运用自己的理性来认识和实践，在此基础上还应以上帝，更确切地说是绝对与神圣的超验力量，为人的主体性及其各种感性的实践活动提供认识论和价值观的终极关怀。

由笛卡尔的"我思"经康德的"理性的立法"直至黑格尔的"绝对理念"的生成都浸透着人的主体性力量，同时也内蕴着对人的主体性的限制，人的工具理性与价值理性始终没有断裂，保持一定的张力。从理论上说，这似乎是一种保守，但从人类历史发展的前景来看，未尝不是一种智慧。他们已经预见到人的主体性之形上学本体论根基不可消解，很难想象和推测，一旦一劳永逸地抛弃西方人的精神支柱即上帝观念，这将给西方文化带来何种消极影响。现实的、有限的人是没有能力胜任"上帝将死"所留下的形上学的空缺，或者说，现代人所张扬的个人主体性应该有其内在限度。

其二，"上帝之死"的主体性悖论。

如果说黑格尔之前上帝在人们心目中还有一定的至上位置，那么，尼采的"上帝之死"的宣言彻底消除了上帝在人们心中仅存的神圣感，人必须杀死上帝，然后才能取代上帝位置而成为"真正"的主体。现代人不能容忍上帝这个见证人活着，只有摆脱上帝这一

---

① ［德］黑格尔：《逻辑学》下册，529 页，上海，上海三联书店，1996。

终极目的和最高价值对人的主体性的制约和限制，人才成为真正的人，这是现代人的狂妄心态。

　　尼采认为，由于具有"人性的、太人性"的人依靠理性建构的主体性始终无法摆脱上帝的庇护，所以，必须以"强力意志"代替"理性"来"重估一切价值"，以此与中世纪的基督教以及近代理性主义的价值观念彻底决裂。尼采最蔑视传统的基督教道德及其受之影响的近代理性主义道德观，认为它压抑了人的主体性和创造性，是一种依赖、顺从的奴隶式道德。按照尼采的主张，只有彻底抛弃基督教道德，从而设定主人式道德观念才符合现时代的精神状况，而"超人"是主人式道德的最充分的理想人格象征。

　　尼采的"强力意志"哲学对人的主体性，尤其是对个人的主体性的强调达到了无以复加的程度。在基督教的上帝观念日渐式微的西方社会，人如何面对与自然、社会的错综复杂的矛盾，人如何主宰自己的命运，共同的道德价值或信念坍塌，人与人之间如何达成最基本的道德共识，这些都是难以解决的现代性难题。尼采完全反对继续寻求普遍的、绝对的最高价值这一路径，认为这无异于重归上帝的怀抱，放弃了人的主体性和创造性。而现实的芸芸众生又碌碌无为、极其平庸化。尼采在绝望中寻觅希望，认为只有"超人"，即完全放弃了依赖型与受动性而敢于去创造、占有、支配并能够自我负责的人，才能够主宰人类自身乃至世界的命运。尼采认为，没有绝对的价值，只有相对于人的价值，人是所有价值的最终源泉和基本标准。这从尼采对"美"的理解中即可看出，他说："'自在之美'纯粹是一句空话，从来不是一个概念。在美之中，人把自己树为完美的尺度；在精选的场合，他在美之中崇拜自己。"①

　　尼采的思想也是矛盾的。他认为超感性领域的约束力在减弱，

────────────

　　① ［德］尼采：《悲剧的诞生》，203 页。

而现实的人又缺乏力量，人的"无力"的根源是人的理性的无能与人的意志力或生命力的缺失。人该何去何从？在尼采看来，理性与上帝是一丘之貉，只有废黜理性，"上帝之死"才能成为事实。然而，他未曾预料到，挣脱了理性与上帝制约的人的"强力意志"在获得"重估一切权力"之时，也使人的道德滑向相对主义的深渊，使人的实践活动失去形上之维。

总之，尼采的"上帝之死"即意味着超感性的绝对与神圣丧失了对个人的现实生活的普遍约束力。如果说西方近代的理性主义对人的主体性的张扬在某种程度上是以超越理性自我的绝对自在、传统文化及形上之维为前提预设和终极视域，那么，尼采的"上帝之死"就是让人摆脱任何的历史理论预设与绝对价值对个人主体性和创造性的束缚与僭越。然而，尼采在试图揭露超越个人之上的绝对与神圣的虚伪性之后，又使人与人之间的相互认同感缺失而彼此处于原子化的不可通约的状态。随着现代西方文化观念分崩离析而处于碎片状态，尤其是在传统社会中最基本、最平常的伦理观念在现代社会中都无法达到最起码的道德共识和践行时，人们不得不诉诸法律和政治等社会制度层面的强制措施。然而，再好的制度如果没有人与人之间的社会认同以及真、善、美等价值观念的提升，最终都无法内化为人的自觉行动。

尼采哲学在对个人的自觉性和创造性的张扬、反对历史对个人活动的额外压抑和束缚这一点上，具有划时代意义。但尼采完全抛弃以理性为基础确立的近代理性主义主体性观念却有一种理论上的冒险，也有因噎废食的心理倾向，对人们的实践活动也易产生误导。其实，以理性为基础建构的传统理性主义主体性观念并不像现代人所批判的那样一无是处，相对于现代的极端个人主义、自由主义观念，它至少有一个优点：人能够通过无法达到的绝对与神圣来映照人自身的有限。同时，人又不是消极被动的，人可以通过自身的"理论理性"与"实践理性"的统一来克服自身的有限性而趋于绝对与神圣。马克思也认为，人的主体性是人的能动性与受动性、人的自在与自为的内在统一。然而，现代西方价值观在尼采之后强烈拒斥形上学，在获得自身理论发展的同时，也取消了人的高尚性、超越性及内在的精神价值。极端的个人主义对他人和社会，乃至对人类赖以生存的自然环境缺乏最基本的伦理认同感。那么，从最根本的意义上说，人也不可能完整地认识人自身存在的意义和价值。这就是"上帝之死"所带来的人的主体性悖论。个人彻底自由了，却不知道自己应该做什么；没有共同的历史总体性（卢卡奇语）的提升，人就失去了超越性。在这个充分世俗化的现代社会，人的内心深处同样渴望一种崇高与神圣，但由于现代西方社会的主体性观念与传统文化（包括近代的理性主义）决裂，致使现代社会失去传统文化的根基，现代人处于"无家可归"的流浪状态。更为令人忧虑的是，一旦现代人都将"自我"的空虚感寄托于平面的人或物，诸如明星崇拜、拜金主义、消费主义等，这将是现代人主体性的最大悲剧，也是极端个人主义的必然结果。

（3）个人主义的文化困境

应该说，个人主义在内涵上不完全等同于今天的纯粹利己主义，因为个人主义的产生根源于基督教的源初教义中人与上帝的非中介性的直接沟通，无论所处社会地位的高低，还是拥有金钱财富的多寡，按照价值和尊严的尺度，每个人在上帝面前都是平等的。即使到近代的宗教改革运动时期，这种以源初教义的基督教为文化背景的个人主义还仍然充满了一种超越孤独"自我"的崇高精神追求，对人的价值、尊严和自主性的强调都有合理性的内在限度。韦伯在分析资本主义产生根源时指出，与人们通常的理解不同，除了西方社会所特有的理性主义观念外，新教禁欲主义而非享乐主义，才是西方近代资本主义社会得以产生的重要原因；当代西方社会盛行的享乐主义和消费主义只是资本主义脱离基督教的文化底色、背离新教伦理精神的结果。与中世纪相比，这种近代新教的禁欲主义在自由度上还是要宽泛了很多，但有一点仍然与前者是相通的，就是"使人摆脱非理性的冲动的影响，摆脱对外界和自然的依赖。……使人服从一个至高无上的、带有某种目的的意愿，使他的行动得到经常的自我控制，并且让他认真考虑自己行为的伦理后果"①。也就是说，个人要按照上帝的旨意去合理地追求和享用财富，"应当永远安守上帝给他安排的身份、地位和职业，把自己的世俗活动限制在生活中既定的职业范围内"②。但令韦伯堪忧的状况是："今天，宗教禁欲主义的精神虽已逃出这铁笼（有谁知道这是不是最终的结局），但是，大获全胜的资本主义，依赖于机器的基础，已不再需要这种精神的支持了……天职责任的观念，在我们的生活中也像死去的宗教信仰一样，只是幽灵般地徘徊着。当竭尽天职已不再与精神的和文化的最高价值发生直接联系的时候，或者，从另一方面说，当天职观念已转化为经济冲动，从而也就不再感受到了的时候，一般地讲，个人也就根本不会再试图找什么理由为之辩护了。"③ 由此，人的认识或行动的唯一合理根据除了他个人本身以外，再也无法甚至也没有任何必要寻找"超我"的更为宏大的本体论基础。在传统社会中个人得以安身立命的和谐"大宇宙"让位于现代社会的各个孤立的、原子化的个人单子。个人主义也由对人的尊严和价值的合理的、积极的张扬蜕变为只为个人自身利益考虑的利己主义或主观主义，"与之相对，自然、非西方世界的'文化他者'（the cultural others）以及更深刻的是作为文化精神存在的人类心灵都被边缘化和虚幻化了"④。这是现代性信仰缺失的重要根源之一。

按照史蒂文·卢克斯分析，个人主义的基本观念包括以下几

---

① ［德］马克斯·韦伯：《新教伦理与资本主义精神》，91 页。
② 同上书，62～63 页。
③ 同上书，142 页。
④ 万俊人：《现代性的伦理话语》，151 页，哈尔滨，黑龙江人民出版社，2002。

种：人的尊严、自主、隐私、自我发展以及抽象的个人等等。其中，人的尊严或对人的尊重是平等思想的核心，而自主、隐私和自我发展等则代表了自由的三个侧面。① 平等和自由是构成现代社会文化观念不可或缺的重要组成部分。在卢克斯看来，现代社会中自由的"三个观念就是这种尊重的根据，而且实际上，它们主要包含在对这种尊重是什么所作的解释之中"②。也就是说，对人的尊重即平等的理解可以体现在或还原为自由的三种要素。这是在现代社会中占主导地位的对自由和平等相互关系的理解。现代社会相信"人是白板"，人后天所发生的一切都是人自身自我设计、发展和塑造的结果，人命中注定自由。对这种绝对自由观的顶礼膜拜使现代人陷入抽象的"自我镜像"中而无法解脱。其实，自由的三个要素只是人与人平等相待的必要保证，但不是充要条件。如果一个人的行为做不到自主、自我决定或基本的隐私权受到保护，很难说这个人是自由的，更谈不上平等。但仅仅把平等的问题归结为自由的三个要素，势必把复杂问题简单化、把多维的问题片面化了。现代社会并没有充分实现近现代启蒙思想家，如洛克、霍布斯和康德等所极力主张的"自由意味着平等"，而是在现代社会的文化观念中，自由和平等之间的矛盾或冲突处于非此即彼的二元对立中。卢梭认识到了现代性的这一症结。"人是生而自由的，但却无往不在枷锁之中"，这主要是卢梭针对王权专制论者"人是生而不自由的"③ 命题而发的，但他并没有对由近代开始的政治自由主义（个人主义在政治上的变种）表示完全认同，而是认为这仅仅是"新的奴役"的开始。卢梭认为，相对于现代人的自由来说，平等原则应该更具有优先性，"如果人们不能平等相处，又怎么能宣布人人自由呢？如果

---

① 参见［英］史蒂文·卢克斯：《个人主义》，115 页。
② 同上书，123 页。
③ ［法］卢梭：《卢梭文集》，何兆武译，11 页，北京，红旗出版社，1997。

人们既不能平等，又没有自由，他们又怎么能以兄弟般的情谊相亲相爱呢？"① 与之观点相应，马克思也认为，现代社会至多也就是实现了个人的政治自由，即"政治解放"，离"人类解放"的终极目标还相距甚远，人类还处于历史的"史前史阶段"，不停地逡巡徘徊！

正是由于现代社会强调个人自由的普遍优先性原则，使人与人之间实质上的平等处于受支配或从属的地位，而将平等原则简单还原为自由的三个要素。这只是实现了形式上的平等，也就是一般情况下所说的"机会的平等分配上"。换言之，在个人自由的普遍优先性原则的支配下，现代社会成了每个人竞相追逐自我利益、自我发展的"竞技场"，承诺"私利"就可达到"公利"，其结果也只有少数人在其中的"博弈竞技"中获利最多，并主宰和控制着"竞技场"的游戏规则。卢克斯在分析"抽象的个人"时切中了个人主义的问题要害，"根据这一观念，个人被抽象地描绘成一种既定的人，有着既定的兴趣、愿望、目的、需要等等；而社会和国家则被描绘成或多或少满足个人要求的实际的或可能的社会安排体系。按照这种看法，社会政治规章制度统统都是一种技巧，一种可变的工具，一种能够独立完成既定个人目的的手段"②。因此，在现代社会中，相对于个人来说，社会、国家等共同体不过是每个人意志或权力的或松或紧的集合而已，没有任何"超我"的普遍的终极维度，人与人之间缺乏内在情感沟通和认同的根基。格里芬总结了现代性与个人主义之间的关系，他说："然而，无论如何解释，现代性总是意味着对自我的理解由群体主义向个人主义的一个重大转变。现代性不是把社会或共同体看成首要的东西，'个人'只是社会的产品，仅仅拥有有限的自主性，而

---

① ［法］皮埃尔·勒鲁：《论平等》，王允道译，5 页，北京，商务印书馆，1988。
② ［英］史蒂文·卢克斯：《个人主义》，68 页。

是把社会理解为为达到某种目的而自愿地结合到一起的独立的个人的聚合体。"① 而近代西方社会由笛卡尔开创的二元论确认了个人主义在哲学及社会生活中的合法地位，他假定了能够脱离他人、自然的孤立个人的绝对存在，个人之外的自然界成了毫无知觉的机械性存在，同时，每个人对于他人来说都具有优先性。这样，每个人成了实体性存在，这个实体乃是无须凭借任何事物就成为自己的东西。从个人主义来看，个人之外的价值都是虚无。但若换个角度来看，个人主义自身所固守的价值已陷入虚无主义，它抛弃掉的价值对个人自身来说恰恰是其所欠缺的对人生整体意义的渴望。

奥伊肯说："个人主义的文化乐于面对生活本身，但是由于它从不可能超出孤立的状态与瞬间，我们无法看到生活整体，也不可能拥有任何内在性或任何内在的世界。于是，在这里，灵魂依然缺乏；我们的主动性仍不可能超出表面的东西。在这两种情况下，灵魂都没有任何真正的自我自觉性。"② 这正是现代社会的一个悖论，张扬个人的独立价值与判断却导致个人的虚无主义和个性的缺失。在前现代社会中，人们认为社会是整体，个人应该服从社会共同体，人们之间的交往是多维度、深层的，而不单纯是经济利益上的往来。人们常常把自己看成较大秩序的一部分，依赖于更宏大的"宇宙秩序"，一个"伟大的存在之链"（great chain of Being），人们在自己的位置上与神、天体和世人同侪共舞。这些"宇宙秩序"或"存在之链"在限制人们的同时，也赋予人们生活的意义和价值，使人们自觉地约束自己的行为，而不会为了眼前的短暂利益而放弃人类的终极关怀，不会只顾个人的生活幸福而失去更为宽阔的视野。相反，现代性恰恰是出于对这种超越个人自身的"宇宙秩序"

---

① ［美］大卫·雷·格里芬编：《后现代精神》，5页。

② ［德］鲁道夫·奥伊肯：《生活的意义与价值》，万以译，39页，上海，上海译文出版社，1997。

的怀疑，其结果是现代的"这种个人主义导致以自我为中心，以及随之而来的对那些更大的、自我以外的问题和事务的封闭和漠然，无论这些问题和事务是宗教的、政治的，还是历史的。其后果是，生活被狭隘化和平庸化"①。这种抽象的个人无视自身之外的关怀而沉浸在自我的浅薄和放纵之中，也不能自觉地独立承担自身的道德责任，不能整合自身的局限于当下生存境遇的碎片化的生活方式。"卸载"了宇宙的终极实在的道德制约，个人似乎获得了完全的自由，成为一个道德自律的人。然而，个人虚无的"无法承受之轻"往往又导致新形式的集体主义依赖，反过来会更加促使人放弃自身的道德责任而投身于现实的理性化的现代性机制。对于这种从传统社会到现代社会所发生的人的状况的根本改变，别尔嘉耶夫概括得很清晰："在中世纪，人生活在行会中，生活在有机的整体中，并不感到自己是一个游离的原子，而是整体的一个有机的部分，觉得自己的命运与整体休戚相关，血肉相连。所有这些，在近代史的末期中断了。新人游离出来。人一旦变成被隔绝的原子，他就充满莫名的恐怖感，他靠联合为集体来寻找出路，以期克服和停止这种孤独和失落，免受死亡的威胁、精神上和物质上饥饿的威胁。在此基础上，由这种原子化也就产生转向集体主义的过程，建立新的本原，人从中寻找摆脱孤独的出路。"② 在现代社会中，似乎一个人只有完全融入现代性的"大熔炉"，完全局限于此种唯一可能性，才能感受和体验到自身的主体性力量和自由，可以无休止地奔忙追逐，热切地抬高自己的价值，自负地推行自己的主张而反对其他人的要求，至于"生活被异己的而非自己的兴趣所占据；缺乏内在的问题或内在的动机；没有纯粹的热情或真诚的爱"③。这些都是个人

---

① ［加］查尔斯·泰勒：《现代性之隐忧》，程炼译，17 页，北京，中央编译出版社，2001。

② ［俄］别尔嘉耶夫：《历史的意义》，128 页。

③ ［德］鲁道夫·奥伊肯：《生活的意义与价值》，98 页。

为了自身的功名利益而值得放弃的小小代价，或直接交给哲学家才思考的形上问题。

三、现代性的展开及其哲学伦理学反思

工具理性主义和个人主义是启蒙运动以来现代性形成的两个最基本原则，"对个人重要性的强调和对个人理性的信赖是互相联系的，缺少个人主义和理性主义中的任何一个维度，启蒙精神都不成其为启蒙精神"①，同样，现代性也就不成其为现代性了。现代性的其他一些原则大都是由这两个基本维度派生而来。比如，人类中心主义、自由主义和功利主义是由个人主义延伸而来，科技主义和实证主义是理性主义的另一种表现形式，等等。然而，工具理性主义和个人主义的泛化及过度发展又常常被解释为现代社会变革的"副产品"，被解释为工业化、社会的流动性和城市化的派生品。其实这是对现代性本质认识和反思的一种遮蔽。如果按照这种方式来理解现代性本质，那么就暗含着一个推论，似乎随着现代社会的发展，启蒙以来的现代性自身会自动消除工具理性主义和个人主义的泛化及过度发展所带来的消极后果，根本不需要再去追寻其他可替代当下现代性价值的可能性。事实恰恰相反，正是这两个方面才构成了现代性价值得以展开的原则性基础，是现代社会得以发展和延续的内在力量或动力机制。因此，工具理性主义和个人主义作为现代性价值的内在核心对社会生活的各个方面起着支配、宰制和主导性作用。那种将它们的相互关系本末倒置的做法无非想转移人们的理论视线，将人们的注意力投向现代性的一些细枝末节问题上而忽视构成现代性最本质的原则或基础。总的来说，现代性的展开则是通过工具理性主义和个人主义这两个基本维度具体体现在整个社会

---

① 卢风：《人类的家园》，13 页，长沙，湖南大学出版社，1998。

的经济、政治和文化等子系统中，对现代人的价值观及乌托邦精神
的消解产生的深层影响。

1. 以市场经济为参照系的现代性

市场经济是现代社会占主导的经济类型，对现代社会和现代人价
值观的塑造起到至关重要的作用。某种程度上说，在现代社会中不能
把市场经济仅仅看成是一种特定的经济模式，实际上它的作用远远超
出了本身所应具有的经济功能，而是一种普遍化极强的社会和文化现
象。特别是随着社会主义阵营的瓦解，计划经济模式日渐式微，市场
经济的全球化扩张处于不可阻挡之势。正是市场经济使现代性的核心
价值在全球范围内普遍扩展，体现在社会生活的各个方面，深入到人们
的工作、生活、娱乐、日常生活乃至心理的和本能的领域。那么，如何
来看待市场经济，特别是市场经济与道德乌托邦有何关联，市场经济对
现代人的生存方式和交往关系的塑造又如何？在这里，我试作分析。

（1）市场经济的合理性

与传统社会不同，现代社会是以经济为中心或参照系的社会整
合系统，在前现代历史时期没有任何一个社会能够把仅仅是社会生
活中的一个方面即经济领域提高到如此普遍的核心地位，这其中，
市场经济起到了至关重要的推动作用。在现代西方社会中，经济领
域形成了以市场经济为核心的经济体制和强势的社会、文化整合系
统。作为现代性的重要内容，市场经济成为了古希腊和中世纪存在
的自然经济的对立物，并以自身强大的世俗化力量瓦解了中世纪的
自在自发的经济体制，成为了现代资本主义主导的经济体制。吉登
斯就认为，资本主义是现代性的又一维度①，而其基础和动力恰恰

---

① 参见［英］安东尼·吉登斯：《现代性的后果》，田禾译，49 页，南京，译林出
版社，2000。在这本书中，吉登斯把现代性分为四个制度性维度：资本主义、工业主义、
监督机器和对暴力工具的控制等。

来自于市场经济的发展。也就是说，市场经济的发展为这种现代性的展开提供了充分的现实基础和物质保障。

马克思曾把人类历史分为前资本主义、资本主义和共产主义三个阶段，资本主义的产生和发展是在前资本主义的"共同体"解体、真正的"市民社会"充分形成的基础上进行的。在前资本主义的自然共同体阶段，一般情况下个人缺乏独立性，个人从属于自然界和一个较大的社会整体，依靠自然的天然纽带诸如地域、血缘等方式将人们联合在一起；而到了资本主义的"市民社会"，情况发生了很大的变化，相对于个人来说，社会联系的各种形式只是表现为达到他私人目的的手段或工具，人类得以联系的纽带不再是天然的内在情感、地域的其乐融融或某种其他的自然因素，而是赤裸裸的物质利益关系或某种"人造物"（金钱、商品或权力），人被自己所制造的东西所奴役，即"物化"、"异化"。马克思把这一阶段的特点归结为"以**物**的依赖性为基础的人的独立性"，"家长制的、古代的（以及封建的）状态随着商业、奢侈、**货币**、**交换价值**的发展而没落下去，现代社会则随着这些东西一道发展起来。……以交换价值和货币为媒介的交换，诚然以生产者互相间的全面依赖为前提，但同时又以生产者的私人利益完全隔离和社会分工为前提，而这种社会分工的统一和互相补充，仿佛是一种自然关系，存在于个人之外并且不以个人为转移。普遍的需求和供给互相产生的压力，促使毫不相干的人发生联系"①。在马克思看来，在前两个社会阶段中，人们之间的结合都具有自在自发的性质，只有到了共产主义社会，人们的联合才真正形成了自由自觉，"将是这样一个联合体，在那里，每个人的自由发展是一切人的自由发展的条件"②。从现代

① 《马克思恩格斯全集》，中文 1 版，第 46 卷（上），104 页，北京，人民出版社，1979。

② 《马克思恩格斯选集》，2 版，第 1 卷，294 页。

性价值来看，现代人的主体性已经充分提高，人与人之间的联合和活动是自愿的、公平的，但在以市场经济为物质载体的经济主义的催生下，人与人之间的"物的依赖性"展露无遗，人与人之间是赤裸裸的物的关系，正是这种"物的依赖性"阻碍了人们之间关系的丰富性，也遮蔽了人与人之间源初的本真性关系。

与吉登斯一样，马克思也把资本主义作为现代性的一个重要维度，正是资本主义的片面发展使现代性陷入重重危机。资本主义社会并不是像有些人所说，是迄今为止人类发现的最好、最符合人性的社会发展形式，事实上，其历史使命仅仅是为人的自由全面发展创造坚实的物质前提，并在自身的限度内直接发展人的能力、潜力和超出自然必然性的新的历史的需要。资本主义社会是以资本为基础的生产方式，它创造了普遍"有用性"的社会发展体系，一切自然属性和人的属性都只是附属于这一生产体系的有效齿轮，"再也没有什么东西在这个社会生产和交换的范围之外表现为自在的更高的东西，表现为自为的合理的东西。因此，只有资本才创造出资产阶级社会，并创造出社会成员对自然界和社会联系的普遍占有"①。在后马克思时代，即使资本主义的经济制度做了一些重大的调整，就是将资产阶级的对立面即无产阶级融入了资本主义的经济发展体系中，使无产阶级在这一经济体系中同样获益，资本主义的经济主义本质并未因此根本改变，反而却因经济的全球化而得到强化和巩固。这一重要的经济调整使在马克思时代就苟延残喘的资本主义获得了更加旺盛的生命力，现代的市场经济也由此处于蓬勃发展之中。尤其是，在国际上社会主义国家的经济类型纷纷由计划经济向市场经济转型，人们一时都把社会主义建设中的种种弊端统统归咎于计划经济；市场经济的"人气指数"在节节攀升，以至人们都很

---

① 黄楠森等主编：《马克思主义哲学史》第 2 卷，211 页，北京，北京出版社，1996。

难发现市场经济还可能存在什么弊端。即使市场经济的运作偶尔会出现一些不尽如人意之处，人们也会理所当然地认为，这不是市场经济的内在原因所致，而是人为的一时失误而已。可以说，只有市场经济才能够使我们进入现代社会，奠定了现代性价值展开和生成的基础。

诚然，在现代社会中，市场经济得以存在和蓬勃发展有一定的经济合理性和道德理由。作为迄今为止人类社会最为先进合理、最具有创造性的经济模式，市场经济已被实践证明是最有效率的。马克思虽然也曾指出市场经济存在很大的盲目性，但他也不得不承认，正是由于市场经济的存在，资本主义社会才创造了比此前人类社会全部文明之总和还要多得多的物质财富，这也是迄今人们迷恋于市场经济的重要原因。市场经济除了具有经济上的合理性外，它本身还具有一定的道德合理性，否则也不会为人们所广泛接受和认可。这种道德合理性主要体现在以下两个方面。第一，原则上说，市场经济创造了丰富的物质财富，能够使人类分享商品，给人类的生活带来极大的方便和舒适，为人类追求和实现自身的幸福生活目标，创造了前所未有的社会物质生活条件。传统社会的自在自发的自然经济只能给人自身提供极其有限的物质享受，人们只能在精神世界中寻求一种幸福的寄托，很大程度上压抑了人的感性的丰富性。与之相比，市场经济在这方面确实内在地具有一种人本主义精神。第二，市场经济打破了传统社会以血缘纽带和地域情感为依托的交往方式，使人与人之间的交往范围扩大，人与人之间原则上没有等级贵贱之分，在市场经济面前人人平等、事事平等。人们不再会因为政治权力、生活传统、种族性别、信仰差异等社会政治和文化因素所赋有的先定因素束缚而彼此隔绝，正是由于这种限制的解除，每个人都有充分的主权参与市场经济，达到自身利益的最大化。

（2）市场经济对道德乌托邦的精神挤压

虽然，市场经济本身具有道德的维度或道德的合理性，但这仅仅是在最理想化的理论层面上说的，而在现实的社会发展中，市场经济的另一面即追求效率的最大化发展到极端，必然会使市场经济本身的道德合理性丧失，成为反道德、反社会的经济模式。市场经济原本应与人的道德理性、精神生活同处人类社会生活的不同层面，与社会生活形成必要的张力，以此保持人性的整体和谐，毋宁说，它只是为了满足人的最基本的生存需要而展开的一种经济模式。但是，如果人类在物欲享受的刺激下，缺乏对市场经济的文化制约和道德批判，就会片面夸大市场经济的效率至上的功能而忽视社会的公正分配和道德理性，使市场经济处于无节制的自由放任的发展状态，其后果就会使市场经济走向道德生活的反面。在资本主义发展的初期，这种情况表现得最为明显，商品由于相对过剩而被废弃，大多数人则因购买力下降而处于极度物质匮乏中。尽管由于晚期资本主义社会做了一定的自我调整，采取刺激消费的方式而不再出现"以奶填海"的浪费现象，但采取刺激消费这种暂时的权宜之计又会使市场经济的另一种更大的破坏性异常凸显，即生态环境恶化、物质资源日益匮乏，以及消费主义、享乐主义等问题。原本只是由于资本家的无节制在市场经济中疯狂攫取利益而导致的周期性经济危机，转化为当今在资本的物欲刺激下而产生的整个人类社会的集体无节制的消费主义和享乐主义。这样，盲目开发、掠夺性的资源攫取、自由放任的资源浪费以及对生态的严重破坏等都有可能超过我们赖以生存的地球所能承载的最大限度负荷，这不但会与"为人类谋幸福"的初衷背道而驰，还会使人类冒着自我毁灭的巨大危险。然而，当今的实际状况是，现代的市场经济正在趁着全球化浪潮的冲击力，似乎要把所有人或个性的文化主体都卷入到现代性的利益角逐中，在这种强势的市场同一性逻辑支配下，每个人都渴望从中得到自己应得的利益，以满足现代人求利的基本天性。

其实，以上只是市场经济的过度发展的盲目性所带来的显性征候，而它对人类社会生活更隐性的深层消极影响反过来又加重了现代人对市场经济的绝对依赖和顺从。这种深层的消极影响主要体现在对现代人的交往方式、生存方式和性格结构的塑造等方面。

就现代人的交往关系来说，我们知道，市场经济扩大了人与人之间的交往范围，使人不再局限于既定的时空区间，经济的全球化更是使人与人之间的交往日益频繁，但这决不意味着现代社会中人与人之间的"交往质量"也在随着交往次数的增多和交往范围的扩展而日益提升。事实恰恰相反，在现代社会中，人与人之间的交往更多地受金钱和权力的驱动而使"交往质量"不断下降，人们之间的交往已经越来越趋于工具化、理性化，交往目标变得非常明确，就是要达到每个人的自身利益的最大化。除此之外，至于人与人之间的情感沟通与持久、道义上的互助与认同，乃至牺牲个人的利益而达到整体的和谐等等，都似乎与现代人的工具化的交往方式相悖，"应该由其他标准来确定的事情，却要按照效益或'代价—利益'分析来决定；应该规导我们生活的那些独立目的，却要被产出最大化的要求所遮蔽"[1]。与商品经济和市场逻辑这一现代性历史前提相适应的"经济人"，作为利己动机至上的人格，只能是一种经验的存在，亦即服从肉体本性之要求的经验主体，从而使人成为知识论的探究对象。交往的工具化、理性化本应只属于市场经济范围内的交往原则，即"经济人"，但在现实社会生活中，这一原则扩展到整个社会，甚至渗透进人们的日常生活和以血缘为纽带的家庭氛围中，严重浸染了人们的完整的生活世界。对工具理性的信念逐渐脱离了人们道德之维的轨道而成为主宰人们交往关系和精神世界的重要砝码；只要能够给个人自身带来物质利益，而不论人们的道德看法如何，甚至是否需要道德看法都遭到怀疑！假如在当今现实社会生活中人们都处于冰冷的利益交换关系，以市场经济的交往原

---

① ［加］查尔斯·泰勒：《现代性之隐忧》，16 页。

则来处理社会生活的各个方面的问题，尽管这种交往较传统社会更加规范化、制度化，那么，人的交往的本体论意义就会彻底丧失，人也就不再可能渴望成为"道德人"，或者说，"道德人"的形象将变得越来越黯淡，道德将成为整个社会的稀缺资源。

在市场经济条件下，"经济人"和"道德人"是分裂的，个人获得了经济与政治上的独立，但并未获得文化意义上"个体人格"的独立与完整。个人作为分裂的"自我"无法总体性地谋划自己的人生，只能单向度地设计和计算自己的未来，很难形成对未来社会发展的乐观看法或人类和平共处的道德乌托邦观念。在现实面前，人只能在利益杠杆的驱动下，服从市场经济的"铁的规律"。迷信市场经济的人以为，通过市场的运作，个人追逐"自利"的行为会自动带来整个社会的"公意"，产生善意的道德影响，这种假设显然是一个悖论，因为只有个人对"自利"行为的自觉限制才能产生出道德行为，那么，自利的放纵如何能够导出道德行为呢？当然，在市场经济条件下，生产商品或提供社会服务同样必须考虑他人和社会的需要，如果说，这种对他人需要的考虑也是一种"利他"行为的话，那么，这种"利他"是服从自我利益最大化的需要，是以个体自我为中心的考虑。如果离开了这个大前提，这种"利他"行为在市场经济运作中是绝对不划算的。

以"自利"为轴心的人与人之间的交往是松散的，作一个形象的比喻，这种交往如同沙子的聚合要由风的力量大小来决定一样，人与人的交往也是由利益的大小来决定的。在这种现实的交往关系中，"没有永恒的朋友，只有永恒的利益"。对于市场经济的个人占有性主体来说，未来的社会发展和历史的总体进步都一并作为乌托邦被抛弃，认为这如"水中花"、"镜中月"一样虚无缥缈，永远无法兑现，因为对市场经济的利益主体来说，无法实现的东西没有任何的存在意义和价值。

这样说，并不是指现代的个人不想承担自身的道德责任，以获得与他人、自然和社会的内在统一，而是指个人的占有性主体无法抽身于市场经济的同一性逻辑。可以说，现代社会就是以市场经济为基础对社会生活的一种整体塑造，由此，"现代社会是一个完全以追求占有为宗旨的社会，重存在的生存方式的例子极为罕见，绝大多数人都把占有看做一种自然的、唯一可能的生活方式。这使得人们特别不容易理解这只是一种价值取向，还有另一种不同的生活方式，特别不容易理解居然还有另一种活法"①。假如当下的现实生活成了必然的、无法逃避的命运，那么，即使生活于其中的个人再独立、自由，这种生活实质上也是无法忍受的。然而，回归本真性生活的道路似乎已经关闭，现代人在市场经济的文化挤压下似乎已看不到通往未来历史的希望之路！

（3）市场经济对现代人生存方式的深层影响

在生存方式上，如果说在传统社会中人们的生存方式是注重节制，注重精神生活的满足而轻视物质需要的话，那么，现代人的生存方式则是重消费主义和享乐主义，重此生此世的快乐，而不是追求精神上的幸福。现代人的这种生存方式的形成在很大的程度上来自于市场经济的现代魔力，是市场经济自主选择和推动的结果。市场经济存在的合理性莫过于它把在传统社会中潜藏和压抑已久的人对物质满足的渴望充分释放出来，让人们能够在获得物质财富中体验人生的某种幸福和完满。然而，现代的市场经济的发展程度已远远超出其所应具有的必要的限度，突破了其内在的合理性而走向非理性，把人对物质欲望的满足看成是推动经济发展、社会进步的决定性力量，是符合人性的最根本要求。这样，当一个人把消费商品的愉悦当作人生的最高快乐时，他的工作、生活和家庭都将成为他获得物质欲望满足的手段，这失去了人类生活原有的丰富性。这种

① 郭永玉：《孤立无援的现代人：弗罗姆的人本精神分析》，199页，武汉，湖北教育出版社，1999。

实际上简单而乏味的单纯物质享受的快感并不会真正引导人精神上持久的愉悦，反而会造成一种更大的精神空虚感。填补这种空虚感的往往不是回归他原本的丰富的生活，而是投入到最大限度地追求物质满足的怪圈中。这就是说，在现代的市场经济中，消费商品不再是满足人的基本"需要"，而是被无限扩张的各种虚幻的消费"欲求"① 所支配；不再是维持个体的生命存在和延续，而成了一种幸福、荣耀、尊严、价值、成功和地位等方面的象征。这致使现代人在虚假的"欲求"的强烈刺激下过着消费享乐的生活，而遮蔽了生命的最本真的需要。由此，"奢侈"和"享乐"不再是贬义的概念，而是人们争相去追逐的最高价值理想，节制和勤俭则成了过时的"美德"被抛弃掉。正如维尔纳·桑巴特在谈奢侈的成因时说："一旦个人将自己的生命从一代代人无尽的生命之流中分离出来，他自己的生命长短便成为他享有的尘世欢乐的尺度。他个人也将力图尽可能多地体验不同的生活模式。"② 当人从类存在中抽身而把自己尘世的物质享受当作人生的最基本尺度时，享乐主义也就成了人生的最理想生存方式了。因此，对物质财富的无限追求以满足自身的享乐替代了人自觉地限制自身而对神或上帝的无限性精神追求，人的想象力与创造力都集中于如何获得自身欲望的最大限度的满足。

一方面，现代人对无限性追求目标的替换致使人的理想主义缺失，可以看到，能够把消费主义和享乐主义作为人类社会最理想的生存方式，这反映出现代人的理想已经黯淡了，或者说，作为真正

---

① "需求"和"欲望"是两个概念。丹尼尔·贝尔将这两个概念区分开，他认为："资产阶级社会与众不同的是，它所满足的不是需要而是欲求。欲求超过了生理本能，进入心理层次，因而是无限的要求。"这里所说的"欲求"实质就是"欲望"。参见［美］丹尼尔·贝尔：《资本主义文化矛盾》，赵一凡、蒲隆、任晓晋译，68 页，北京，三联书店，1989。

② ［德］维尔纳·桑巴特：《奢侈和资本主义》，王燕平、侯小河译，123 页，上海，上海人民出版社，2000。

意义上的社会理想在现代社会已经很难存在了。别尔嘉耶夫在谈到"人的理想"问题时说，"人的理想只能是完整人的理想"。在古代希腊罗马世界有智者的理想，其内容是"对待生命的完整态度，它包括整个人，它意味着对生命恐惧、痛苦和恶的胜利，意味着获得内在的安宁"①。此后，基督教世界提出了圣徒和骑士的理想，而从近代开始，这样的人的理想形象没有了，取而代之的是被现实的经济、社会和政治生活完全同化的人的形象，即被欲望所奴役、被享乐所驱使、缺乏本真性和精神自由的资产者的形象。资产者正是利用市场经济的同一性力量将享乐主义生存方式扩展到社会生活的各个方面，以此达到自身利益的最大化。消费主义和享乐主义一旦盛行于整个社会，人们就只会关心当前的物质欲望的满足，而不再顾及子孙后代的长远利益，更不会考虑人类社会的长远发展和历史的总体进步。反过来讲，当人们不再关心未来的时候，人也就卸载了自身所应具有的道德规范和约束而毫无顾忌地去及时行乐了。现代人就是在这种自我编制的神话中作茧自缚，乐此不疲。

另一方面，现代人对无限性追求目标的替换直接导致了现代社会的生态危机。学者卢风教授认为，与古代人把无限性指向精神的禁欲主义不同（尽管容易造成人格扭曲，但并不致引发人类灭亡的危险），现代人错误地把对无限性的追求过于集中在物质需要的满足而走向消费主义和享乐主义生存方式，从而，引发全球性的生态危机。正是这种现代的市场经济内蕴的现代人最理想化的生存方式即消费主义和享乐主义，直接导致了人对自然无限度的榨取。盘剥自然的主动性和进攻性，人与自然处于不可缓解的紧张对峙之中。正是这样的疯狂竞争才导致了全球性的环境污染和生态环境的破

---

① ［俄］别尔嘉耶夫：《论人的使命》，张百春译，315 页，上海，学林出版社，2000。

坏。只要人类对无限性的追求仍受享乐主义和经济主义制约而集中于物质领域，就别指望人类能有效地保护自然环境和维护生态平衡。① 因此，有必要把精神生活的快乐和幸福作为人生与社会追求的目标，转变现代人享乐主义生存方式，将现代人对无限性的追求延伸到超验的精神领域，只有这样才能让现代人重新学会在传统社会中体验到的"诗意地栖居"。当然，人不可能完全回归到人与自然的乌托邦式的和谐状态，但人类可以创造一种文化氛围，这种"人类的文化有助于人类在地球上诗意地栖居？诗意地栖居是精神的产物；它要体现在每一个具体的环境中，它将人类带向希望之乡"②。

综上所述，尽管市场经济本身具有道德的合理性，但如果没有必要的社会规导和限制以及传统的文化制约，包括必要的道德规范，那么，就会使市场经济成为一匹无法驯服的烈马，听之任之，它会反过来对人自身造成巨大伤害。在现代社会中，我们不可能放弃市场这种比较高效率的经济模式，但是，这并不意味着通过市场逻辑就完全可以组织好我们的社会。对市场进行限制固然会付出一定的代价，但是，完全不去限制它们，也将是致命的。我们不是应该，而是必须放弃"相信市场是创新的唯一动力"的现代神话，自觉地认识到"市场确实是伟大动力的同时，市场也是毁灭的动力"③，"市场既不相信过去，也不相信未来，它只相信当下的现实结果和实际利益。这种经济生活规则原本就与超现实的文化理想或价值信仰有着天然的内在紧张，如果失去必要的文化和道德约束，任由经济理性无限扩张，甚至将人类生活世界的一切都市场化、经

---

① 参见卢风：《启蒙之后——近代以来西方人价值追求的得与失》，317～319 页。

② ［美］霍尔姆斯·罗尔斯顿：《环境伦理学——大自然的价值及其人对大自然的义务》，杨通进译，18 页，北京，中国社会科学出版社，2000。

③ ［英］伊凡·亚历山大：《真正的资本主义》，杨新鹏等译，120 页，北京，新华出版社，2000。

济理性化，那么，人类的文化危机和信仰危机就会成为现代社会和现代人不言而喻的命运"①。市场经济不相信无法实现的乌托邦社会理想，它的存在和无限制扩张正是要铲除这个绊脚石，要人们放弃对这种终极性社会理想的追求和期待，而投身到追逐利益的社会狂潮之中。因此，依靠市场经济本身的力量，它永远也无法处理好社会发展的短期利益与长期目标，历史的现在与未来之间的关系。我们不能被现代市场经济的无法比拟的物质创造力所迷惑和极强的社会同化力所左右，因为人是总体性的存在，除了最基本的物质生存需要之外，人还应该有更高层面的精神需要、情感认同、道德要求以及对未来历史的终极关怀，还需要考虑人类未来的生存与发展。这些都迫切需要人类在一定程度上学会放弃眼前一些美好的东西，自觉约束自身的单纯求利的行为。

2. 政治理性化操作中的现代性

　　与西方传统社会相比，现代社会的政治和文化受经济理性影响的程度最大，现代政治建构越来越趋于官僚体制化，文化也在逐渐消解崇高与神圣的维度，失去对人的精神境界的提升而沦为普遍为人们所接受的大众文化。政治的官僚化（实质即理性化）和大众文化的传播归根结底都是为了服从经济理性的扩张而展开的。

　　在政治方面，为了促进经济的持久而快速的发展，现代的政治管理必须充分理性化，形成高度严密的组织体系，采用先进的管理技术，因此才能在社会控制方面更加高效。韦伯指出，现代政治管理的核心是合理性，即工具理性，其基本建构理念就是追求效率的最大化。这种依工具理性建构的政治官僚体制的一个重要方面就是它的形式主义和非人格化。它虽然能够消除在传统社会的政治生活中通过私人关系和依靠世袭制的效忠获得政治统治权威，使形式化

---

① 万俊人：《现代性的伦理话语》，155 页。

的和非个人关系的因素上升到支配地位，但在这种政治管理体制中人们之间却普遍缺乏内在的精神支持，在一切关系中都保持一种冷漠的态度。正如韦伯所言："形式主义的非人格化的统治：没有憎恨和激情，因此也没有'爱'和'狂热'，处于一般的义务概念的压力下；'不因人而异'，形式上对'人人'都一样，也就是说，理想的官员根据其职务，管辖着处于相同实际地位中的每一个有关人员。"① 韦伯把这种理性化的政治官僚体制形象地比喻成一架庞大的"机器"，在这架制度的"机器"中，每个人都成了这架"机器"上的一个齿轮或螺丝钉，个人按照自己信仰和理想的价值行动的自由受到了极大的压制，依此方式来确保整个政治管理体制的理性运行和效率充量化。

就统治形式来说，与前现代的"卡里斯马型"和"传统型"统治的具体政治管理的非理性方式不同，现代的政治统治形式是"法理型"统治，它按照实证主义原则把社会关系和社会行动的各个方面都看成可计算的和可度量的，因而为可预测性提供可能，为合理性的社会组织和经济组织的形成提供了法律上的保障。韦伯认为，随着世界的合理性的程度（"祛魅"）加深和普遍化，人的目的——工具理性——对达成既定的政治统治目标更为有效，而为不计后果的激情、理想和信仰所驱使的价值理性会逐渐从政治管理体制的程序合法性中排除出去。而这种价值理性的排除正是在现代政治领域中人的意义和自由丧失的基本表现。在这种政治管理体制中每个人为了自身的利益考虑都紧盯着他想要得到的职位，为此他必须完全服从上级的权威，以实现他梦寐以求的职位上的相应权力。人的完整的心灵在这种政治权力的追逐中都被具体的职位分工切割成碎片而看不到心灵的整体。人的具体行为操作的完全理性化恰恰证明了

---

① ［德］马克斯·韦伯：《经济与社会》（上），林荣远译，250～251 页，北京，商务印书馆，1997。

人的工作性质总体上的非理性，人处于非反思的状态中。正如卢卡奇在分析"物化"概念时指出，物化的基本结构可以在现代社会的一切社会形式甚至官僚政治中找到，"在官僚政治中被物化了的人，就连他的那些本来能促使他起来反抗物化的机能也被物化、被机械化、被变为商品了，甚至他的思想、感情等等也被物化了"①。在这里所说的官僚政治中人的"物化"与人的"理性化"是完全一致的，而要使这种凝固的本能、思想熔化开却比使感性存在熔化开要困难得多。

韦伯对此不无悲观地说，这种理性化的政治管理体制已扩展到整个现代社会，不仅存在于政治领域，而且也渗透到其他社会生活的各个方面，"这种对官僚制的追逐真使人绝望透顶。就好像在政治中……我们只需要'秩序'，此外别无他求；倘若一旦秩序发生动摇，我们就会感到六神无主，畏葸不前；倘若完全脱离了秩序，就会感到孤立无援。难道世界有朝一日只有这种人而没有别的人存在吗？我们现在已经完全被卷入了这样一种进化过程，现在最主要的问题不是怎样促进和加速这一过程，而是设法反抗这个机器，免于灵魂被分割标价出售，摆脱这种至高无上控制一切的官僚式生活方式，以保持人类中一部分人的自由"②。这种现代政治管理的理性化操作以及对社会生活各个方面的主宰走向极端所导致的后果是非常严重的，这不是韦伯个人的危言耸听，而是有着现实的可参考的事实作为例证。鲍曼在以第二次世界大战的例子来解读现代性时指出，当时的集中营大屠杀规模之空前、杀戮速度之快是前现代的任何时期、任何社会乃至使用任何手段都无法办到的事情，正是现代文明的一些管理成果提供了当时大屠杀得以顺利进行的先决条件。

---

① ［匈］卢卡奇：《历史与阶级意识——关于马克思主义辩证法的研究》，杜章智、任立、燕宏远译，257 页，北京，商务印书馆，1996。

② 转引自苏国勋：《理性化及其限制——韦伯思想引论》，242~243 页，上海，上海人民出版社，1988。

鲍曼说，正是"这种条件——没有这种条件就不会有集中营，不会有种族灭绝的屠杀，这些条件将不可能想象的事实变成了现实——是我们现代文明的成就，特别是同时支持着现代文明的光荣和苦难的三个特点，在远处行动的能力，对行动进行道德约束的失效和它的'园艺姿态'——追求人为的、理性地设计的秩序"①。

在上述鲍曼所指出的集中营大屠杀得以顺利进行和实施的三个条件中，最核心的就是现代政治管理的理性化以及对其他社会生活各个方面的浸染，单向度地追求一种纯粹的、人为的"园艺"式理性秩序。为了达到这个确定目标，现代社会逐渐排除不适应这种理性状况的异己分子，其使用的基本手段就是职能性分工（也即理性化），使"每位行动者只能做一种特定的、不受外界影响的工作并且产生一种没有原定目标、没有关于其未来用途的信息的对象"②。无疑，这种理性化的职能性分工对政治统治乃至其他各个行业的行政管理都会产生高效率的效果，使整个社会趋于一体化。但为此付出的代价也是不容忽视的。因为每个人要想进入这种一体化的政治管理操作系统，成为整体有效运转的一个部件，在一定程度上必须放弃自身的完整性而卸载掉自身所应承担的道德责任，"为了在更高的水平上为人所见，你必须被分化成碎片且抛弃自身的大部分"③。也只有这种碎片化的个人放弃了自身的内在情感和道德约束，保持伦理情操的缄默和冷淡（这常被现代性自诩为"态度中立"），只要不违反最低限度的法律即可，才能使个人的行动轻装前行而不致陷入情感的矛盾冲突和人格认同的分裂状态。由此，我们就不难理解，正是现代政治管理运作中的这种"单面性"人格塑造和养成使第二次世界大战的集中营大屠杀得以顺利进行，让极其残

---

① ［英］齐格蒙·鲍曼：《生活在碎片之中——论后现代道德》，222～223 页。
② 同上书，223 页。
③ Michael Schluter and David lee，*The R Factor*，London：Hodder & Stoughton，1993，pp. 22-23. 转引上书，224 页。

暴的事情却是由那些其实并不残暴的人来完成，"人们已有可能犯下非人的行径而不会觉得自己是丧失人性的"，"在现代性的标签下，邪恶不再需要邪恶之徒。明理的人，那些被现代机构的非人格性的、不置可否的网络深深吸引的男男女女就能异常出色地为恶"①。鲍曼的结论是，纳粹分子集体屠杀犹太人不仅仅是现代文明提供的技术支持，也是现代政治官僚制度的组织成就，如果没有理性化的官僚政治和技术专家的统治与支持，集中营的大屠杀是无法想象的。正是这次集中营大屠杀提醒我们，现代的政治管理制度对于效率最大化的追求是多么刻板，而在道德上又是多么盲目无知！如果让现代性再这样无限度发展下去，此类的大屠杀在人类历史舞台上重演的可能性将无法彻底排除。

3. 大众文化社会整合中的现代性

与现代政治管理的理性化操作同步进行的是，在文化领域，大众文化已进入人们的日常生活，成为人们精神世界的主宰。这里所说的"大众文化"不是指传统意义上的即在一定历史时期多数人所拥有的包括大众的文化传统、习俗和习惯等在内的共同行为习惯和生活方式，以及源于人们生活世界的自在自发、原生态的文化模式，而是指在不断被"祛魅"的现代社会中具有现代意义的、随着文化进入工业生产和市场而产生的世俗性大众文化。它不是人们在生产劳动和社会实践中自发形成的具有浓厚的传统文化底蕴，内含着人类的深层情感体验或寄托的文化形式，而是依靠现代大众传媒技术，人为地、理性化地加以传播和操纵的、能够为大众所接受并可供消费的即时性文化形态。大众文化往往与科学、技术、传媒和信息等现代手段捆绑在一起，具有极强的打破时空限制的扩张力和同化能力，我们这里所批判的正是这种现代性的大众文化形式（以

---

① ［英］齐格蒙·鲍曼：《生活在碎片之中——论后现代道德》，225～226页。

下不特别指出，均是在现代性意义上来理解大众文化的）。

大众文化与高雅文化是两个相对的概念。在传统社会中，大众的民俗文化和高雅文化保持着一定的张力和韧性，高雅文化的内容大都取材于大众的民间习俗和宗教传统，而传统意义的大众文化又通过高雅文化的提炼和升华，使民间的习俗内涵的"灵韵"充分地展现出来。从某种意义上说，这种保持着相对内在张力和韧性的传统文化是超功利、自律性、没有利害关系的，它是人的自由自觉的对象化本质的实现和确证。对现代的大众文化持尖锐批判态度的法兰克福学派的代表人物霍克海默认为，作为文化的一个重要方面，艺术应该是人的主体性领域，是人的个性的自主性创造和独立判断，它本身就具有自由的超越性，意味着对现实存在和给定之物的否定和批判，"反抗的要素内在地存在于最超然的艺术中"[1]，"不论莎士比亚作品所表现出来的狂怒和忧郁，还是歌德诗歌所展现出来的与世无争的人道主义，甚至普逻斯特虔诚地沉湎于尘世生活的转瞬即逝的特征，这些都唤醒着对自由的回忆，这种自由使得当下流行的标准成为偏见和粗俗的东西。正因为艺术是自律的，所以，它保留着由宗教中升华出来的乌托邦"[2]。然而，在现代社会中，由于工业化、市场化及经济力量的扩张和技术理性的不断浸染，文化艺术已沦落为一种商品、"快餐式"的消费品，成为人们在工作闲暇时间内娱乐和消遣的对象。现代的大众文化的艺术就是渴望消解艺术的灵气、高雅及其批判性，击碎艺术的神圣光环，也就是模糊艺术与日常生活的界限，虚构一个仿真的世界。在这一仿真的世界中，实在与影像之间的差异被消解，变成了极为表层的审美幻觉。这样，艺术可以出现在任何事物上，甚至日常生活中的琐碎之物、下贱的消费商品，都可能成为艺术。因此可以说，市场经济的经济

---

① ［德］霍克海默：《批判理论》，李小兵译，259 页，重庆，重庆出版社，1989。
② 同上书，260 页。

理性化使文化艺术本身失去了自主性、自律性的创造热情，它的自由超越本性与终极关怀的维度从文化的核心位置脱落而成为它仅仅用以装门面的招牌而已。

在人们的现实生活中，现代的大众文化已几乎成了"自由"和"个性"的代名词，它意味着反叛权威和精英及摆脱传统文化的束缚，拒斥诸如真、善、美、圣等终极价值或人类追求的崇高目标，它依靠追求时髦和不断更新来寻找自身的价值。现代的生产技术，特别是大众传媒技术的支持，使文化艺术品的批量生产或大规模复制和传播成为可能，也使文化艺术品的更新速度和传播范围达到了人类历史上前所未有的程度。无法还原于现实生活的高雅文化在工业化和商业化的浪潮中必将处于弱势状态而面临着生存危机，而大众文化则因其具有标准化、数量化、同质性和齐一性等特点，与人们的现实生活更加贴近而广为普通民众所接受和效仿。马尔库塞指出了现代文化的超越性的萎缩，"高层文化本来与现实相疏远、相脱离，而这种疏远化的特征正是高层文化能够保存与现实不同的另一向度的关键所在。今天，高层文化与现实的'间距'已被克服，'文化中心变成了商业中心，或市政中心、政府中心的适当场所'。早期资本主义文学中那些反叛角色现在已被征服，当代文学中那些歹徒、明星、荡妇、民族英雄、垮掉的一代、实业界巨头，都不再想象另一种生活方式，而只是想象同一生活方式的不同类型或畸形"①。因此，文化艺术的工业化、商业化迅速发展的直接后果就是大众文化的普及及其对人们的日常生活世界的精神主宰，使人们误以为大众文化就是文化艺术本身，而忽略了对原创性的文化艺术的直接审美体验，以及对现实生活的自觉性反思与超越。

---

① ［美］赫伯特·马尔库塞：《单向度的人》，刘继译，3页，上海，上海译文出版社，1989。

从积极方面看，大众文化是现代的科学和民主高度发展的必然产物，具有其他任何形式的文化都无法比拟的广泛性、平等性和普及性，所以说，大众文化作为现代社会的平民性文化在某种意义上也是一种历史性的进步，是社会走向平等和民主的历史性标志。它斩断了在传统社会中曾一度出现的只有少数拥有知识的人产生文化垄断的社会根源。如果把大众文化当成现代性的意识形态，那么，这种意识形态也不是依靠暴力与恐吓来迫使大众由上而下的方式来接受，而是人们根据自身的爱好和兴趣进行的"自主性选择"。当然这种所谓"自主性选择"实质上是带有明显的价值倾向性，因为大众文化从它产生之时起就以削平传统文化中的高雅文化为己任，通过消解文化的深度和厚度来解放人们的思想，转换人们的价值观念，这样，寻求生活背后的意义和价值不再具有统一性，而纯属个人的私事和兴趣爱好。应该说，文化发展必须是多元的，才能够符合人的真实本性，才能够塑造自觉的具有自我反思能力的总体性的人。但是，从实质上说现代社会文化艺术的发展并不是沿着这条健康的道路发展下去，而是在盲目地追逐商业利润的刺激下通过效率的经济杠杆筛选掉不符合商业运转机制的文化形式，将可以普遍化的现代大众文化无限制地推广下去。这导致的结果就是，文化的单一性和同质性代替了传统文化的深度、厚度和立体感。由于这种单一性和同质性的可机械复制的大众文化失去了文化原本应具有的丰富性、超越性而只能追求一种即时性的消遣和娱乐，拉平了文化艺术与现实生活之间的距离，使人们在影像的形象世界中体验着快感，陶醉和放纵自己，这样"现实转化为影像，时间断裂为一系列永恒的现在"①。在与现实生活的同一状态中，人的超越性无法体现出来，人切身所感受到的自由只是一种被"现在"的瞬间体验所控

① ［美］弗雷德里克·詹姆逊：《文化转向》，胡亚敏等译，20页，北京，中国社会科学出版社，2000。

制的一种幻觉。实际上人的生活已被时间断裂后的"现在"所肢解和切割，与过去和未来处于隔绝状态。在西方中世纪，人对超越性的感受是通过基督教文化来完成的，而基督教文化作为一种宗教首先预设了与现实世界相异的真实存在的"上帝之城"，而宗教式的精神超越恰恰体现在与现实世俗生活的断裂中。与宗教的超越性体验截然不同的是："在大众文化的世界中，过去和来世始终是同现在缝合在一起的；回到过去从现在开始，未来也由现在决定。……实际上，大众文化是要强调这样一种时间观：一切过去都是现在，一切未来也都是现在。过去和来世统一于现在。现在是唯一的和最重要的。"① 在时间观念上正是处于与过去和未来相隔绝的"现在"中，人感受到的自己似乎是一个完整的整体，而实际上却是生活在时间的碎片中，很难再返回，甚至无法返回到破碎之前自我与过去和未来内在关联的完整状态。

从表面上看，现代的大众文化满足了人的感官需求和即时情感体验，是对人性的一种当下满足，但如果这种特殊的符合现代性的文化形式普遍化而过度发展，反而会压抑人的思辨的想象空间和深层次的情感体验。这是对人性的一种更隐蔽的专制。从根本上说人性的需要是多层面的，包括物质、情感、想象以及精神上的满足等多种需要，如果仅仅把人看成是感官刺激和情感发泄的被动承受者，人的所有行动都是为了满足人的这一较低层面的需要，导致这一需要的无节制放大而转化成无法满足的心理欲望，那么人的内在的自由自觉意识和丰富的个性就无法充分体现出来。正如马克思所说，现代人的自由是以"物的依赖性"为前提的。"人性"是一个极为复杂的概念，它应该永远是一个多维度的存在，人类自身的活动应该力争使人性的各个层面保持和谐和相互制约，而不是人性的某一要素无限放大。单纯地满足人性的最低层面需要，并将之无限

---

① 陈刚：《大众文化与当代乌托邦》，99～100 页，北京，作家出版社，1996。

放大至充量化就能够使人获得幸福，这是现代性价值的一个基本人性假设，也是现代性意识形态为了实现某一特殊的利益阶层或阶级而采取的一种发展战略。如果说前现代社会侧重于人性的更高层面的精神需要和内在的持久情感体验，让人们虽然处于物质匮乏之中，但仍然能够体验到生活的愉悦和精神的满足，那么，现代社会则是把人的感性需要和对物质利益的需求人为地、宰制性地加以扩大化和普遍化，而把人的更高层面的精神需求和道德情感同一或附着在人的较低层面的需求上。可见，大众文化表面上的多元性及其繁荣景象其实是掩盖不住对人的内在精神世界的垄断和宰制。

法兰克福学派的一些思想家在某种程度上揭示了大众文化的本质，他们认为，大众文化同技术理性一样已经成为现代社会的一种新的精神统治形式。在大众文化中人们聚集在一起构成"常人状态"，沉溺于狭隘的和平面化的生活，消解内心的精神生活和超越性的理想追求，从而也丧失了构造出不同于现实生活的另一种生存方式的能力。大众文化的传播和泛化使人类文化的多样性趋于单一和同质，不仅消解了文化艺术的自由创造本质和个性化特征，通过适应市场消费的需要暂时缓解了人们工作之余的压力，同时，也削平了人们的内在的超越精神和反抗维度，使人们在平面化的文化模式中逃避现实，沉溺于无思想的享乐，与平庸的、痛苦的现实完全认同和妥协。它不构成对现存社会的反思、批判与重建，而是与当下社会保持一种无中介的同一。从这一角度看，作为一个满足人性的文化系统，大众文化更像是一个极为有效的社会调节者，在消除人们日常生活和工作紧张的同时，将以当下社会为敌的反叛者驯服成完全顺应现实社会制度的"常人"。

四、乌托邦理论视野中的现代性

如果从人类历史的总体性为制高点来审视，我们能够看到，现代性源于对传统社会的无条件反叛而必将终止于对自身的无反思状态，它盲目的乐观主义由于自身的虚无主义根基也必将走向历史的尽头，完成它本身所应具有的有限历史使命。人类的历史不会终结，但启蒙运动以来的现代性必将走向历史的尽头。虽然当前现代性仍显示出它强劲的生命力，以不可阻挡之势弥漫于人们的生存空间，但不稳定的动力机制和内在潜藏的深层危机都清楚地表明，现代性空前繁荣的背后涌流着一种巨大的危险，它在给人类生活提供极大方便和舒适生活的同时，也会把人类卷入一个充满各种风险的旋涡当中而无法自拔。这种风险正如吉登斯所描述的："由于战争的工业化，核冲突的可能性并不是人类在中长期内所面临的唯一的具有严重后果的风险。纯粹只使用常规武器的大规模军事冲突的后果也是毁灭性的，而且由于科学和武器技术的不断'聚变'，很可能生产出其他武器形式，它的可怕的威力并不亚于核武器。生态灾难的厄运虽不如严重军事冲突那么近，但是它可能造成的后果同样让人不寒而栗。各种长远而严重的不可逆的环境破坏已经发生了，其中可能包括那些到目前为止我们尚未意识到的现象。"[1] 吉登斯对现代性诊断的结论是：人类当前正生活在一个高度现代性伴随的高风险时期。按照现代性的同一性逻辑，人们无论在观念还是行动上都很难做到真正反思现代性，正如一个人满腔热情地完全投入在他所要做的事情中，而不可能过多思考他的观念或行为与周围事物的联系时，他会寻找到各种似乎充分正当的理由来为他的实际行动作论证和辩护。如果不再换一种思维方式来思考当下的现实问题，人总是会被现实所左右，被当前的情况所蛊惑。现代性价值并没有为我们反思自身提供充分必要的文化资源，因此，在某种程度上说，只有走出并超越现代性，才能回过头来俯瞰现代性，对现代性的理解和把握才会更

---

① ［英］安东尼·吉登斯：《现代性的后果》，151 页。

深刻和更全面。

现代性陷入自我辩护的怪圈而无法反思自身，一方面是由于它的内在发展机制所致（工具理性主义和个人主义），另一方面，也是更为重要的原因在于，现代性的文化价值观念是一种依靠进步信念的强权逻辑所支撑而展开的具有普遍化倾向的世俗性观念，是一个放弃超现实的理想信念而不断与传统文化断裂的过程。在现代性的世俗文化中，神圣和高雅文化中的那套天国信仰、幸福理想乐园内在所包含的乌托邦观念被作为空想抛弃了，从而认为，人生的意义和幸福、美好的生活，不在天上而在地上，不在彼岸而在此岸，不在超越性世界而在现实之中。西美尔从生命哲学的视角指出，现代性是生命（内形式）反对（外）形式本身而非反对旧形式的历史事件，生命不再通过自身与形式的交替更新来维持和提高自己，而仅仅依靠生命自身来维持和提高自己。然而，"没有形式，生命便不成其为生命"[①]，生命的彰显不再是新的形式的形成，而只是生命的单纯原始表现，它代替了形上学本身。据此，西美尔认为，中世纪有基督教的"上帝城"的理想，启蒙运动有信奉理性的理想，德国的理性主义用艺术幻想来润色科学，而由当代文化塑造的现代人不是没有共同理想，而是根本没有任何理想，正如他所说："这就是我们之所以不像以前所有时代的人们的原因，我们虽然没有共同的理想，甚至根本没有任何理想，但却生存一段时间了。"[②] 可以想象，在一个缺乏远大的崇高理想的社会中，当然也就不会再有人愿意去构想一种超越现实的理想社会了，尽管人们内心深处对这种理想社会的渴望仍然是强烈的。应该说，对理想社会的渴望以实现人的美好生活和幸福人生，这是人之本性，是古往今来人类永恒不懈

---

① ［德］西美尔：《现代人与宗教》，曹卫东等译，23 页，北京，中国人民大学出版社，2003。

② 同上书，29 页。

的价值追求。我们不能因为现代性追求人类的世俗性的幸福生活就把现代性看作放弃对理想社会的渴望。从这一点来说，现代性理应包括乌托邦的超越维度。但事实上，随着启蒙精神及其进步观念的逐步推进，现代性所渴望达到的社会理想已缺乏一种超越性的价值层面，放弃了对信仰的执著追求，以原子化的个人为出发点，试图单纯依靠工具理性就可以实现人类的现世的理想乐园。这未尝不是把人类社会的发展及未来历史的演进这样一个复杂问题简单化了，也是现代人盲目的乐观主义的表现。我们需要澄清现代人有限的缺乏超越性的社会理想与人类社会的乌托邦式终极理想之间的区别。现代人往往把其本身所追求的社会理想就当成人类社会的终极理想，殊不知，这使现代人沉迷于一种杂乱的自我欣赏中而把莫名其妙的东西冠之以完美，从而遮蔽了真正值得追求的社会的终极理想。正是由于现代性所奠定的基础的有限性，而它却妄想依靠这种有限性来实现人类的终极福祉，以有限的手段来把握无限的绝对，以追逐"存在者"来寻求"存在"。作为现代性的肇始者启蒙精神以理性和个人代替神话，这在一定程度上预制了现代性的极权主义统治①，"如同神话已经实现了启蒙一样，启蒙也一步步深入地卷入神话。启蒙为了粉碎神话，吸收了神话中的一切东西，甚至把自己当作审判者陷入了神话的魔掌"②。作为启蒙运动的结果，现代性一步步地把启蒙精神推向极致，试图将历史终结于自身而成为现代版

---

　　①　这里所说的极权主义不同于专制主义。专制主义是在一个人或一些人的专制独裁统治下，其他人都没有基本的权利。在此独裁统治形式下，独裁者主要依仗武力维持其社会秩序。一些专制主义的暴君虽然残暴不仁，但他们的力量却是有限的，即使在其统治的区域内，也存在他们力量不及的统治真空。极权主义是近代以来特有的政治现象，它借助现代化的通讯和交通手段、监控和传媒技术，导致一个国家里再也不存在统治的真空领域，有效地实现了高度同质化的功能，其根本目的就是从人的内在意识层面消除所有的异质性。

　　②　［德］马克斯·霍克海默、西奥多·阿道尔诺：《启蒙辩证法》，渠敬东、曹卫东译，9页，上海，上海人民出版社，2003。

本的神话。这样，现代性关于人的解放的目标变成了人的解放的陷阱，启蒙理性变成了对人的总体压抑。据此，有人曾把现代性的社会理想比喻为"建在沙漠之中的海市蜃楼"，这是比较贴切的。

有一些观点也把现代性称为"乌托邦"，具体说就是"技术乌托邦"、"理性乌托邦"、"现代乌托邦"，等等，从表面上来看，这种说法似乎有其合理性，实则是内在矛盾的。乌托邦从本质上说应是"社会乌托邦"，其内在地包含道德的意味，具有形上的社会总体建构的终极意义，是人类对美好社会的执著追求与向往；乌托邦必须具有与现实世界的内在张力才能保持自身的独立性和完整性，从而对现实社会具有永久性的批判能力，而不至于在乌托邦的现实化过程中滑向意识形态的深渊；乌托邦奋力所要实现的社会发展目标是不可能由现实的即时行动来完成的，它远远超出可预见的将来，而且无法预先策划其实施的具体途径。乌托邦的这些特点决定了，它不仅仅代表了人类对理想社会的渴望和执著追求，而且还表征了作为人类的超验性存在的一种社会理想，乌托邦理应隶属于人的纯粹精神领域或深层的情感体验，是无法完全还原到现实世界或当下历史经验中的特定社会阶段的。乌托邦社会理想原本就是超越现实世俗的生存空间，不再想象另一种生活方式或不再相信有一种"终极善"① 的本真的生活理念，就不可能再有完整意义的社会理想。现代性所追求的恰恰是由具体经验的可操作性的手段或途径来达到现实的可欲求和可捕捉的确定性目标，这不仅使具体手段的有效性遮蔽了终极目标的价值合理性，而且也消解了它本身所应具有的乌托邦维度。这导致的结果是，任何脱离一定具体手段的社会理想都被现代性视为一种空想或诗性的"梦呓"，任何游离于现代性之外的另一种可能性都将被现代性的同一性逻辑所吞没。现代性价

---

① ［英］亨利·西季威克：《伦理学方法》，廖申白译，150 页，北京，中国社会科学出版社，1993。

值要求人们具有更多顺从现实社会的能力，能够很快地适应现代社会的发展，人的"顺从意识"代替人的"反叛意识"和"忧患意识"，"现代社会的结构保证使孩提时代的乌托邦幻想在青年的早期就黯淡失色，而受到高度颂扬的'调节'取代了名声不佳的俄狄浦斯情结"①。通过技术和理性的动力机制而形成的"极其协调"的社会才是现代性着手建造的一个"美好社会"，而寻求这种完美协调的现代热情浓缩着对差异的憎恨，对传统的乌托邦主义的鄙视。

现代社会鼓吹的所谓"技术乌托邦"、"理性乌托邦"、"现代乌托邦"等说法，无非是现代性对技术或工具理性等能够征服自然、控制人类社会的有效手段的病态迷恋而已，这里所谓的"乌托邦"概念也仅仅是一个名不副实的术语而已，并不具有实质性的内涵。毋宁说，这种做法只是对现代社会的一种外在装饰或修饰，暂时满足现代人内心深处被隐藏已久的对乌托邦的极度渴望。换言之，现代性只是取"乌托邦作为人类最美好的社会理想"这一表述，而将"寻求另一种可能性的超越精神"弃之不顾，不再试图想象和重建一个更高的、自由的理想世界。詹姆逊对现代性与乌托邦之间的关系做了精彩的评述，他说：现代性价值理想"似乎在现在时段集中于一个许诺，并在现在时段内为掌握未来提供了一种方法。从这个意义上讲，它类似于一个乌托邦比喻，因为它包含了将来的时间维度；不过，那样的话，我们也可以说，它是对乌托邦视角的意识形态进行的歪曲，这就成了一个带有欺骗性的承诺，其目的在于在长时期内驱除并替代乌托邦视角"②。一些现代性的未来学家对现代社会的发展勾画了一幅美好的远景，甚至也指出了现代社会的一些弊端，例如托夫勒的《第三次浪潮》，但他们的基本理论立场是维护

---

① ［德］霍克海默：《批判理论》，262 页。
② ［美］詹姆逊：《现代性、后现代性和全球化》，26 页。

现代性的，因为他们指望只要依靠科学技术的发展和现代的管理技能，人类的各种问题都能够彻底解决，人类的美好生活就应该建立在科技的发展上。这完全是对现代性的发展逻辑的一种肯定。这种对未来社会的构想并不是传统意义上的那种对未来社会给予希望的乌托邦，而是一种可以在现实中兑现，并正在变成现实的"实托邦"。

从批判理论视角看，现代社会是一个全面管理和操纵的社会，整个社会趋于一体化，构成一个能够同化对立面的"单向度社会"。在这样的社会中，人的意识已被体制化和结构化，甚至意识不到自己被造就、被结构、被同化和被压抑的处境。他们"自由地"生活在不自由的国度里，完全丧失了反思和批判的能力。马尔库塞曾指出："由科学和技术的成就给予证实，由其不断增长的生产率给予辩护的现状，否定一切超越。面对以技术成就和思想成就为基础而出现的和平的可能性，成熟的工业社会把自己封闭起来反对这种历史的替代性选择。"① 这里所指出的"历史的替代性选择"就是指不同于现实或现状的其他可能性，现代性正是要遮蔽这种"历史的替代性选择"，将现代的社会理想永恒化，使人类的历史终结于自身，从而把现代的"完美世界"的构想与自身保持永远的同一。马尔库塞认为，现代人所迷恋的"技术理性"已经不再是一个中性的术语，而是把一个社会所理应具有的对立面或双重的维度成功地整合或一体化到现存秩序中的一种极其强大的合理性力量。通过技术理性的合理化运作而建立起来的现代社会较之前现代社会更具有稳定性，同时也更具有极权的性质。因为正是在这种背景下，人陶醉于物欲的享乐而成了"单向度"的人，人的思想趋于实证主义或操作主义而放弃形上的总体性的想象与思辨，失去对现实社会的批判性的否定能力。在这种"单向度"的社会中，人的想象能力正在萎缩

---

① 〔美〕赫伯特·马尔库塞：《单向度的人》，17页。

而同化于现实，"在一种对任何事情（不包括反对现实的精神）都进行辩护和开脱的现实中，这里说话的不再是想象，而是理性。想象正在让位给现实，现实正在追赶和压倒想象"①。

在马克思生活的时代，工人劳动者反抗现存社会的否定能力还是作为马克思解放人类的社会理想的主动力，但在后来的社会发展中情况则发生了逆转，随着技术的发展、生产的自动化程度提高，工人也参与到生产的管理和利益分成中，从而也自愿被整合到生产和技术体系中，不再作为现存生产体系的否定力量，而是作为其肯定力量而存在。这导致的直接后果就是，技术世界中的工人丧失了否定性的维度，不再把马克思所说的"只有解放人类才能解放自身"的终极关怀作为自身的历史使命，而是仅仅停留在"政治解放"的狭隘目标上。工人成了与现存完全认同的"单面人"，其主导型意识也不再是批判精神，而是现代性的意识形态所灌输的虚假意识。这种虚假意识笼罩在现代人生活的方方面面。在意识形态层面上表现为对科学主义、进步、经济发展和启蒙理性的盲目信仰，在文化、艺术和文学层面则表现为对现实的高度认同和肯定，并构造了虚幻的和解来掩盖真实存在的危机和矛盾。

从表面上看，在后马克思时代人的"异化"程度似乎是减轻了，而实质上则是更加严重了。因为从一定意义说，现代人比以往任何时候都更加远离真实的自我。现代人在物质生活较为舒适的条件下往往感觉不出压抑和不自由的境遇，反而会有一种自我满足和幸福的感觉；人们在技术世界提供的方便和物质丰裕的享受中能够很轻易地摆脱现代社会加之于人自身的不舒适感，会自动地认同现实，消解人与现存秩序之间的紧张与焦虑。殊不知，人已被嵌入技术框架中，在这种麻木状态下被一种虚假意识和虚假的幸福感所控

---

① ［美］赫伯特·马尔库塞：《单向度的人》，222 页。

制和主宰，人一旦在某些时刻恢复本真的自我意识反而认为不真实。马尔库塞举了一个生动的例子来说明这个问题："我在乡下漫步。一切都那样赏心悦目：大自然在这里显得最为美丽。透过山上的树丛远眺，周围没有人烟，没有无线电，没有汽油味；有的只是小鸟、太阳、柔软的草地。然后，乡间小道蜿蜒曲折地消失在公路之中。我又回到了广告牌、服务站、游人旅馆和乡间客栈之间。原来我是到了一个国家公园，并且现在知道这不是实际存在的景色。这是一块'保留地'，即某种像行将灭绝的物种那样受到保护的东西。要不是政府的话，广告牌、热狗摊和游人旅馆早就会侵入这片自然景色。我因此对政府充满感激；我们现在的情况已非昔日可比。"① 这就是现代性将真实同化现实，使人认同于现实的很简单的例子。真实不是与既定现实不同的另一种可能性或更广阔的视野，而成了现实的同义语；它的作用不是对现实的批判和否定，而是更加肯定现实的合理性。人的思维或生存模式的否定要素被肯定要素所吸收，人不再寻找"他者"，而是甘愿受现实的禁锢，并以此为乐。

马尔库塞对现代性危机的解决充满悲观主义。他认为，人要想从这一虚假总体性的社会压抑中解放出来，是十分艰难的。由于人丧失批判、否定和超越性的维度，被同化于现代性的同一性机制，摆脱现代性的唯一可能的希望，就是那些青年学生、无业游民和种族的受害者等。因为他们受到现代性观念的一体化影响最小，分享到现代制度的好处也最少。与马尔库塞的悲观主义不同，列斐伏尔虽然同样看到，现代性对人的全面统治和压抑，使人的思想及社会生活处于碎片化状态而无力反抗当下的现实；但他同时也认为，现代性既是虚无主义的时代，也是充满机遇的新生的时代，这种新生的力量来自于客观存在的扬弃现代性的可能

---

① ［美］赫伯特·马尔库塞：《单向度的人》，204 页。

性，也即人类仍有走出并超越现代性的可能性契机。在列斐伏尔看来，现代性源于"总体性革命"① 的失败，使自身集结各种矛盾于一体，是旧矛盾的继续和新矛盾的增加。这些矛盾主要体现在：人们对舒适、享乐的过分追求与人们安全感的普遍丧失之间的矛盾；追求时尚、新奇事物的涌现与人们对生活的普遍厌倦之间的矛盾；人们的个人主体性增强与人们意识的"物化"之间的矛盾；人们对意识形态信念的幻灭与意识形态继续存在之间的矛盾；等等。正是由于这些矛盾的存在，现代性表面看来在永无止境地发展和壮大，实际上却将面临行将瓦解的危机。当前，现代性之所以未因这种危机而崩溃，原因在于现代性会显现出终结历史之强势，具有模仿和替代"总体性革命"的功能，并仰仗这种虚假的总体性而得以延续。尽管，现代性一直在模仿总体性，试图替代革命，但它永远不可能彻底取消革命的可能，不能实现使其成为人类永恒命运的梦想。

应该说，对现代性的扬弃已不再可能在全球范围内以阶级革命的方式发生，因为现代性利用技术性手段和庞大的政治官僚机构将自己的对立面成功地融入自己的队伍行列。在列斐伏尔看来，在新的形势下，总体性革命的可能性存在于人们的日常生活中，尽管现代世界的日常生活世界被现代性浸染，挤压成一个平面而失去原有的丰富性和弹性，但它仍是总体性革命的基地。列斐伏尔一直坚守对日常生活的总体性变革的信念，相信现代人的日常生活蕴涵着自身的否定因素，蕴涵着扬弃或超越现代性的可能。有人因此指责列斐伏尔是乌托邦主义者（utopist），对此他申辩说，他是一个乌托邦者（utopian），但不是乌托邦主义者。因为乌托邦主义是由知识精

---

①　"总体性革命"是指对整个社会的各个子系统即经济、政治和文化等做全面而彻底的变革。对于马克思思想来说，"总体性革命"就是力图克服现代社会的抽象与异化，对人与自然、人与人的全面关系的占有，进入未来的社会主义和共产主义。

英所构想的关于未来理想社会的基本状态或模式，并把这种理想的状态或模式强加于现实之上的一种努力，而乌托邦简单说就是选择可能性，展示可能性。乌托邦主义是传统文化的社会构想和现实批判的基本模式，带有极其强烈的理想主义色彩，这在现代社会中受到强烈的批判和否定，受到现代性的质疑。但在反对传统的乌托邦主义过程中，现代性则把现代的社会理想奠定在理性主义和个人主义基础之上，并将这一有限的根基绝对化，从而丧失了自我反思和批判的乌托邦维度。现代性包含着一系列的矛盾，其自身的内在发展逻辑又处处掩盖和遮蔽着这些矛盾的呈现，给人们一种历史终结的假象。人类必须祛除现代性为自身的"附魅"，否则，如果任其矛盾发展到极端，将可能导致人类文明的毁灭。列斐伏尔认为，现代人必须恢复乌托邦想象，才会拥有扬弃现代性的可能，才能够在现代世界中实实在在地寻找到"他者"的可能性，找到走出并超越现代性的开端，而所谓"他者"的可能性就存在于人们的日常生活之中。虽然现代性已使现代人的日常生活支离破碎，似乎丧失了批判现代性的乌托邦维度，但列斐伏尔仍坚信，人们的日常生活存在被现代性无法还原的部分，这就是我们的身体和欲望，"不是'知识'或其他什么，而是身体作为颠覆的因素和基础之一再次出现"①。这里所说的"身体"和"欲望"是本体论意义的概念，而不是被现代性所浸染的部分。寻找走出并超越现代性的"他者"，不能仅仅停留在理论认识上，而在人们最普通的日常生活实践中，在我们真实的身体体验和欲望追求中留有否定现代性的乌托邦的积极因素。列斐伏尔对乌托邦的理解为我们超越现代性提供了希望和精神寄托，正是在于对乌托邦的追寻，对存在另外可能性或"他者"

---

① Henri Lefebvre, *The Survival of Capitalism: Reproduction of Relation of Production*, F. Bryant (trans.), London: Allison and Busby, p. 74. 转引自俞吾金等：《现代性现象学——与西方马克思主义者的对话》，194 页，上海，上海社会科学院出版社，2002。

的执著信念，使我们能够剥去附在现代性上的光环而看到现代性的有限性。

现代性在本质上追求的是一种同质性社会，甚至被称为现代的极权社会，对待异端采取由排斥到灭绝的手段。鲍曼把现代性的理性设计形象地比作一种"园艺"艺术，"现代思想将人类习性看作一个花园，它的理想形态是通过精心构思、细致补充设计的计划来预定的，它还通过促进计划所设想的灌木、花丛的生长——并毒死或根除其余不需要的及计划外的杂草来实行"①。这种现代性的"园艺"式设计追求一种人为的构造，把人放置在以人类工程学方法设计好的技术"铁笼"里，按照工具理性的标准自动清除不符合现代性的"杂草"。这种"除草技术"是为追求一个美丽花园所做的创造性清除，就像一个画家从一幅基本上精美的图画上将污迹抹去的傲慢姿态。乌托邦正是现代性视野中的"杂草"，似乎清除乌托邦就会使现代性摆脱各种伦理道德的束缚而轻装前行，并将实现历史终结的梦想。然而，事实是，恰恰在放弃乌托邦观念的时候，人却由此失去改造历史的愿望和理解历史的能力。浪漫诗人荷尔德林的一句话耐人寻味："总是使一个国家变成人间地狱的东西，恰恰是人们试图将其变成天堂"②。英国哲学家哈耶克曾用这句话来斥责乌托邦社会主义的专制和独裁，其实，这句话同样也适合现代性本身。现代性把乌托邦式的历史设计的理想社会视为空想与虚幻，却将完全由世俗化的人所构想的正在变为现实的尘世天堂视为最真实可信的，然而，当人们觉得没有比当下现实更美好的社会，现实"是去所是"，与它们的"应其所是"并没有什么差别的时候，这个世界就不再给人们的精神提供任何可供幻想和游戏的空间了。

---

① ［英］齐格蒙·鲍曼：《生活在碎片之中——论后现代道德》，227 页。
② 转引自［英］哈耶克：《通往奴役之路》，29 页。

第四章 超越现代性：乌托邦 观念的批判性重建

迄今为止，人们对待乌托邦大致可以归纳为两类截然相反的态度。第一类态度把乌托邦作为照亮人类未来的希望的灯塔，作为历史进步的内在的精神动力；第二类态度把乌托邦思想看作一种诅咒，反对把人的历史当作神的历史来设计。尽管乌托邦或乌托邦运动的设计者往往出于极其善良的动机，而实际效果却极易助长专制主义及其独裁统治。审视人类历史的发展，我们能够看到，固守对待乌托邦的上述两种态度中的任何一种，都会造成理论上的偏颇和实践上的误导，从而导致极其残酷的历史性悲剧。然而，在现代人的观念中，占据主导地位的是对待乌托邦的第二种态度，消极地对待乌托邦，却没有领悟到，缺失乌托邦观念的社会发展或历史存在所造成的恶果同样是人类所不希望获得的结局。目前，我们所亲身经历的不是乌托邦价值泛滥的时代，而是乌托邦价值严重贬值及其根基被现代性"挖空"的时代，所以在现时代，张扬乌托邦的价值不但有充分的根据，而且对现代社会的发展有特殊的启发意义。尽管在人类已有的历史上乌托邦确实难以与暴政、奴役和独裁了却"剪不断理还乱"的"纠葛"，但是，在现代人极端务实的态度恰恰威胁人类自身生存的时候，重温乌托邦精神对现代人不无裨益。我们应该采取这种态度："既然社会工程学的实际生活体验已经把关于理想世界的整个思想搞得声名狼藉，我们就不妨把眼光放得更远大一些。这样，也许就能再次领会到最初的乌托邦之梦在精神解放方面所拥有的生气和活力吧。"①

　　在一定意义上，我们能够初步作出以下结论：要走出并超越现代性，就必须寻找到"他者"的可替代性选择，这种选择是能够超越当下现实的另一种可能性，以此来冲淡人们对现代性价值的固执性迷恋。因为从当前人类所面对的复杂情况来看，"源自启蒙运动理性的现代性理念如果不遭到反对的话，将最终导致全球性的灾难——无论这种灾难将以战争的形式还是以环境灾难的形式出现"②。而要为人类的未来历史发展构想种种可供选择的模式，乌托邦观念就不可或缺了，否则，单纯依赖于现代性的价值坐标系，所得到的只能是为现代性作论证的"实托邦"。对此，詹姆逊的观点显得更为激进，他认为"现代"是一个单维度的概念或伪概念，它没有任何历史性或未来性的东西，甚至由之决定的后现代性也不预示着未来，因为"在由'现代'这个词支配的概念领域之内，不可能对根本性的替代或变革进行理论阐述，甚至不可能对它进行想象。……我们真正需要的是以称作乌托邦的欲望全面代替现代性的主题"③。我们知道，乌托邦观念作为一种批判意识存在的一个逻辑前提就是能够将理想与现实区分开来，与当下现实保持一定"思想的距离"并执著于对社会理想的想象与建构。某种社会理想与现实离得太近，往往会使理论视点和思考对象之间的距离太短，甚至趋近于零，因而障碍视野，导致"只见树木，不见森林"的思想短见。如果承认乌托邦是一种思想，那么这种思想必须保持理想与现实之间的距离，因为这种"距离是真正的思想得以展开并能够达于

---

　　①　张穗华主编：《大革命与乌托邦》，111 页，北京，中国对外翻译出版公司，2003。

　　②　［美］卡尔·博格斯：《知识分子与现代性的危机》，李俊、蔡海榕译，6 页，南京，江苏人民出版社，2002。

　　③　［美］詹姆逊：《现代性、后现代性和全球化》，180 页。

冷静、合理、公正和深刻的基本条件。'当局者迷'；'不识庐山真面目，只缘身在此山中'所说明的都是一种无距离则无思或思而不明的困境。距离使思想者与其思想的主题对象构成必要的互动'力矩'，由此才产生所谓思想的力度。无距离思想的力度等于零，恰如无力矩的杠杆作用效率等于零一样"①。弗洛伊德也指出，在考察一种文明或文明的某一阶段时，人们往往容易受到当代主导性价值因素的主观影响，很难做出客观和公允评价，只有与之保持一定的距离，才能保持某种程度的客观公正的态度。他说："在一般情况下，人们可以说是天真淳朴地体验他们的当前状况的，但无法对其内容做出估计；在现实状况能够使人们取得用以判断未来的有利地位之前，他们首先必须使自己和现状保持一段距离——也就是说，必须把现状当成过去。"② 然而，固执于"实托邦"的现代性恰恰是把理想与现实之间的界限变得模糊不清，将人们的生存观念导向世俗化的现实中。因此，如果要超越现代性而重新获得一种乌托邦意识，就必须从观念上与现代性保持一定的距离，将既定现实"融解"开。

当然，在现代社会中追寻乌托邦不再能够像构建传统社会的乌托邦观念那样，对现实社会缺乏必要的科学认识而单纯停留在思辨的想象与终极关怀中，因为，如果这样做，同样会使现代人重新陷入一种乌托邦和现代性的非此即彼的二难选择中。我们所需要建构的乌托邦观念不是一个可以漫无边际的想象，而是一个在现实关注中体现终极关怀，从而实现理想与现实的良性互动。不能完全否认，现代的科学发展与技术运用所体现的工具理性价值是现代社会优越性的一个主要特征，是现代人引以为豪的重要方面。只是由于人类工具理性的过分发展及其个体意识的过度膨胀，才导致现代性缺失乌托邦的维度而丧失其历史的合理性。但是，反过来讲，也正

----

① 万俊人：《思想前沿与文化后方》，137～138 页，北京，东方出版社，2002。

② ［奥］西格蒙特·弗洛伊德：《一个幻觉的未来》，78 页。

是由于在传统社会中人的工具理性能力的低下，才导致人们对乌托邦的社会运动和实践乐此不疲，将理想的绝对付诸现实而遗失了乌托邦更本源的精神内涵。回顾人类的历史，需要反思的是：今天人类能否在理想的绝对与现实的绝对之间找到一种平衡的支撑点，如果存在这一平衡的支撑点，那么它能否摆脱启蒙的现代性之总体谋划的内在困境？

一、为什么要重建一种乌托邦观念？

应该说，在反对传统的终极性社会理想过程中，现代性把人从天国拉向尘世，从彼岸撤回到此岸，从形上的超验建构撤回到形下的经验和理性，找到了现代人自身的特有价值，但它并未真正实现一次"辩证的否定"，而是对传统的无条件反叛和报复。现代性只是使人的工具理性征服自然、控制社会的能力得到极大提高，使每个人都能够为自身的生存奔波，而对个人与他人、自然、社会的内在和谐问题却无能为力。更为重要的是，现代性还消解了反思自身、批判现实的乌托邦维度，使现代性陷入一种盲目的乐观主义中而放纵自己，以至于在现代社会中，人们很难再有一种积极的批判能力去构想一种超越现代性的其他可能性，现代性的同一性机制几乎把人们内在具有的乌托邦意识消解掉了。现代人对乌托邦信念的缺失将造成一种事态的静态局面，其结果是，人自身只不过变成了"物"，人类的历史变成了冷冰冰的异己的"怪物"，处于"无根的生存状态"[①] 的现代人已经找不到"回家的路"。因此，必须有一种

---

① 卢风：《用"负底方法"感悟自然》，见万俊人主编：《清华哲学年鉴》，139 页，保定，河北大学出版社，2003。卢风教授把现代人的无根的生存状态归结为两层意思：第一层，人类社会从一个整体性的宇宙秩序中独立出来；第二层，个人从社会整体中独立出来，个人成了消极的"单子"，社会成了个人追求快乐的"游戏场"。完成了这两次剥离，人类获得了"现代自由"，由此，人也像水上的"浮萍"，未能扎根于大地。

更高的文明形态去完成对现代性的一种"辩证的否定",把现代性在否定传统的社会理想过程中所丢弃掉的、对人类命运至关重要的乌托邦精神重新找回来,对现代性的价值进行一次"重新的估价"。

当试图重建一种健康、合理的乌托邦观念时,我们在实践中就会把人类社会的全面发展和历史的总体进步作为一个社会前进的基本理念,而不再以技术理性或物质生活的幸福这个单一的现代性价值指标来作为社会发展的最终衡量标准;会更多地关注道德、美学、环境和人伦等对人类来说具有终极性意义、关涉人类未来的生存和发展的问题。乌托邦观念被现代社会所抛弃和否定,但这并不表示人内在具有的乌托邦意识将会被彻底地祛除掉,以及人类从此再也没有能力建构一种更加健康、合理的乌托邦观念。否则,如果人内在具有的乌托邦意识消失了,人再也没有了任何希望,将陷入一种深深的绝望和死寂中,历史就会真的终结,那么,不但尼采的"上帝之死"的预言应验了,福柯的"人死了"也将成为现代人不可逃避的宿命。所以,重建一种健康、合理的乌托邦观念对现代社会来说十分必要。乌托邦实质上就是完整的人或社会必须具备的超验的想象能力和批判能力,"乌托邦并不是一种政治,并不是一种政治纲领。它是想象能力的政治表现。它更接近于诗,而不是更接近于计算。要推进任何一种社会变化,人们都必须首先想象别的可能选择;乌托邦主义想象社会东西或许可作为批判现实的手段"[1]。

作为一种政治建构或特定的社会发展目标,乌托邦的社会理想并不适合,甚至应该"走出乌托邦",但作为文化价值或道德建构层面,乌托邦的社会理想是非常必要的,否则,现实社会的发展就

---

[1]　E. P. Thompson: "Liberal Complacence", *Dissent*, Summer 1991, p. 427. 转引自华东师范大学当代中国马克思主义研究中心:《社会主义发展的历史进程研究》,377页,上海,上海人民出版社,2001。

会缺乏一种价值制衡或道德制约而陷入自我封闭。事实上，人们之所以常常把乌托邦与专制主义、恐怖主义相关联，就是因为人们没有正确处理好乌托邦与人们的现实生活之间的内在关系，使乌托邦变成可现实化、具体化的社会理想。摆脱专制主义、恐怖主义并不需要完全"拒斥乌托邦"，否则，一个社会完全可能会走向急功近利的现代性，这是一种因噎废食的态度；而只有恢复或重建"永不在场"的乌托邦社会理想，使其与人们的现实生活保持一定的张力，才能发挥它本身所应具有的反思和批判现实的社会文化功能。

需要明确指出，重建一种健康、合理的乌托邦观念，这对超越现代性价值具有至关重要的价值和意义，但这种重建必须在马克思主义框架中来解释和完成，因为这一理论框架足以保证这种观念的重建不至于导向纯粹的乌托邦主义或现代性。同时，也会使乌托邦观念依托于人类的总体性的实践活动，在其合理的范围内最大限度地发挥它应有的道德批判作用。从人类历史的发生、发展和演进趋势来看，现代社会的发展和进步不仅仅通过单纯经济或政治的变革，而且还要通过现代社会的总体变革，才能够从根本上克服现代性所带来的种种弊端。特别在后马克思时代，现代性对人的压抑已具有总体性质，深入到人们最平常的日常生活和行为方式中，乃至人们最隐秘的本能和心理层面。在这种社会背景下，首先要求人们从文化意识的角度摆脱现代性价值观念对现代人的超额压抑和束缚，是十分必要的。而重建一种健康、合理的乌托邦观念，正是试图从理论上给现代人提供一种看待问题的更为全面的思维方式，使人们在文化观念上拓展自己的理论视野，从而恢复和提高人们对现实社会所具有的反思和批判能力。这种乌托邦观念展示的历史远景是一个已被现代性贬低的，但其本身却内在具有其他观念无法替代的价值理想的指引作用。乌托邦观念的重建不是不加批判地对乌托邦意义的赞扬和鼓吹，更不是对历史的未来发展所作的精心算计和理性谋划，而是通过对乌托邦观念的重新肯定，通过对这个理想的一定程度的皈依，使现代人和现代社会恢复其本身被遮蔽的总体性的实践活动方式。一言以蔽之，乌托邦观念的重建就是为了反思现代性价值而打破现代社会的"历史终结"的神话。所以，超越现代性的乌托邦观念的重建与马克思主义的基本思想并不相悖，而是针对不同的历史时期所采取的不同理论策略而已。按照马克思的思想来说，真正走出并超越自启蒙以来现代性的片面发展逻辑，最终必须通过经济、政治的现实层面的变革来实现。根据马克思主义"经济决定政治和文化"的哲学原理，只有从根本上改变启蒙的现代性赖以存在的私有制基础，建立一个能够根本上替代启蒙现代性的公有制物质基础，才能彻底地走出并超越启蒙运动以来形成的现代性而达到历史发展的更高阶段。

在现代社会中，通过反思乌托邦而超越现代性，这本身就是很不合时宜的举措，再去试图重建乌托邦观念似乎更与现代性格格不入。然而，当人超越时代，另辟蹊径或反其道而行之时，他才真正属于他的时代。现代性本身并没有为乌托邦的构想留有多大的可供发挥的空间，它更多的是强调依靠现有的手段或技术理性来达到可预见、可感知和可即时享受的成果，至于那些超出这个范围之外的社会理想或历史的终极关怀都作为非理性因素被抛弃掉。所以，现代性内在地包含着"历史的终结"这一逻辑，因为它已经被眼前获得的丰厚物质利益所遮蔽，再也认识或领悟不到超出现实需要之外的更高精神追求的必要性，由此，现实、真实和永恒之间的张力消失而达到了"三位一体"，人类的历史似乎也就终结于现代性。事实上，在上一章中，通过对现代性价值的多层面分析可以得出一个结论：历史的终结只是现代性使用的障眼法，其目的是为了维护其现行的统治，是将这种现行的统治逻辑永恒化的一种权宜之计。现代性把目光拉回到人自身，却忘记"面向事物本身"，从而也遮蔽了人的广阔视野，使人沉沦在现实的世俗事务中。现代性完全没有它自身所允诺的那样美好，实质上它只是人类历史的一个阶段或过程而已，当它完成了自身所应具有的历史使命的时候，就必然会退出人类的历史舞台，并被更高的社会形态所替代。马克思在《〈政治经济学批判〉序言》中有一个著名论断："无论哪一个社会形态，在它所能容纳的全部生产力发挥出来以前，是决不会灭亡的；而新的更高的生产关系，在它的物质存在条件在旧社会的胎胞里成熟以前，是决不会出现的。所以人类始终只提出自己能够解决的任务，因为只要仔细考察就可以发现，任务本身，只有在解决它的物质条件已经存在或者至少是在生成过程中的时候，才会产生。"① 马克思的这句话告诉我们，要以辩证的方法或总体性的观点来看待历史，一切事物都不是永恒的，都会经历一个发生、发展直至衰落、消亡的过程；至于某一事物给我们一种永恒的假象，那只是自欺欺人的骗局，掩盖不住它最终必将灭亡的本质。

　　虽然历史的本真状况如此，但现实生活中，人们也往往容易被历史的假象所欺骗，将历史的某一阶段拓展为历史的总体，而人对历史的主体性作用在一定程度上恰恰体现在对这种历史假象的"解蔽"，还历史的真实面目。这种对历史的"解蔽"，一方面要对现实有一个比较科学的认识，揭示现实社会发展的一般性规律或本质，这是现代性的优势所在，另一方面也要激发人们本身潜在具有的乌托邦意识，在更高的理论基点上重建乌托邦观念，自觉地去想象与现实生活不同的、可替代现实的另一种可能性选择。能够想象不同于当下现实的另一种可能性，这本身就是对给定现实的一种积极超越。上述两方面互为补充、互为条件。可以说，在现代社会中重建乌托邦观念的这样一种理论主张，就是要让人们相信现代性并无能力完全窒息人的潜在具有的乌托邦精神，或者说，乌托邦精神是人之为人的根本精神，是任何时代的人都应该具备的形上的精神追求。

　　从根本的意义上说，乌托邦观念的重建就是恢复和重建人类实

---

① 《马克思恩格斯选集》，2版，第2卷，33页，北京，人民出版社，1995。

践活动的乌托邦维度，也就是建构一种完整的、双向度的社会或总体的人，形成人们健康、合理的乌托邦意识。当然，真正完美的社会并不会在当下现实中以具体的形态存在，正像阿多尔诺所说："根本就不存在不再会有邪恶的世界"①。而完全现实的社会又会使人的超越和批判精神受到抑制，正如现代性把人们束缚在完全世俗化的社会中而不能自拔。人类完全应该而且有能力保持理想与现实之间的平衡。在人类历史未来发展中可能存在或接近于这样一种社会类型，它能够自觉形成自我批评和自我否定的反思机制，能够使整个社会处于整体的动态发展中，而不是停留在现实的某一个部分基点上止步不前，这正源于人类实践活动所固有的乌托邦精神的强烈冲动。在现代社会中，我们并不需要、也不可能详细地描绘未来的完美社会，以及构建这种社会的具体实施措施和步骤，而是需要确定完美社会所应具有的一些社会发展理念，按照这些理念，我们来反思当下所处的社会状况，唤起人们对所处的时代作批判性思考，始终能够找到自身的不足和缺点，并试图加以改正。也就是说，我们只能依靠自身所拥有的内在批判和反思力量来建构一种新社会，这一社会虽然并不完美，但它内在地具有一种乌托邦精神或具有反思自身的乌托邦维度，由此就可以说，这个社会是相对健全、合理的。

在这里，我们不妨参考一下弗洛姆所理解的"健全社会"的样式，也许对我们理解具有乌托邦维度的社会有所启发。他说："一个健全社会的结构会像什么样呢？首先，在这一社会里，没有人是别人用来达到目的的工具，每一个人总是并毫无例外的是自己的目的；因此，每个人都不是被别人利用、被自己利用，而是为了展示自己的力量的目的而活着；人是中心，而一切经济的和政治的活动都服从于人的成长这个目标。在健全的社会里，人们无法利用贪婪、剥削、占有、自恋这类品质来获取物质利益，或提高个人的威

---

① ［德］阿多尔诺：《否定的辩证法》，张峰译，214页，重庆，重庆出版社，1993。

望；按照良心行事被当成基本的、必要的品质，而机会主义和纪律松懈则被看作是不合群的自私行为；个人参与社会事务，社会的事因而也成了个人的事；个人同他人的关系也与他同自己的关系不再分离。此外，一个健全的社会使人在易于管理的和可观察到的领域内，积极而又负责地参与社会生活，并且成为自己生命的主人。一个健全的社会促进了人与人之间的战斗团结，不仅允许而且鼓励同成员友爱相处；健全的社会促进人人在工作中进行创建性活动，刺激理性的发展，使人能够通过集体的艺术和仪式，表达出自己内心深处的需要。"① 这种对健全社会的理解与建构既是人类精神自觉的自我意识，也是可能性的社会改造方案，但是在社会发展中并不必然把这种乌托邦的社会理念诉诸社会改造或强加于与之不相匹配的现实生活之上。这已为现代的科学精神所不容。乌托邦作为人或人类社会的真正理想状态是无法完全还原为现实要素的，其实不管这种理想社会状态能否真正实现，这都无关紧要，重要的是透过这种乌托邦想象，使人类看到了社会发展的多种可能性空间，而不把现实的定在当作最合理、最值得追求的目标。这正体现了乌托邦精神的真实价值，"因此在'现实的'和空想的理论之间，并不需要一种刻意的分割。我们必须用一种比马克思所处的时代更有说服力的方式，使乌托邦的理想和现实保持平衡"②。

这里所说的对乌托邦与现实"并不需要一种刻意的分割"是从辩证方法的角度来说的，而不是操作上的无原则或形而上学地将它们对立起来，否则只能使人类总体性的实践活动走向极端。要么如现代性将给定的现实理想化、美学化，认为当下的现实生活是最值得追求的价值目标，乌托邦只是空想、白日梦而已；要么走传统社会发展的老路而将乌托邦社会理想现实化，偏重于终极的信仰和来

---

① ［美］弗洛姆：《健全的社会》，223 页。
② ［英］安东尼·吉登斯：《现代性的后果》，136 页。

世的解脱而贬斥人的现实感性生活。显然，在现实社会中，乌托邦精神一旦"在场化"或者按照乌托邦的模式建构社会，并将自身的理论通过政治行动来实现，就容易失去其超越性、批判性而转化为维护现存秩序的意识形态功能。另一方面，历史上还存在着这种状况，一些人利用人们对未来理想社会所抱有的美好愿望这一善良动机，打着乌托邦的幌子来实现和维护特殊阶级利益的不可告人的政治目的，如现代人鼓吹的"技术乌托邦"、"理性乌托邦"或"现代乌托邦"等等。这些情况都需要我们对乌托邦和现实作出明确、辩证的区分，尤其在"作为'意识形态'的科学技术"（哈贝马斯语）高度发达的现时代，现代性意识形态已充斥社会生活的各个方面，甚至渗透到人们的日常生活和文化心理层面的本能性结构中，使人们无法感觉到它的存在以及对人们自由自觉的自我意识的束缚和压抑，甚至给人一种美好的理想社会已经近在咫尺的主观假象。而事实上，任何个人或社会的崇高理想都不可能完全现实化，否则就不存在发展了。所谓达到了理想的终结状态，只是以一种歪曲的方式肯定和维护现实既得利益而已。

在这里不得不谈及后现代主义（postmodernism）（也称后现代性），尽管这是一个内容极为复杂、涉及学科范围极为广泛、理论背景比较宏大的问题，但只要谈到超越现代性，这个问题大概就是回避不了的。出于现代性自身的局限及其所造成的文化危机，后现代主义强调对现代性的彻底否定、破坏和摧毁，至于需要再建构何种能够替代现代性的总体方案，后现代主义并没有明确的、统一的目标。毋宁说，以摧毁一切而著称的后现代主义就不能有所建构，否则，就与自身的绝对否定的内在逻辑相抵触和矛盾了。正如现代性完全否定传统一样，后现代主义不是对前现代传统的回归或重建，而是强调与包括现代性在内的所有传统彻底决裂，所以，在对传统的反思方式上，不管其思想内容如何激进和新潮，后现代主义仍然是现代性的延续，是人的倨傲的产物。如果没有人的理性的解放和"上帝之死"后的个体的自由，后现代主义就不可能出现，只是它将个体的自由无限地扩大而已。所以，后现代主义不像现代性那样是一个确定的"历史时期"，不是在现代性之后发生的一个全新的社会形式或价值体系，而仅仅是一种比现代性更加大胆的标新立异的反传统态度或情绪。带上前缀"后"字原本意指某种事物在较晚出现，发展尚不成熟、尚未完成或有待提高，如"后生"、"后续"、"后继"、"后发展"等，在后现代主义思潮出现后，任何理论往往只要将其名称附带上"后"字的前缀，就表示最新、最前卫和最时尚，否则就被认为是过时的可能被剥夺其继续存在的理由。从这一点来说，后现代主义是将现代性的积极的虚无主义推进到了无以复加的程度，一切坚固的东西都烟消云散了，人生活在彻底的平面化世界中。

从社会理想的层面来说，如果把前现代所内含的某种终极价值理想当成人类无法拭去的"乡愁"，现代性试图离开"乡愁"，那么，后现代主义则是让人们彻底摒弃人对"乡愁"的不成熟的依恋，永远处于"无家可归"的流浪者状态。正是这种"乡愁"的吸引，现代性用自身的特殊的幻象来替代"乡愁"逝去所留下的真空，到头来依然是幻影的破灭。在这一意义上说，后现代主义正是对现代性的总体性谋划失败所产生的某种悲观和绝望的情绪，因为任何对社会理想的重建都代表着对统一性、总体性、和谐与大全的追寻，而这些价值在后现代主义看来恰恰意味着压制和暴力，必然导致极权主义和恐怖。后现代主义相信人类任何总体化的努力都隐含某种专制和独裁，所以需要解构任何能够构成整体的存在，质疑构成人类美好生活的社会理想本身，被解构的理想当然主要包括现代的世俗化的社会理想与前现代的"上帝之城"的构想。可见，后现代主义追求的不是乌托邦观念的重建，而是近似于无政府主义，尽管乌托邦与无政府主义都反对现存的既定社会，但前者仍然相信有可替代现实的可能性选择，这促进了现实社会的积极变革，而后者在反对现实的同时，却容易陷入否定一切的虚无主义深渊。对现实社会变革的可能性悲观失望，从实际效果上反倒加强了对现实的肯定和认同。

在后现代主义视野中，不仅仅现代性已经过时，启蒙运动的道德与社会发展同时进步的谋划已经破产，使公众过上幸福生活的希望也已经幻灭，而且，现代性的地平线已经关闭，丧失了对已逝去的乡愁的怀旧情怀。虽然与传统社会相比，现代性缺乏超现实的终极性社会理想的建构，但是，它依赖于理性的自觉和个体的解放，仍然对人类未来的历史发展充满信心，尽管这种信心带有狂妄和盲目的意味。相比之下，后现代主义则放弃了任何社会理想得以建构的可能性，从而也关闭了通往未来的通道，正如哈维所说："现代主义在很大程度上表达的是对美好未来的追求，尽管这样一种追求由于遭到不断的幻灭而往往引发受害妄想，但是，后现代主义的典型表现却是抛开了这个追求，转而津津乐道于由于破碎感和种种不稳定感（包括语言造成的不稳定）导致的精神分裂状态，使得我们无法连贯地描绘，更无须说采取任何方式去创造某个完全不同的未来。"①

尽管，后现代主义指出了现代性的许多致命弱点，使人们开始重估现代性的价值，拓展了人类的视野与观念，但是，从总体上说，后现代主义仍是内生于现代性，并没有超越现代性本身，并未试图改变现代社会从经济到文化乃至人的本能心理状态的整体结构。在后现代主义的情绪表达中人们体会到的不是重建本体论的安慰，而是对现实充满更多的困惑与无奈。现代性的一个显著特点是它能够将自己的对立面成功地纳入自身的体系中而不会构成对自身

---

① David Harvey：*The Condition of Post Modernity：An Enquiry into the Origins of Cultural Change*，Oxford：Basil Blackwell，1990，pp. 53-54. 转引自陈刚：《大众文化与当代乌托邦》，112 页。

的真正威胁，这形成现代性的"多副面孔"，使自身的兼容性较前现代社会更强，这是它的成功之处，也是其内部充满各种悖论和矛盾的重要原因。作为现代性的一副新面孔，后现代的价值虚无与相对主义并没有构建一种比现代性更好（内在善）的生活方式，而是认为"怎么都可以"，这从根基上取消了一切可能提供一种好生活的形上学基础。

有一种观点认为，后现代主义就是强调一种平面化、零散化、无距离感和无深度的生活方式，不再追求任何的所谓"深层的本质"，真正的本质就在现象之中，不再去建构超越现实的历史的未来，当下的现在的时空维度就是最可信赖的真实。尽管说这种对后现代主义的理解未必全面，毕竟后现代主义从主观上否定了现代性的道德权力话语，将人们从现代性的"纯净之梦"（鲍曼语）中醒悟过来，不再执迷于建构现代版本的"形而上学幻想"。但是，由于后现代主义否定了建构任何真理、价值、意义及方法的必要性和可能性，没有提供任何可以超越现代性的可替代性方案，致使它不可能对人类已有的文化历史、现实及未来进行有效的整合和统一，在实际效果上，在多种没有客观标准的选择之中，人们依然会选择现代性的安全与可靠，而放弃后现代主义的自由而不明确的指向。因此，可以作出这样的判断，后现代主义以超越现代性为目标，结果"诊断出病状"，却"开错了药方"[1]。

有一个故事能够非常形象地说明这一点。[2] 可以把现代性比作一个"笼子"，生活在被高科技的锁链和铁栅栏束缚住的笼子里，依据一本生活指南，人们被调整得十分适应他们的现实，相信未来

---

① 赵敦华：《超越后现代性：神圣文化和世俗文化相结合的一种可能性》，载《哲学研究》，1994（11），26页。

② 参见［英］丹尼斯·史密斯：《后现代性的预言家：齐格蒙特·鲍曼传》，萧韶译，19～20页，南京，江苏人民出版社，2002。

的生活是美好的。在笼中的尘世的天堂中有一条蛇，名字叫"后现代性"，这条蛇每天夜里嵌入笼中打开笼门，人们带着恐惧与好奇的心理在夜里走出笼外，然而，他们面对的却是模棱两可、形象不清的世界，尽管那似乎是一个人类生存的自由的广阔空间，但失去确定的生活指南使他们很快就失去了耐性，返归到了笼中，绝望地把笼子的门闩上。留在笼外生活的人不再受现代生活的铁栅栏的约束，但也不再有任何确定的生活指南告诉他们：他们是谁？做些什么？如何感受和如何交往？在安全却异化的现代性与自由却迷茫的后现代性之间，人们会自然而然地选择现代性而放弃后现代性的虚假超越。

从这个隐喻性的故事中可知，由于后现代主义无法提供比现代性更符合人性的生活指南，不能构想另一种美好生活，所以，它并不能真正超越现代性，只能使现代性更坚固地存在于人们心中，使人们自觉地逃避后现代的流浪式自由而复归现代性的安全。对现代性的真正超越并不应该去一劳永逸、徒劳地否定一切价值，那只会导致消极的虚无主义，人类必须在继承传统文化的基础上，对人类的各种文化形态进行总体上的整合和统一。也就是说，超越现代性，必须提供另一种相对于当下的现代性更稳态、更成熟和更富有建设性的理论体系和价值目标。这里所谓的"超越"并不是指水平维度内的超越或完全抛开被超越对象，而是指内容涵盖被超越对象，在此之外生成更完善、更合理的理想模型。也就是说，这种超越不是全盘地否定，而是辩证地扬弃，并在更高层面的观念重建。所以，凡是超越某一种既定的思想和观念，除了对之有更深刻的了解外，想象和重构一种不同于当下的乌托邦理想是必不可少的。没有这种想象和重建，就不可能创造更好的生活，反之，"更好的生活"本身就内在地包含了一种超越现实的乌托邦想象与观念重建。

二、重建乌托邦观念的可能性及其内在限度

在极度现代的社会中，乌托邦观念的重建不仅是理论上的冒险，也需要一定的存在的勇气。它需要逆现代性潮流而上，颠覆现代人所珍视的价值观念，从而确立被现代性遮蔽的乌托邦观念的历史合法性。同时又必须与传统的乌托邦主义及其实践区分开来，力图证明在现代性这一背景下乌托邦观念的重建不是在同一层面上对传统乌托邦观念的简单回归，而是尝试综合传统与现代，并将其内在统一起来的总体性重建。这里的问题是，在现代社会重建一种乌托邦观念是必要的，但它是否可能，如果是可能的，那么这种对乌托邦观念的重建是否有其内在限度？

前文曾提到，列斐伏尔相信，虽然现代性充斥在社会生活的各个方面，但是，在充满异化的日常生活这一微观领域仍然存在反对、克服和超越现代性弊端的乌托邦动机，也正是这一动机的客观存在；对现代性危机的总体性克服才成为可能。也就是说，存在乌托邦动机的可能性是克服现代性危机的其他一切可能性的前提条件。比列斐伏尔的观点更进一步，布洛赫直接从正面证明了乌托邦精神对人之为人的本体论意义。在布洛赫看来，人类乌托邦式的致思并不是人的凭空想象和抽象思辨，而是人类精神生活的根本动力和基本状态，也是其内在生存论维度的一个有机组成部分。尤其在"物化"了的现代社会中，人应该重新找回属于自己的乌托邦精神的想象，恢复人的自由的超越本性。很多以文学作品方式表达的乌托邦设计之所以在人类的漫长历史中对后人能够产生极大的吸引力，就是因为其中蕴涵着超越时代局限的思想内涵。布洛赫把这一思想内涵称为"文化剩余"，即某种超越并游离于特定时代的意识形态之上的推动历史发展的具有永恒性价值的文化精神。以哲学语言的方式表达的这种永恒性价值就是乌托邦精神。在布洛赫看来，

乌托邦精神的核心范畴就是"尚未",用英文表达就是"not yet",其直接含义就是"尚不是"、"还不是"、"还没有"等,这与乌托邦的源初含义即"不在场"是息息相通的。乌托邦精神的"尚未"并不表示消极意义上的"空"、"无",而是积极指向未来更加真实的尚未存在和尚未生成的终极的可能存在或应当存在的东西,是一个趋向无限的展开和生成的过程。从布洛赫这一观点来看,乌托邦就不再是外在于人的遥不可及的东西,而是人自身所具有的本质属性,是人随时随地都能够感觉和体悟到的超越维度。无论现实的强权逻辑怎样强大,也无论人的生活本身异化到何种程度,人作为在本体论意义上具有乌托邦精神的超越性存在都无法被现实彻底同化,人之为人的乌托邦精神会终止现实的人从静止的眼光把人、历史和世界当成一个给定的和完成的存在,把人的目光指向终极性的价值关切,从而把人、历史和世界都理解为向未来开放、向各种可能性展开的不断生成的过程。

布洛赫区分了"抽象的乌托邦"和"具体的乌托邦"。他把马克思之前的乌托邦都称为"抽象的乌托邦",而把马克思主义说成是"具体的乌托邦"。在布洛赫看来,所谓"抽象的乌托邦"就是通常所说的"乌托邦主义",是人们出于对未来终极性理想社会的执著渴望与设想,根据某种正义观念或上帝的启示而非世界本身所具有的内在的社会发展趋势出发来构想的一种静态的理想社会发展模式。虽然"抽象的乌托邦"也把人类的目光指向未来的终极性价值,但由于它对现实的生活世界缺乏必要的科学认识和理解,从而把理想与现实绝对对立起来。与"抽象的乌托邦"相比,"具体的乌托邦"则来源于现实而又超越现实,不单纯依靠人们良好的主观愿望,而是通过人的理论反思与实践活动的互动才能够实现的可能性,它更多强调实现未来理想社会的动态过程而不是其最终结果。无论何时何地,人都应该处于"林中路"的途中而展望和体悟着乌托邦的理想社会,却不能指望存在一个所谓的现实的历史终点。这样，从"具体的乌托邦"这一视角出发，人类并不需要像西方传统的乌托邦观念那样非常详尽、精确地描绘未来的社会发展样式。因为，真正的完美社会无论何时何地都不可能具体存在于现实中，永远是现实的人无法企及的终极目标。虽然人类已完全没有必要对乌托邦社会做非常详尽、巨细的描述，但是，人类也并不是由此处于消极被动的状态，而应该在辩证看待理想与现实关系的基础上，把乌托邦观念所凝结的超越性精神从乌托邦主义的社会运动与实践中解脱出来，对待现实社会的具体变革采取一种科学理性精神，而对于变革的终极目标则始终保持着乌托邦式的超越精神，以防止人类满足于当下现实社会的具体形态。也就是说，人类只需不断地关注现实，保持理想与现实的辩证的动态发展关系，形成它们之间一定的内在张力，人类才可以摆脱过分的理想主义和极端的现实主义两种发展倾向。

应该说，布洛赫对乌托邦观念的这种区分有一定合理性，为我们正确理解乌托邦观念具有十分重要的价值和意义。对乌托邦观念的这种区分能够使我们避免滑向两个极端，即缺乏现实关切的过分理想主义、神秘主义和不再从根本上超越当下、展望未来的虚无主义。更为重要的是，布洛赫论证乌托邦的价值和意义，并不是首先以乌托邦对现代社会的重要性为理论的切入点，而是从乌托邦观念本身即乌托邦精神出发，从其所固有的内在价值来揭示乌托邦是人之为人的根本特征。遗憾的是，布洛赫把马克思的社会发展理论也看作一种乌托邦，这未免有些牵强。况且，在乌托邦言说极度匮乏的现代社会，试图单纯依靠恢复乌托邦精神来消除现实人的异化状态，这本身就是理论不彻底的表现。布洛赫只是指出了在现代社会重建乌托邦观念的可能性，却并没有指出其内在限度。也就是说，作为超越现实的一种价值观念及文化或道德建构，乌托邦才是真实可信的，而一旦超出观念的视域而进入具体的实践层面，乌托邦的空想性便凸显出来。所以，乌托邦观念的重建或恢复人的乌托邦精神，这只能在文化哲学或道德建构的伦理层面上对现实起到一种理论批判和反思作用，但在人类历史的发展过程中，对社会发展起最终决定性作用的还是以经济为基础，包括政治、文化等各个方面的总体性变革。这就是重建乌托邦观念的内在限度。超出这一内在限度，只能导致乌托邦观念的无限膨胀，直至被人类的实践活动验证为空想或不科学。在这方面，马克思为我们提供了科学的社会发展理论。第二章曾反复强调和论证了一种观点，即马克思的社会发展理论不是乌托邦，但也不是对乌托邦的绝对否定，而是一种根本超越乌托邦的科学的社会发展理论，这种超越是一种对乌托邦观念的辩证的否定和批判。大多数哲学理论要么把乌托邦价值片面夸大，把它当作人类历史发展的根本动力，要么就是通过贬斥乌托邦价值来否定它在人类历史发展中所发挥过的积极作用，视之为一种纯粹空想，甚至把乌托邦看作人类历史上诸多灾难和恐怖主义的悲剧性根源。这两种理论倾向都不免有失偏颇。应该说，在马克思那里才真正实现了乌托邦与人的现实的感性世界的有机结合。如果说，在《1844年经济学—哲学手稿》一书之前马克思的思想还停留于乌托邦理论的思辨建构中，那么，经过《德意志意识形态》直到《资本论》的问世，马克思已经将其理论的乌托邦的道德批判、价值维度及其对历史的终极关怀都深深嵌入对现实的资本主义政治经济学的科学实证的考察中，使他的社会发展理论兼具历史感和总体性，内含着科学精神与人文精神的统一。一些理论以马克思在《资本论》一书中对资本主义的实证性分析为由来指责马克思的后期思想趋于保守，而第二国际的共产主义运动及追随者把内在统一的马克思主义理论人为地分割开，将马克思主义僵化、自然主义化，使其在社会实践中失去生机与活力。这些观点都是不正确的，甚至近于荒谬。因为他们没有看到在马克思的后期思想中所体现的对全人类解放和总体人生成这一历史的终极关怀，更没有理解马克思主义是对传统的乌托邦观念的积极扬弃，从而将科学精神与人文精神集于理论一身。西方马克思主义之所以出现并对当今马克思主义的发展产生积极影响，就是因为它扭转了第二国际共产主义运动的所谓马克思的"忠实继承者"对马克思主义的僵化、片面认识和实践，使马克思的理论超越和改变现实的批判层面以一种纯粹的乌托邦的总体性形式表现出来。虽然西方马克思主义有偏重文化观念层面的"乌托邦革命"这一理论倾向，但它毕竟走出了完全认同给定现实的庸俗马克思主义的非批判立场。在当前，国际性的共产主义运动处于低潮，而资本主义的现代性文化价值正以全球化的浪潮席卷整个世界，并欲同化每一个独立的文化主体，社会主义现代化建设的进行也因此受到了前所未有的困难和阻力。在这种复杂的情况下，我们应该将历史的眼光放得更加长远，既要在这种全球化的时代抓住良好的机遇发展自己的生产力和综合国力，以适应国际化的发展趋势，同时更要克服和超越这种全球化的"单面性"倾向，力图避免和克服这种现代性的价值扩张所带来的消极影响。为此，我们不能完全亦步亦趋地跟随着全球化的潮流，把马克思主义看成僵死的过时的理论，而要真正"回到马克思"，在马克思主义的指导下恢复、强调和重建人的否定现实的超越和批判的乌托邦精神。

三、乌托邦与中国的现代性问题

当西方社会现代性形成之初，这种原本在特定区域里和特定时间内产生的文化观念就在不断突破时空限制而向非西方社会扩展和同化。从现代性产生之时起，它注定不会也不可能仅仅局限在一国或几国的狭小范围内，而是以其极强的扩张性和宰制性弥漫于全球。当一国或地区率先形成现代性之后，这种特殊的文化观念所代表的全新社会发展蓝图，往往就成为暂时还未形成现代性的国家或地区竞相追逐的最优化的理想社会发展模式。正如许多论者指出的，现代性是全球化的动力，而全球化则是现代性在全球范围内无限制扩张的必然结果。① 因此，从现代性形成和扩张之时起，它就不再纯粹是西方社会的问题，也成为所有包括非现代化国家或地区共同面临的全球性社会问题。

吉登斯把现代性的这种全球化扩张的内在机理及其本性分析得极为透彻。在他看来，现代性之所以成为全球化的动力，这得益于它成功地完成了时、空的分离与转换。在西方近现代社会中，由于时间与空间的分离，导致具体的时间与空间虚化，其结果是，"时—空分离及其标准化了的、'虚化'的尺度的形成，凿通了社会活动与其'嵌入'（embedding）到在场情境的特殊性之间的关节点。被脱域了的制度极大地扩展了时—空延伸的范围，并且，为了做到这一点，这些制度还依赖于时间和空间的相互协调。这种现象，通过冲破地方习俗与时间的限制，开启了变迁的多种可能性"②。正是由于这种时间与空间的分离、虚化及延伸所形成的极强的动力机制，现代性几乎能够成功地"嵌入"到任何一个具有独特文化背景的国家、社会或共同体，从而无情地剪断它们与自身文化传统的内在联系和天然脐带。从积极方面看，现代性为非西方社会融入"世界大家庭"提供一个良好契机，为不同文化主体或社会之间的沟通与交流带来了一个全新的互动时代，摆脱了在传统社会中人与人之间交往范围的狭窄、社会进化的缓慢以及物质产品的匮乏等等状况。但是，吉登斯同样提醒人们，现代性在带给人类诸种"福音"的同时，也显示出它是一头难以驾驭的"猛兽"这一征兆，它会挣脱人类的理智控制并将多元文化传统"撕得粉碎"。毫无疑问，现代性本身具有解放功能，它会扩大每个人的自主性及其理性

---

① "全球化"究竟是文化的同质化还是多元化？这个问题一直在学术界讨论。在这里把"全球化"理解为一种同质性、宰制性的文化，是一种地方经验的全球化扩张，它意味着一种单一的、侵略性文化的崛起，欲替代各种不同的特殊文化传统。

② ［英］安东尼·吉登斯：《现代性的后果》，17 页。

的判断能力，但在追逐现代性的同时，人类社会也会为此付出沉重而高昂的社会代价，如人与人的情感疏离、意义世界的失落及其市场的资本疯狂代替了人类需要的有节制满足等等。更为重要的是，现代性似乎能够同化每一个独特的社会或文化共同体，扯断现代与传统的天然脐带，同时，也遮蔽了每一个特殊的社会或文化共同体本身所具有的反抗当下现实的乌托邦维度，从而使整个世界处于非乌托邦或反乌托邦的同一化状态。失去乌托邦维度并同化于现代性的每一个社会必将陷入一种自我认同的文化危机。因此，对于从传统向现代转型的非西方国家、社会或共同体来说，对待现代性应采取理性审视和积极批判的态度。尽管在当今的全球化时代，任何个人和社会都无法逃避现代性，正像吉登斯所强调的："重复一遍，就现代性嵌入我们生活中的安全与危险的平衡而言，再也没有什么'他人'存在了：没有一个人能够完全置身事外。"①但是，我们也应该积极看到并相信每一个特殊的民族或文化共同体在走向现代化的过程中，都不同程度地承担着反抗现代性的历史使命，依靠本土的传统社会文化中凝聚的乌托邦超越和批判能力，引导和驾驭现代性，从而降低现代性同化的危险而增加它所能够给予我们的机遇。也就是说，在乌托邦信念的支撑下，我们对现代性要保持一定程度的批判和反思，在不同文化传统"视域融合"的境界中超越自身的文化传统和"他者"文化类型之间的简单二元对立，由此获得的成果就是丰富"现代性"的文化内涵，使之由狭义的"现代性"向广义的"现代性"延伸。

当前，对于中国社会来说，现代性俨然没有成为既定的事实，我们正行进在由传统农业文明向现代工业文明转型的现代化过程中，现代与传统之间的张力还在一定程度上保持着韧性，但是对潜

---

① ［英］安东尼·吉登斯：《现代性的后果》，131页。

藏的现代性危险我们却不容忽视。尤其在目前的全球经济一体化这一形势下，我国社会主义现代化建设取得了举世瞩目的成就，与发达资本主义国家各方面的差距在不断缩小，但是，人们普遍对现代性文化观念的理性审视不足，对现代性难以驾驭的破坏性估计不够，人们大多沉醉在现代性物质丰裕的享受快感中，体验着现代性的"福音"带给人们此时此刻的即时幸福。其实，对于有着一定实用理性的世俗化传统的中国社会①，我们在享受现代性积极成果的同时，应该警惕和防止现代性所带来的种种消极后果。首先应该从精神深度层面保持文化的超越性和批判性，彰显乌托邦与现代性之间的张力，否则，我们也许会更易遭受现代性消极的一面。这种现代性的消极的一面，正如吉登斯所言："当事实上地球上再也没有神志清醒的人的时候，剩下的就只能是'昆虫与青草的王国'了，或者，是一组破败不堪和外部受到严重伤害的人类社区。"②

1. 比较视域中的中西乌托邦观念

前文曾指出，从特定的角度来看，乌托邦属于西方传统社会所具有的一种社会意识形式或文化观念，这不仅仅因为在西方文化中最先产生了"乌托邦"这一概念，而且，西方传统社会所具有的超验、形上学文化传统决定了其乌托邦理论资源的丰富和系统，决定

---

① 作为中国文化哲学源头的先秦哲学，本有其非世俗的价值源头。殷周之际，"天"逐渐取代祖先崇拜而获得至上神地位，由此而有本体之天道。从此，天道——天下——大同构成了一个本体性的外在价值目标。孔子历史性地将外在规范之"礼"内化为由个体心理体察的"仁"，孟子"万物皆备于我矣"、《中庸》中的"庸，平常也"等思想逐渐将价值超越的重心倾向现世的人的"实用理性"。直到明朝中叶之后，泰州派终于将"百姓日用"与"道"直接等同为一，即"百姓日用即道"。至此，中国文化中的种种维系超越性的中介性修养再也不必要，与天道源头的联系已被斩断。世俗主义终于在晚明形成并流行。参见尤西林：《阐释并守护世界意义的人——人文知识分子的起源与使命》，212～223页，郑州，河南人民出版社，1996。

② ［英］安东尼·吉登斯：《现代性的后果》，151页。

了它所设计的理想社会模式的超历史性、终极性。此外，乌托邦思想还依托于西方浓郁的宗教文化传统，宗教虚构了来世和天国，它鼓励人们忍受现世的苦难，节制自己的欲望，这样，在死后灵魂就可以升入天堂。这为乌托邦观念提供了强大的精神动力。尽管从某些角度来说，乌托邦思想或观念在西方社会表现得更为明显，但是作为乌托邦意识或乌托邦精神却是人与哲学的根本精神，对价值理想与价值目标的不懈追求，是人与哲学的固有本性，只是在不同民族或社会中这种乌托邦意识或精神在表现方式及理论侧重点上有所不同而已。对于中国社会的文化传统来说，虽然没有西方人的原罪观念，没有形成天国和世俗社会之间的紧张关系及形上学文化传统，但中国人以其特有的方式追求世俗生活中的价值理想，以期实现人生与社会的统一与和谐。中国传统文化中，人的社会价值理想可以概况为："身修而后家齐，家齐而后国治，国治而后天下平。"《礼记·大学》意思是说，只有个人自身的道德品质得到提高，家庭才会整顿好，相应的，国家才会治理好。国家治理好了，推而广之，天下才会太平。

　　在中国传统的文化观念中，"大同"这个名称在内涵上接近西方文化的"乌托邦"概念，在文学作品中常常表述为"桃花源"、"乐土"和"黄金时代"等。中国社会的大同思想由来已久，但"大同"这一概念及其构想的理想社会蓝图，正式出现在儒家经典《礼记·礼运》中，其内容表述为："大道之行也，天下为公，选贤与能，讲信修睦。故人不独亲其亲，不独子其子，使老有所终，壮有所用，幼有所长，矜寡孤独废疾者，皆有所养。男有分，女有归。货，恶其弃于地也，不必藏于己；力，恶其不出于身也，不必为己。是故，谋闭而不兴，盗窃乱贼而不作，故外户而不闭，是谓大同。"刘明华在《大同梦》[①] 中指出，与大同的理想社会相对立的

---

① 刘明华：《大同梦》，4 页，上海，上海文艺出版社，1999。

是当时人们所生活于其中的现实社会。作者通过理想社会与现实社会的鲜明对比，来发现现实社会的不完善和不合理之处，借此推动现实社会的变革。

总体来看，中国乌托邦观念传统对大同社会的描述从内容上主要表现为三个方面。第一，对天下为公的追求。在大同社会中，人人劳动和互助互爱。第二，无为而治的德治思想。主要表现为对君主权力的限制和对暴君的批判，对仁政的向往。第三，在土地问题上，主张人人有其田的平均主义思想，这体现出土地问题一直是中国社会长期以来存在的重大社会问题。如果历史地考察中国传统文化，我们同样能够发现中国乌托邦观念传统也经历了类似于西方社会乌托邦传统从"空间乌托邦"向"时间乌托邦"的观念转换过程，有所不同的是，这种转换的完成相对西方社会来说是被动的、突然的，甚至是极为痛苦的变化过程。这一转变过程集中表现在洪秀全、孙中山及其后来的大同社会的建构中。人们对大同社会的执著追求由源初对未来社会的想象、憧憬、向往与渴望，发展到近代西方启蒙精神的侵入后，大同理想日渐趋向可行性、可操作性，与现实的距离也越来越近。正是从这时起，在中国社会中，乌托邦与现代性发生了内在关联，理想与现实之间处于不断的纠葛之中。应该说，在现代性侵入中国之前，中国的乌托邦思想自在自为地存在和发展着，有自身独立的发展脉络。国内学者蒋庆就把中国社会传统文化的基本特征归结为大同文化，这种文化形式是以"天人合一"思想为基础的。他认为："以天人合一的天人之学便是统一的文化理论，贯通一体的学术特征。以天人合一的天人之学便是统一的人生观、社会观、宇宙观，以统一的人生观、社会观、宇宙观看待便是大同观。天人合一即大同，从大处讲是人与宇宙的统一、人与社会的统一；从小处讲是人与人、民族与民族、国家与国家的统一乃至相同。虽然中国古代哲学家中也有主张'天人相分'、'天人交相胜'的，但他们的主张仅是为了明于天人之际而言，并不把天与人看成敌对的关系。"①

与以"天人合一"为基本特征的中国传统文化有所区别的是，西方社会的传统文化观念往往从"主客相分"的二元对立思维方式来看待世界，如在哲学上有现象界与本体界之分、认识论上有经验与超验之分、宗教上有人间与天堂之分、社会思想上有现实与乌托邦之分等。尽管在处理对立两极之间的关系上，西方传统观念往往偏重于以上对立两极中的后者，试图依靠超验的形上精神来保持二者之间的和谐，可是，一旦这种张力消失，人们的普遍价值观念就开始转向对立双方的另一极。西方社会的二元对立世界观是以"主客相分"为前提的，二者之间常常处于支配与被支配的主奴关系，特别是从西方近现代社会以来，主、客体统一的本体论的形上学基础消失，人依靠手中所持有的理性与科技之剑俨然成了地道的宇宙主宰，殊不知，由此人越来越陷入与自然、社会乃至上帝的疏离，迷失在失去本真自我的"拜物教"崇拜中。与之不同，中国传统文化一直没有存在或不明显存在西方文化意义上的主客相分，甚至敌对状态，人生观、世界观与宇宙观总是统一在一起的，人总是力图保持人与自然、社会，以及理想与现实之间的内在统一与和谐。这种统一与和谐不是把对立的两极从一端还原为另一端，不是强调二者之间的同一，而是主张一种"和而不同"的原则。这也是中国人所追求的大同文化的基本特征及其优势所在。

中西文化传统底蕴上的差异决定了它们对理想社会的构想与设计也存在一定区别。中国文化传统更加注重人的日常生活、人际关系、家庭伦理等，把人生或社会理想的实现具体体现在现实的生活世界中，即"修、齐、治、平"，很少像西方传统文化那样，自主地构想了一种完全不同于现实的、近乎天国的理想社会模式。2001

---

① 蒋庆：《大同文化：中国传统文化研究与探讨》，21页，北京，中国三峡出版社，2003。

年武汉大学闵乐晓在其博士论文《走出乌托邦的困境》中指出："的确，相对于西方形上学思想传统中理念与现实的深刻的二元性特征而言，中国思想一开始就具备它深刻的现实性，它不是在思想与现实的分裂中去展示哲学的超越性，相反，它直接在思想与现实的同构中去表达思想对现实世界深刻的关怀意识。"因此，中国历史上的乌托邦往往具有现实性与神秘性相统一的特点。例如，孔子所建构的乌托邦指的就是历史上真正存在过的"三代"，老子所建构的乌托邦指的是比"三代"更古老的原始社会。同时，他们对理想社会的描述又披上了一层神秘的色彩，使人可望而不可即。如果从西方传统文化来看，中国的大同社会理想似乎并不具备完整意义上的乌托邦理论特征，缺乏世俗生活与超验社会理想之间的紧张，但是，也许正是这一点构成中西乌托邦观念传统的区别所在。而且，从人类已有的历史总体来说，作为人的本体论意义上的乌托邦精神应是各个民族或社会文化都具有的基本特征。只要有人存在，就会产生对未来社会的乌托邦构想，只是在不同民族或社会文化那里乌托邦观念表现方式不同，抑或，在不同的历史时期，乌托邦渴望的强弱程度有所不同而已。完全没有乌托邦想象的人或社会是一件不可思议的事情。只有具备一定的乌托邦想象，人类才有希望、期待、激情与感动，也才会有对崇高与神圣的不懈追求与向往。从这个角度说，很难用孰优孰劣、先进与落后或高级与低级的标准来比较中西乌托邦观念传统，只能说它们各有自身的特点。从我的观点来看，西方社会的乌托邦观念对未来社会的构想更加细致和完善，更富有理性的分析和形上的批判力量，但由于它是以"主客相分"的二元论世界观为基础，很容易在形上的批判能力减弱或消解的情况下，滑向另一极端而走向"异化"的文化危机。相对来说，中国传统的扎根于生活世界的大同文化更具有包容性、调适性，具有兼容并蓄的文化特征。

2. 中国近代启蒙时期乌托邦观念之哲学探讨

任何一个民族或社会无论被动还是主动遭遇现代性，其本土文化都会不同程度地受到重创和冲击，原来值得珍视的一些文化传统或价值观念在现代性的拷问和平整下都会受到不同程度的质疑，以至于被当作糟粕而抛弃掉。有的很快就欣然接受并投入了现代性的怀抱，也有的在苦苦挣扎着拒斥现代性，力图保持本民族或社会文化的完整性。但可以肯定的是，从现代性产生之时起，它的全球化扩张和宰制本性就暴露无遗，现代性的内在本性就是全球化扩张，我们无论如何都无法逃避现代性。所以，对待现代性，无论强烈拒斥还是欣然接受，其结果都将无法与之彻底脱离干系。不过，现代性也有其积极的一面，包括其所创造的科学与民主精神，释放了人类对自由与平等的渴望。对于其消极的一面，我们完全可以期待和指望，在现代化转型过程中各民族或社会的传统文化中会内生出创造性、主动性，从而超越现代性及现代文化的同一性，最终在整个世界实现多元的现代性视域。这里并不想对中西方文化的碰撞、冲突与磨合的过程加以讨论，这是一个宏大的课题，并非本书所能及。在此，只从乌托邦观念的视角，来分析在中国近代社会启蒙时期的现代化转型过程中所遇到的一些问题。

（1）中国社会乌托邦观念的历史演变

正如上面曾指出的，在现代性侵入中国社会之前，中国传统文化的乌托邦思想都是自在自为地存在和发展着，有着自身独立的发展脉络。从总体上讲，这个时期的乌托邦思想并没有完全被人们作为历史发展的切近目标加以追求和实践，而是作为批判和反思现实的一种精神动力、价值追求和道德期待，以"永不在场"的方式影响并推动着历史的进步。然而，自从中国社会被迫打开门户开始走上现代化的发展道路，受启蒙精神的影响，中国文化的乌托邦观念才开始带有现代性的特征，由形上的道德批判和精神动力开始转向现实的乌托邦社会运动与实践，乌托邦具有了时间化的历史维度和实践性特征。库玛指出，在西方启蒙运动之后，"人义论"代替"神义论"，形下的经验重塑代替形上的道德批判，传统的乌托邦观念才可能成为现实的思想、实践的行动和历史发展的目标。西方社会乌托邦观念的这一发展过程有其内在的文化基因，但对于中国社会来说，如果没有外来强势文化的冲击与挤压，没有启蒙精神的"嵌入"，以"天人合一"为基础的乌托邦观念传统并不必然转向现代性。应该说，无论中国还是西方的文化传统，对乌托邦精神的追求并没有破坏乌托邦本身的完整性，"永不在场"的乌托邦精神葆有对现实社会的永久性批判和道德规范能力，而一旦乌托邦被当作历史发展的切近目标，成为在社会运动和实践中可现实化的具体操作过程，那么，乌托邦就容易失去其终极性、批判性，而与政治现实交织在一起，人们就会在进步观念的指引下，试图以自身的努力目睹乌托邦在当下状态的实现。这最终使终极性的乌托邦社会理想丧失了其最源初的精神动力而向"历史的终结"这一反乌托邦方向转化。① 也就是说，乌托邦的社会理想是美好的，它代表了人类对美好社会的执著追求和向往，对历史的最终目标的信仰，而乌托邦的社会运动与实践却有滑向现实意识形态的危险，沉沦于政治意识形态，其反过来却敌视乌托邦。现实的政治运动或历史的切近发展不能以乌托邦为目标，否则，既是对乌托邦的一种曲解，对乌托邦精神的扼杀，也是把政治乃至整个社会导向恐怖主义的重要理论根源。只有把乌托邦作为政治现实的对立面而存在，乌托邦才能被限定在对历史的最终目标的执著追求与向往上，从而葆有其对既定现实的文化批判和反思能力，否则，乌托邦就可能超出自身的界限而导向乌托邦的社会运动与实践。在一定程度上说，乌托邦观念能够推动社会进步和历史发展，不在于它在政治上的实践所产生的社会

---

① 参见陈周旺：《正义之善：论乌托邦的政治意义》，110 页，天津，天津人民出版社，2003。

运动，这只是其"副产品"，而恰恰在于它远离政治现实而保持着文化超越性与精神上对未来历史的终极关怀。这样说，并不是完全否定乌托邦的社会实践性，只是在实践乌托邦观念时，人们必须要对乌托邦本身有一个清晰而理性的总体审视，要区分开乌托邦观念与乌托邦的社会运动，把每一次具体的社会运动当成社会发展和历史进步的一个过程，而不是要达到其最终结果。

在中国传统文化中，具有时间性维度、融入历史的乌托邦观念最早体现在西汉时期的理论中。董仲舒把春秋十二公的历史按照距离孔子生活时代的远近分为三等，即传闻、所闻和所见。在东汉时期，何休进一步把这种观点发展为"三世说"，即"衰乱世"、"生平世"和"太平世"，把未来社会的演进归结为由乱到治，从低级到高级的过程，从"衰乱世"经"生平世"，最终达到"太平世"，"天下远近大小若一"，人类的未来历史也就由此到达终点了。到了"太平世"，由于文明的高度发达，"人人有士君子之行"，夷夏之分、内外之别等状况都不复存在，天下真正归于"大一统"。至此，中国社会的大同理想就不再完全表现为对远古"黄金时代"的梦幻般追忆和浪漫主义想象，而是具有强烈的现实使命感和历史感，对未来美好社会充满强烈的渴求与期待。这样，超越某一特定时代的乌托邦就成了在历史的发展过程中通过人们的实践活动渴望达到的确定目标。闵乐晓论及："何休高远的理想期待融注在宏阔的历史走向中，他的视点事实上拆除了历史事实与神话想象之间的壁垒，并按照神话的方向建立了独特的历史哲学。随着三世的递进，儒家乌托邦主义的理念已经远航到企望的顶峰。"尽管，从何休"三世说"的内容来看，社会发展理论带有了进步论的意味，不再完全以过去的"黄金时代"为依托来批判当下现实社会，而是以未来为价值导向，追求"至真"、"至善"、"至美"的历史终极目的，但这种历史哲学与其说是对历史的真实描述，不如说是表达了对历史发展的形上信仰，并不构成乌托邦的社会运动与实践。

（2）遭遇现代性的乌托邦救世主义

随着西学东渐、启蒙精神的侵入，在外来强势文明的碰撞和挤压下，中国大同思想开始吸收西方社会的乌托邦观念的一些成果，以及西方近代社会的启蒙思想，与之汇合、交融而形成了中国近代社会所特有的乌托邦救世主义。这样，乌托邦观念不但要具有批判和反思现实的理论任务，而且还要考虑是否可能和如何付诸实践，是否能够把中国社会从被压迫的苦难中彻底解脱出来。在中国近代社会中，乌托邦救世主义主要表现为洪秀全、康有为和孙中山的空想社会主义的历史设计，其中洪秀全和孙中山的空想社会主义都付诸实施，是将理想与实践合一的乌托邦运动，虽然都失败了，但对中国社会后来现代化求索之路产生了极大影响。康有为的乌托邦救世主义同样希望以中国传统的"大同"理想来解救民族的危机，祛除社会的弊病，但他构想理想社会的前提是将理想与实践分割开来，认为大同理想是对未来美好社会的总体构想，而实践却是现实社会的具体变革，它们处于不同的价值层面。

对于洪秀全和孙中山来说，他们各自发动和掀起的太平天国运动和辛亥革命是中国近代社会两个重大历史事件，尽管时间相隔半个多世纪，代表的阶级属性、阶级意识以及革命的最终目标都有所不同，但至少有一点是相同的：他们都反对既定的现实而追求天下合一的大同理想社会，并希望将他们心目中的理想社会付诸实践而成为现实。洪秀全在中国传统文化的大同理想的基础上，吸收了基督教的天国思想，设计了农业社会主义的乌托邦。他提出的"天下一家，共享太平"的社会理想极大地鼓舞了当时人们反对腐败的清朝政府和外国列强的高昂斗志，推动了中国新民主主义的社会进程。孙中山对洪秀全领导的太平天国运动给予了高度评价，他说："共产主义在外国只有言论，还没有实行，在中国洪秀全时代便实行过了。洪秀全所行的经济制度，是共产的事实，不是言论。"① 但是，孙中山并没有看到太平天国运动失败的主要原因在于乌托邦式的革命目标与中国当时现实社会状况的巨大差距，而是认为太平天国领导层的内部政治权力之争所致。其实，内部的政治权力之争只是太平天国运动失败得以发生的外在诱因，真正的原因在于，太平天国运动欲将按大同理想设计出的以《天朝田亩制度》为核心的千年王国理想蓝图变成人间天堂。若把《天朝田亩制度》中设计的社会发展模式看作中国农民自古以来所渴望达到的最完美的理想社会状态，把这本书当作中国农民的最详尽、最周密的乌托邦纲领，这在思想史上无疑具有重要的划时代意义，然而，作为一部政治性极强的著作，其内容的空想性就昭然若揭了。首先，这本书的思想资源不是科学的发展理论，而是带有浓厚的宗教意味；其次，这本书中的空想成分在于其存在明显的矛盾，既要建立平等、公有共享的社会，又把这种共享建立在每一户农民都平等地拥有一份土地的基础上；再次，这本书作为一种政治性的行动纲领暴露出一种不切实际、违反科学精神的平均主义。由于纲领的空想性和抽象性，这种千年王国运动不能真正地摆脱广大农民受剥削、受压迫的生存困境，更不能正确处理好理想与现实之间的关系，无法根本解决当时中国社会的根本矛盾，最终必然走向失败的结局。

孙中山也力图把理想和现实在实践中结合起来，目的是实现他心目中的大同理想。孙中山提出"民族主义、民权主义和民生主义"（统称三民主义），其中，"民族主义"和"民权主义"是具体实践的革命内容，而"民生主义"则是他心目中理想的社会蓝图，也是三民主义的核心内容。在孙中山的理解中，民生主义就相当于共产主义，它是后者在现实中的具体体现，正如他一贯强调的：民生主义就是社会主义，又名共产主义，即是大同主义。孙中山说：

---

① 《孙中山全集》，第九卷，230 页，北京，中华书局，1986。

"我们要解决中国的社会问题，和外国有相同的目标。这个目标，就是要全国人民都可以安乐，都不会受财产分配不均的痛苦。要不受这种痛苦的意思，就是要共产。所以我们不能说共产主义与民生主义不同，我们三民主义的意思就是民有、民治、民享。这个民有、民治、民享的意思，就是国家是人民所共有，政治是人民所共管，利益是人民所共享。照这样的说法，人民对于国家不是共产，一切事权都是要共的。这才是真正的民生主义，这才是孔子所希望的大同世界。"① 孙中山政治革命的最终目标就是要实现他心目中的"世界大同"的社会理想，同时，他依靠这一社会理想唤醒中国人的革命热情，增强了中华民族的凝聚力和向心力。然而，也正是由于孙中山把他所倡导的"世界大同"的社会理想作为当时政治革命的既定目标，所以，陷入了与洪秀全的太平天国运动同样失败的命运，其根源在于将乌托邦的社会理想作为历史发展的既定目标。如果要使一种政治思想及其实践获得成功，应该首先在当下的社会具备其必需的经济成分和阶级基础，否则，单纯以乌托邦的社会理想为目标的历史设计必然陷入历史的投入与产出的巨大反差而出现美好理想的幻灭。

（3）乌托邦与现代性之间的张力

与洪秀全和孙中山将大同社会理想付诸实施不同，康有为构想大同社会的主要目的在于从理论上批判和否定现实。康有为的乌托邦救世主义主要体现在《大同书》一书中。康有为希望通过对其所构想的大同社会的描述，使国人对当时的现实社会有一个清醒的理性认识，以中国传统的大同观念的现代转化来激活当时人们社会变革的热情与信心。他依托传统"三世论"的历史进化发展观，并将之与西方近代社会的进化论观念相结合，在内容上吸收了许多资本主义的社会发展思想，有的就以之为原型，这使其大同思想更具有

① 《孙中山全集》，第九卷，394 页。

时代感召性和历史进步意义。康有为甚至并没有把目光仅仅投放到中国的未来，而是放眼于整个世界，希望整个世界的历史发展最终获得一种统一与和谐，实现人类的大同理想。在康有为的大同思想中，欧美资本主义社会的"影子"极为明显，他认为只有先学习西方社会的科学技术和民主制度，才可能趋近于世界大同社会。在康有为看来，中国社会之所以落后于西方，其重要原因就在于一直没有摆脱农业文明的桎梏。所以，长期以来中国社会一直都因循守旧、不思进取，康有为指出："观大地诸国，皆以变法而强，守旧而亡"，"观万国之势，能变则全，不变则亡，全变则强，小变则亡"①。据此，康有为把未来理想社会描述为"太平之世无所尚，所最尚者工而已；太平之世无所尊高，所尊高者工之创新器而已"，"太平之世，人既日多，机器日新，足以代人之劳，并人之日力者日进而愈上"②。从这一点来看，康有为的大同思想建立在对当时中国现实社会状况具体分析的基础之上，具有很强的科学主义倾向。然而，这仅仅是问题的一个方面，因为在康有为的大同思想中，相对于现代性的描述所表现出的现实关切的科学精神来说，对未来历史的终极性关怀和强烈的道德理想主义显得更为重要和根本。因为，如果离开了后一方面，康有为大同思想的乌托邦精神就无法体现，充其量也只能说是为当时新兴的资产阶级启蒙运动摇旗呐喊，追求的也仅仅是一种"实托邦"。

康有为大同思想的可贵之处正在于，他认识到了在资本主义科技发达、物质文明繁荣的背后隐藏着道德退化、精神萎缩的文化危机。在由农业文明向现代化转型的过程中，中国需要学习西方先进的科学技术和民主制度，同时也需要克服西方社会现代文明的一些弊端，也就是需要克服或超越现代性。学习西方文明并不是中国社

---

① 汤元钧编：《康有为政论集》（上），211 页，北京，中华书局，1981。
② 康有为：《大同书》，247～248 页，北京，古籍出版社，1956。

会拯救自身的最终鹄的，这仅仅是一个必经的社会发展阶段而已，此外还应有更高的历史发展目标。人类不仅仅要获得物质生活的丰裕，也要追求一种道德上的完善、内心的宁静与志远，即"大同之道，至平也，至公也，至仁也，治之至也"①。康有为"大同之世"的理想不应该被理解为西方文明的全球化扩张的结果，而恰恰是依托中国社会的大同文化传统来超越现代性的一种可能性的价值诉求，其思想主旨就是要保持乌托邦与现代性之间的张力，也就是价值理性与工具理性、理想与现实之间的平衡。康有为的大同思想并不是像有些人所评价的那样"充满矛盾的"，而是站在未来历史的制高点上，俯瞰当时的中国现实社会而作出的一种总体性抉择。从一定意义上说，在当时的复杂历史条件下康有为就已经为中国社会的未来发展指明了一种相对明确的方向。一方面，对于当时的中国社会甚至更长一段时间来说，中国急需向西方社会学习先进的科学技术和民主制度，以发展中国的生产力。因为中国在某些方面落后于西方社会正在于其物质文明不够发达，所以，必须弥补这一欠缺。康有为指出："物质者，至粗之形而下者也，吾国人能讲形而上者，而缺于形而下者，然则今而欲救国乎？专从事于物质足矣。"② 另一方面，由于现代西方文明过于注重工具理性的价值而轻视社会的终极理想，重人的现世物质享受而轻精神境界的提升和道德自觉的培养。所以，依附于西方文明的现代化是不健全的，或者说，这仅仅是实现未来理想社会的途径或必经阶段而已，作为"富强"与"至善"的内在统一与和谐的"大同之世"才是中国乃至整个人类社会追求的终极性目标。

对于当时中国社会的境况来说，既需要把现代化作为中国社会的切近发展目标，以摆脱中国社会受外国列强压迫和奴役的悲惨境

---

① 康有为：《大同书》，8 页。
② 汤元钧编：《康有为政论集》（上），569 页。

地，在此基础上，又有必要高悬一个可望而不可即的终极性社会理想，这种虽不能至而心向往之的理想社会境界可以提升人的价值与尊严，使人能够免于沉沦现世享乐和人生虚无的危险，为人的精神提供一个温馨的家园。在康有为的大同思想中，这两个方面不是尖锐对立的，而是处于不同层面的社会发展目标，形下的工具理性层面最终需要受制于形上的大同理想的道德之维，前者需要后者的规范与引导，后者需要前者提供的生产力基础。这正体现了康有为务实的科学精神与求善的道德理想主义的内在统一。当然，这是在最理想化的意义上来谈论中国社会的发展，而在实践的操作中，两者的统一却是一个极为复杂的过程。作为乌托邦思想家，康有为非常清楚"理想之空言"与"施行之实事"之间的区别，所以，他不愿把多年积累、创作而形成的"大同书"公布于世，唯恐对人们的社会实践产生误导。他说："公理常与时势相济，而后可行，若必即行公理，则必即日至大同，无国界，无家界而后可，……而合必不能行也"①。这一结论与别尔嘉耶夫的观点极为相近，乌托邦观念只是起到对现实社会批判、反思、启示和警世的作用，一旦通过人们的政治实践而成为现实，它就难免沦为教条主义与政治意识形态，内在的批判精神就将会被现实所扼杀。只有在希望超出现状，渴望有一种更加理想的社会环境这一要求和态度上，乌托邦才永远存在，其意义和价值才能够凸显出来，"但理想与现实，作为观念的乌托邦与社会、与政治的实践，其间有相当的距离。如何切实地克服这一距离，达到二者之间合理的平衡，这绝不仅仅是政治家们的问题，却值得所有的人深思"②。

在《大同梦》一书中，刘明华对康有为的大同思想给予了很高的评价，认为："这是中国大同思想的集大成的篇章，也是大同思

---

① 汤元钧编：《康有为政论集》（上），476 页。
② 张隆溪：《乌托邦：观念与实践》，载《读书》，1998（12），69 页。

想最诱人的蓝图。"把它看作中国乌托邦思想的"最后辉煌","从《礼记·礼运》到《大同书》，大同思想至此画上了一个完美的句号。同时，也宣告了这一古典思想的终结"①。在康有为之后，大同理想与中国人的政治实践结下了"不解之缘"，中国的乌托邦社会理想在内忧外患的挤压下渐渐变形而染有现代性的救世主义特征，也就是说，原本不可能在当下实现的乌托邦社会理想却成为中国人摆脱现实困境的政治目标。乌托邦的政治化实践在把中国人从受外国列强压迫和奴役的境地中解放出来的同时，也把乌托邦与现代性原本作为不同层面的社会理想或历史目标以二元论的思维方式对立起来，从而使人们在这二者之间徘徊不定。

3. 中国社会主义建设中的乌托邦精神

经过百年的历史求索和痛苦中的抉择，中国人选择了为广大人民群众根本利益考虑和服务的社会主义、共产主义作为中国社会的未来发展目标，最终推翻了压在国人身上的三座大山。新中国成立后，中国人第一次体会到了当家做主的感觉，建设社会主义的热情也蓬勃高涨。然而，后来的历史发展表明，在当时的社会发展条件下，中国人对建设社会主义和未来共产主义的认识在概念和思路上并不十分清晰，也缺乏一定程度的理性判断，对中国国情的分析还不够准确和充分；人们仍然在用一种在革命时期积淀的热情来搞中国社会主义现代化建设，这最终导致 20 世纪六七十年代的"文化大革命"运动，人们的一些良好愿望和善良动机换来的却是整个社会的生产力水平下降、政治不稳定、文化"左倾"等严重的社会后果。当然，这其中还有更为复杂的社会背景和恶劣国际环境的制约，如国际的资本主义与社会主义两大意识形态阵营的尖锐对立、第二次世界大战的阴影尚未完全消退和西方社会的和平演变战略等

---

① 刘明华：《大同梦》，73～77 页。

等。但是，我们也不能完全忽视另外一个重要因素，就是当时人们对社会主义、共产主义的认识在一定程度上具有想象的成分，对社会主义本质、发展过程和未来目标的科学认识并没有形成，从而使当时的社会主义现代化建设的社会理念或多或少具有乌托邦的性质，历史的建构在一定程度上陷入了乌托邦主义的误区。在新中国成立后的较长一段时间内，这使整个中国社会以激进的意识形态为轴心，使社会主义建设重道德说教而缺乏科学实证分析，整个社会处于某种乌托邦主义的社会实践冲动之中。

（1）陷入乌托邦历史设计之误区

客观地讲，经过百年艰苦求索，中国选择了社会主义发展道路是历史发展的必然结果，既符合马克思主义理论，也适合中国社会的特殊国情。按照马克思的理论分析，社会主义将首先在几个资本主义先进国家最先取得胜利，然后，经济落后的国家可以跳跃资本主义的"卡夫丁峡谷"而直接步入社会主义发展道路。但也不完全排除社会主义在经济上比较落后的国家最先成为可能和现实，特别是对于非欧洲国家来说，这种情况出现的可能性也许会更大。一方面，因为这些国家的资本主义发展比较缓慢，资本家的力量比较薄弱。另一方面，也是更为重要的原因就是，这些国家长期处于四分五裂的军阀割据状况，又饱受外国列强的殖民主义欺凌和摧残，那里的人们更加渴望有一种超越资本主义的更加理想化的社会制度，能够彻底摆脱帝国主义的牵制和束缚。后来，列宁发展了马克思的这一思想，他根据资本主义发展不平衡的规律而得出"社会主义可能首先在资本主义链条中最薄弱的环节突破"这一科学论断。1917年，俄国的十月革命取得胜利，社会主义在政治上由理论变成现实，开创了人类历史的新时代。在此鼓舞下，毛泽东在马克思主义、列宁主义指导下，结合中国的特殊国情，依靠农村包围城市的革命路线打开了资本主义防线的又一缺口，在中国建立了社会主义制度。

然而，历史的发展表明，社会主义制度在政治上的建立并不完全等同于社会主义理念已经或即将在中国社会彻底实现。事实上，对于基础薄弱、人口众多和生产力水平低下的中国社会来说，社会主义建设的具体道路还很漫长，共产主义的伟大目标也更为遥远。进一步说，中国社会从半殖民地半封建社会向社会主义过渡，因为多种复杂的因素，在一定程度上不仅跨越了资本主义的生产关系和上层建筑这一重要环节，同时也跳过了生产力这一社会主义建设能够顺利进行的必要因素。换言之，从当代的全球化视野来看，对社会主义建设来说，资本主义在某些方面仍具有中国社会不可跨越的历史的前提意义，这最终决定了在相当长的历史时期内中国社会主义建设不可能建立和形成纯而又纯的生产关系和上层建筑，必须调整之以适应"促进生产力"发展的需要，而不应该是相反。也就是说，对于中国社会主义建设来说，没有必要、也不可能回到资本主义的发展轨道上，但必须弥补跨越资本主义的"卡夫丁峡谷"所欠缺的生产力基础。漠视或否定这一基础或环节，社会主义建设就成了"无源之水"或"无本之木"。邓小平在评价新中国成立后"文化大革命"前的中国社会主义建设时指出："毛泽东同志是伟大的领袖，中国革命是在他的领导下取得成功的。然而他有一个重大的缺点，就是忽视发展社会生产力。不是说他不想发展生产力，但方法不都是对头的，例如搞'大跃进'、人民公社，就没有按照社会经济发展的规律办事。"[1] 其实，在当时极为特殊的社会环境中，大多数人把社会主义当成在人类已有的历史中最美好、最理想的社会制度，至于什么叫社会主义、怎样建设社会主义和如何达到社会主义，以及社会主义从哪种社会形式过渡而来等具体问题，人们普遍缺乏科学认识和实证分析。无可置疑，对于中国社会而言，走社会主义道路应该是坚定不移的未来历史的大方向，但是，如果脱离中国社会的具体国情，试图通过完全拒绝资本主义文明而走封闭式的

---

[1] 《邓小平文选》，1版，第3卷，116页，北京，人民出版社，1993。

发展道路，那么，这样的社会主义就纯属空想、乌托邦，"是中国特色社会主义现代化建设还未能走出近代空想社会主义的历史哲学乌托邦，从而未能科学地认识中国具体国情的典型表现"①。由这种社会主义理念来指导的中国社会的发展必然陷入乌托邦历史设计之误区，即把人的历史当成神的历史建构和实践，其最终的结局必然是悲剧性的。由此，我们就不难理解在"文化大革命"中发生的"大跃进"、"跑步进入共产主义"等在今天看来几乎不可能发生，甚至无法完全理解的社会现象。

其实，根本性的问题不在于乌托邦本身，而在于没有将社会主义和共产主义看作人的生活方式不断改善与人的价值和意义逐步体现的过程，而是把它当成能够解决人类历史上一切矛盾、消除一切社会弊端的最终结果，也就是把具体的、有限的社会发展目标或历史演进的某一特定阶段当成了社会或历史发展的终极限度。这产生了一种无法摆脱的悖论。一方面，马克思所构想的社会主义制度是建立在历史唯物主义基础之上，具有科学性、实践性的社会发展模式，它是符合历史发展规律和趋势，同时又能够通过在一定的物质条件下所产生的社会力量和生产力水平来达到的这一社会理想。另一方面，乌托邦作为人类对终极社会理想的追求和期待，它更多与人的精神超越性、批判性和自我反思相联系，对社会发展起到形上的道德制约和价值规范的作用。这决定它不可能成为社会的既定现实或当下给定的存在状态。或者说，乌托邦作为一种完善完满的人间乐园，它只是人类的一种美好想象和设想，在乌托邦著作中所凝结的乌托邦精神对人类社会的发展具有一种强烈的道德批判和反思的意义，却不能成为一个社会发展的既定发展目标。对于科学社会主义与乌托邦之间的关系而言，它们都是超越当下现实而指向未来

---

　　① 刘怀玉、张锐、王友洛等：《走出历史哲学乌托邦：马克思主义发展观的当代沉思》，202～203，郑州，河南人民出版社，2001。

的人类的美好社会理想，包含着对未来历史的终极关怀，从这一点来说，科学社会主义内在地包含乌托邦的理想维度。但是，它们二者之间的区别也很明显，科学社会主义反映了一种客观的现实的可能性，有实现自身的物质基础和现实的社会力量。虽然乌托邦也有自身得以存在的社会基础和合理性，但它往往是超历史的、对未来社会的价值性导向和道德约束，犹如历史的地平线向未来无限延展。应该说，在乌托邦思想中有可实现的因素，所以，它的"超历史性"也是相对而言的，在现在或当前被视为乌托邦的构想，在未来的社会中也有实现的可能性。但是，作为乌托邦的观念整体却无法实现，更无法彻底实践。也许正是因为它的无法实现却又是世世代代人渴望达到的终极的社会目标，使乌托邦的社会理想对人类来说才具有永恒的魅力。所以，如果社会主义建设的指导性原则陷入乌托邦历史设计之误区，那么，就会把原本是一个开放的历史过程的社会主义和共产主义，从具体的、有限的社会发展目标当成一种在某一历史时刻可以一劳永逸地解决人类社会所有弊端的当下存在状态。这样，不但能够把超越和替代资本主义的社会主义制度以及共产主义理想社会从历史的发展序列中抽离而将之永恒化，变成了"放之四海而皆准"的"绝对真理"或"教条主义"，失去了内在的自我反思和批判维度，最终导致对个人自由的压抑和集体主义的独裁，而且，作为人类终极的社会理想即乌托邦本身也在社会主义、共产主义的激进社会运动和实践过程中受到曲解和变形，使得"文化大革命"之后人们对它感到厌倦。

无论在学术讨论还是在政治实践中，把社会主义、共产主义混淆为乌托邦，将前者这一正在或将要生成的事实存在与想象中的完美无缺的价值存在混为一谈，这并不是偶然的现象。除了上述的传统社会主义将社会主义、共产主义当成人类最美好的理想社会加以实践外，在现代西方社会中，为了否定社会主义的合法性和正当性，一些学者也把社会主义视为乌托邦，但他们的目的不是证明社会主义是最理想的社会形式，而是从"乌托邦是想象的产物"这一理论前提出发，以此论证社会主义是不切合实际的幻想，是人的主观想象和唯意志论的产物。为了论证资本主义的合理性，他们把现代性的一些价值观念作为历史的最终目的，而将社会主义和乌托邦一并加以否定和拒绝。特别是随着社会主义阵营的瓦解，一些为资本主义社会作论证的智囊人物欣喜若狂，认为在现代社会中乌托邦失去了价值和意义，社会主义也已日落西山，西方社会的现代性价值观念取得了全球范围内的普遍胜利，人类的历史到此终结了。持此类鼠目寸光言论的人不可能真正看到人类历史的未来，更不会看到人类历史发展的终极价值指向。为了反驳这种观点，还需要对社会主义、共产主义与乌托邦之间的关系作进一步的说明。应该承认，社会主义、共产主义与乌托邦之间有一定"亲缘"关系，作为理论或制度的科学社会主义就是由马克思主义的创始人在历史唯物主义基础上对空想社会主义所内含的乌托邦精神进行反思、批判和超越，再经过科学的论证和反复的实践检验而形成的科学社会发展理论。科学社会主义并不像资本主义的现代性价值观念那样，将历史的片段永恒化，因为前者内在地包含着乌托邦的社会理想的超越维度，所以，它能够在现实与理想、历史与价值之间保持必要的张力，将传统、现代与未来三种时间状态看作一个动态的不断递进和生成的历史发展过程。在原则上，它并不否定人们对乌托邦社会理想的价值追求和期待，也不指责人们对历史未来的美好愿望和善良动机。在一定程度上说，这恰恰是一个社会发展和进步的精神源泉和内在动力。但是，在社会实践中人们并不应该完全仰仗这种终极的社会理想而漠视或否定现实的具体的社会改造，反对固守一种与人类历史实践过程完全无涉的"绝对真理"的教条神话。因为，如果人们执著于理想主义而把具体的有限的社会理想当成人类最美好的社会形式，那么一旦这种混淆和误解被纳入激进的社会运动与实践同样会导致与现代性在效果上相同的"历史的终结"的欺骗，人们的美好愿望和善良动机也将化为泡影。这就是历史投入与历史产出之间的巨大反差和不平衡。① 对于社会主义建设来说，除了不能放弃人类对未来美好社会的想象或构想外，在现实社会中还需要通过一定手段或途径追求能够达到的切近的具体的和有限的社会理想。这两种社会理想处于不同的价值层面，前者是终极的社会目标，属于目的性价值，而后者是当下的某一阶段的社会目标，属于工具性价值，它们都是一个社会发展所不可或缺的必要维度。与科学社会主义相反，资本主义的现代性价值观念的根本错误在于，它放弃了人类社会乌托邦的社会理想而还原或沉迷于当下瞬间的此时此刻，必然陷入福山的"历史的终结"这一盲目的乐观主义。

（2）缺失乌托邦精神的文化困境

对于中国社会主义现代化建设来说，我们对社会主义认识经历了由理论到科学的成熟发展过程，并且，这一过程相对来说比较漫长，永远也不会有终结。因为科学本身就是一个获得真理的过程，而不是能够一劳永逸地解决一切社会问题的最终结果。当人们只关注行动的最终结果而漠视其具体的实现过程的科学性时就容易在行动中陷入乌托邦式的激情与实践的狂热。新中国成立后的一段历史时期中国社会建立了社会主义制度，但对社会主义本质的科学认识在当时的特定历史条件下并没有完全形成和成熟，在一定程度上仍然停留在以"大同"思想来解读社会主义，这不免带有乌托邦的性质。② 尽管当时的人们也将社会主义冠之以"科学"与"客观"的名称，甚至也将社会主义看作人类社会发展的"自然历史过程"，

---

① 参见衣俊卿：《历史与乌托邦——历史哲学：走出传统万史设计之误区》，63～77 页。

② 参见华东师范大学当代中国马克思主义研究中心：《社会主义发展的历史进程研究》，75～85 页。该书指出了一个观点：自从社会主义传入中国后，国人一直有以"大同"理想来比附社会主义的传统，不是从历史唯物主义角度出发把社会主义看作首先应该在生产力上优越于资本主义，而是把社会主义看作人类社会发展的终极目标，视为人类社会的一种道德理想。

但是，对于社会主义的具体内涵及其达到它的具体途径都缺乏科学的实证性分析，这不可避免地使人们对社会主义的理解带有想象的成分。

"实践是检验真理的唯一标准"大讨论取代了"两个凡是"的教条，开始扭转了人们对社会主义的认识，"社会主义初级阶段"、"社会主义本质"、"建设中国特色社会主义"、"社会主义市场经济"等等理论开始深入人心，成为指导当前中国社会主义现代化建设的科学理论。通过考察中国社会最近二十多年所发生的变化，我们不难看出：社会主义建设取得了举世瞩目的成果，生产力水平和综合国力都有长足发展。这是有目共睹的中国人引以为豪的现代化成就。但是，另一方面，我们也绝对不容忽视，改革开放以来，随着市场经济的强劲发展，现代性价值观念的影响深入，导致竞争代替了联合，斗争代替了扶助，每一个体同另一个体之间都处于此消彼长的对立情势中。人们的社会生活也越来越走向世俗化、功利化和个人主义，大众文化开始成为人们精神生活的主宰；人们的物质生活水平提高了，而精神生活却开始趋于贫乏。在改革开放前，人们信仰共产主义的伟大理想，而今，这种崇高的社会理想在渐渐为人们所淡忘，填补这种信仰真空的是各种打着宗教的幌子而玩着世俗把戏的非法团体（如法轮功等）。消费主义的盛行、拜金主义的狂热和虚无主义的浪潮成了对传统社会乌托邦理想主义的反动、报复和叛逆。

值得深思的问题是，这些都是为社会主义现代化建设取得的辉煌成就所必须付出的代价吗？现代化的结果必然如此吗？现代性真的是人类不可逃避的宿命吗？这些都是值得我们进一步考虑和探究的问题。在经济发展中，替代传统的计划经济体制而实行社会主义市场经济模式；在政治建构上，不再把社会主义和共产主义当作与现实相对立的给定的理想社会状态，而是作为一个在现实中不断改进、生成的开放的历史过程，充分考虑到当前社会主义现代化建设仍处于初级阶段，正在积累其可能达到质变所需要的量的条件。这种由理想向实际的转向或转型不乏其必要性和合理性，就是必须从我国现实的社会发展程度和基本的国情出发，去确定当前中国社会所处的恰当的历史位置。但是，面对日益严重的全球性生存与发展的内在困境，如生态危机、信仰危机和文化危机等等，以及当前中国社会由传统农业文明向现代工业文明转型过程中所出现的一些急功近利的社会现象，我们不得不警示自己，中国社会主义现代化建设是否有可能滑向另一极端即现代性的危险，是否有可能被全球化的同一性机制所吞没，是否有可能重蹈"西方的没落"而染上现代人类文明的"癌变"①。只有通过理论的分析和实践的检验，才能预见到当前的社会发展可能潜藏的文化危机，据此，积极拓展社会主义现代化建设的理念，我们才能避免滑向现代性的深渊。也就是说，在跳出"绝对真理"的教条主义同时，也要防止被现代性的"历史的终结"神话所迷惑和牵引。应该说，乌托邦的社会理想与现代性的同一性机制并不必然处于非此即彼的二元对立状态，而是需要保持着一定的平衡和张力，或者说，它们只有在彼此的对立面中才能发现自身的内在限度。人类已有的实践证明，社会发展陷入乌托邦历史设计之误区，这存在自身不可克服的缺欠，但欲一味"走出乌托邦"，即彻底抛弃乌托邦的社会理想，也会使人类的未来历史发展陷入迷途和盲目。所以，我们有必要亦有可能在这二者之间寻求到一种"中道"，不要无原则地讨伐乌托邦精神，单向度地张扬现代性，而需要认真"检讨启蒙主义和现代历史进步信念对传统神圣文本的'叛逆式'误解和'怨恨式'反驳所造成的破坏后

---

① 卢风：《启蒙之后——近代以来西方人价值追求的得与失》，360～376 页。卢风教授认为，现代西方社会的物质文明空前发展，知识飞速进步，但这并不表示现代西方文明就是健康的。恰恰因为它太"强健"了，才是病态的，在一定意义上就意味着"癌变"。根据在于，它的生长破坏了西方文明的基本健康，使文明之物质部分与精神部分生长失调，也使精神文明之知识与道德智慧生长失调。

果，承认古典意义上乌托邦和末世论的当代价值和合法存在权力"。
"没有历史上的各种乌托邦追求，便不可能有实际的历史进步"，同
样，"对乌托邦的批判并不等于是要非批判地默认一个毫无希望的
现实的'敌托邦'（dystopia），一个没有乌托邦的世界与现实是一
个缺乏远见的、近视的（myopia）世界！"①

　　回顾中国的思想史，我们能够清晰地看到，虽然在中国的文化
传统中也不乏乌托邦思想，但从总体上说，缺乏西方社会乌托邦思
想所具有的超验性、应然性、彼岸性和自主性，同时，亦没有西方
社会乌托邦思想一直依托的形上的文化建构和拯救世俗的宗教传
统。所以，中国传统文化所内含的乌托邦精神大都只有在内忧外患
的逼迫下才能够被激活和张扬，在社会实践中又往往因为缺乏科学
实证精神而趋于畸形发展，导致狂热的乌托邦运动与实践。它不能
够自主地依靠本身文化所具有的乌托邦的超越精神去自觉地反思和
批判现实，一旦这种内部忧患和外部压力消失，人们往往又沉浸在
现实的世俗生活中而缺乏本体论意义的普遍的"忧患意识"。② 所
以，在中国的文化传统的惯常状态下，乌托邦精神更容易受到来自
另一极端即实利精神的影响和重压，使人们迫于现实的压力而放弃
理想主义。这是中西方社会乌托邦思想传统的一个重大差异。鉴于
中国文化传统的这一特点，我们更需要着重强调："走出乌托邦"
的历史设计并不应该彻底摆脱乌托邦的社会理想本身，而是有其内
在的限度。对于中国社会来说，在社会主义现代化建设过程中，
"走出乌托邦"是要我们立足于当前的现代化建设，提高生产力和

---

　　①　刘怀玉、张锐、王友洛等：《走出历史哲学乌托邦：马克思主义发展观的当代沉
思》，91～92 页。
　　②　参见刘晓文：《乌托邦精神与忧患意识》，载《西南民族学院学报》（哲学社会科
学版），1998（4），82～83 页。"忧患意识"是人类对现实和未来的苦难的感觉和体验，
是一种广义的悲剧意识。作为人类文化精神的两种主要类型，忧患意识与乌托邦精神从
两个不同层面体现了人超越现实的世界观和人生态度，其共同目的就是对人类未来历史
的终极关怀。

综合国力，使中国立足于世界强国之林。但是，从文化哲学或道德建构的层面来说，在进行社会主义现代化物质文明建设的同时，也应该注重精神文明建设，葆有文化的超越性、批判性的乌托邦维度，使文化的形上之维对人们的世俗生活的过分膨胀起到一种道德制约和价值制衡的作用。

站在新世纪的制高点上来回顾中国社会主义的建设历程，我们能够看到，20世纪的后二十年，中国社会主义现代化建设走出了以"文化大革命"为代表的"左倾"思潮激进主义、理想主义和教条主义，开始务实地经营现代化事业，一切以经济建设为中心，取得了辉煌的现代化成就。"然而，在这种历史性转折中亦潜藏着某种如同黑格尔所说的倒洗澡水连同孩子一同倒掉一样的隐忧：在抛弃空想主义的同时，却也将理想主义乌托邦精神一并抛弃，在厌弃脱离实际的空话、大话的同时，也厌弃理想与崇高。我们现实生活的空气中弥漫着一股浓烈的小市民气息，胸无大志，远离理想，告别理想，忙忙碌碌，经营雀巢，皆为利来，皆为利往。"① 我们不可否认，对于在当前全球化浪潮席卷之下处于相对落后状况下的中国社会来说，仍需要务实精神，脚踏实地加速发展经济，但同时也必须清楚的是，"务实，既是中国人的希望之所在，亦可能隐藏着某种悲哀。一旦务实流为极端，成为实利主义，一旦务实缺失了来自理想主义乌托邦精神的滋润与补充，那么，人就会缺失做人的气质与激情，变得极为庸俗。一个人是这样，一个民族亦是这样。一个没有理想主义乌托邦精神的民族是没有前途的民族"②。这一对当前现状的言说并不是对我们现实社会生活的无缘无故的"杞人忧天"，也不是随心所欲的凭空想象，而是内含着对现实社会的反思和批判

---

① 高兆明：《理想主义乌托邦精神的时代解读》，载《苏州铁道师范学院学报》（社会科学版），2000（4），24～25页。

② 同上书，25页。

所凝结的"忧患意识"，以及对中国社会未来发展的一种强烈的"现代性之隐忧"（查尔斯·泰勒语）。狂热的社会运动固然需要抛弃掉，因为它造成的空想主义的灾难是悲剧性的，但我们生活周围弥漫的务实市侩之气息对人的激情与理想的压抑同样令人感到窒息。正是这一点使我们领悟到，回归现实生活，但不能执著现实而放弃理想；需要发展科学技术，但不能忽视人文艺术的幻想与想象；需要摆脱贫穷与苦难，但不能沉溺于世俗而放弃崇高与伟大。人的本性中有着这样不可分割的两面：既要面对现实，适应环境，又要追求理想和完美。对于人类来说，现实与理想的关系正如一枚硬币的两面同时存在一样，"人类的'现实'概念与'理想'概念应处于适度的张力之中，现实若失去了理想的牵引便会成为窒息人的一潭死水，理想若失去了现实的约束便会变成疯人的狂想"①。人需要现实的鼓舞，同时又执著于终极关怀。人的一切文化创造及其实践活动都在满足人的这两面本性，但以往的社会发展常常将人的这两面本性人为地对立起来，以达到某些人或集团的自我利益的最大化，结果造成历史的投入与产出的不平衡。原则上讲，社会主义理论的产生及其制度的建立能够使人对现实与理想追求的双重本性保持平衡，反过来讲，也只有使人的社会生活中的现实与理想之间保持平衡，社会主义和谐社会才是可能的。可以说，没有共同的理想信念，没有良好的道德规范，是不能实现社会和谐的。在发展社会主义生产力的同时，要切实加强社会主义先进文化建设，不断增强人们的精神力量，不断丰富人们的精神世界。总的来说，对于我国的社会主义现代化建设来说，只有使我们的社会主义建设和发展中的文化或道德建构处于理想与现实的"二者之间"，才能使其保持先进性和勃勃生机，才能向未来的历史开放而展开无限的可能性空间。

---

① 卢风：《启蒙之后——近代以来西方人价值追求的得与失》，313 页。

结语：“永不在场”的乌托邦
——历史与价值之间的张力

  乌托邦是人类对未来理想社会的美好向往和执著追求，而在追求乌托邦社会理想的过程中所凝结的乌托邦精神则代表着人类超越当下现实的永不枯竭的批判力量，体现了人类的希望之光。乌托邦意识匮乏的时代必然使人的精神衰退、灵魂麻木，人们的生活也必然处于俗不可耐的简单快感式的欲望满足中。在现代社会中，人们的生活越来越现实化和世俗化，人们的精神世界也越来越空虚和无助，以至于人们都试图在逃避面对面的内涵丰富的交往世界而退缩到影像、网络等虚拟世界中。这样，真实与虚幻、观念与实在、理想与现实之间的界限变得更加模糊，借助计算机时代的传媒技术加以炮制的“拟似实在”短暂地弥合了人们的理想与现实之间的鸿沟，填补了因崇高理想的缺失所带来的价值和意义的真空，然而却使人的精神世界更加束缚于现实的世俗生活，人也就越加远离自己的生存根基。这样，在现代社会中有乌托邦情结的人往往就被视为有神经质倾向，对精神完美的追求也被看作极其幼稚的表现，然而，恰恰人的这种乌托邦情结或倾向是现代社会所缺乏的内在精神气质之一。当非常现实地活着觉得很累、很痛苦，同样是人“不可承受之轻”的时候，人们发现，乌托邦的理想主义能够激活沉睡已久的现代人，也恰恰这种精神才是人类社会和历史发展继续前进的一种强大动力。所以，逆现代性价值而行，重新燃起人们内心深处对乌托邦的热情是必要的，也是合理的。从理论上说，重新反思乌托邦也不仅仅是针对乌托邦问题本身，而是直接关涉对马克思思想、现代性价值以及对历史总体性的理解和把握。在前文中曾详细讨论了马克思思想对乌托邦的超越、现代性价值放弃乌托邦导致的理想主义匮乏，以及重建一种健康、合理的乌托邦观念的必要性、可能性及其内在限度。在这里集中讨论乌托邦的社会理想对扩展人们的历史视野，以及理解人类历史的总体性的意义和价值。

一、如何理解"历史"？

"乌托邦"的本义就是指不存在的城邦，在现实生活中不可能兑现的一种理想社会状况。正如世界上不可能存在完美的人或完美的理想社会状态，所以，乌托邦永远都处于"不在场"的状态，其"彼岸"或超验的特征不可消解和还原于当下。传统的以乌托邦为社会理念的历史设计"把人的历史当作神的历史来设计与创造，把人的命运和历史的前途交付人之外的超人的力量或实体，结果为人之有限的和自由的存在与活动设想了完善完满的神的结构"①。此种乌托邦式的历史设计以承认人的历史性为前提预设了完善完满的神的结构，为有限的人规定了超越现实的崇高的价值理想。这在本体论意义上并没有错，体现了在人类社会发展过程中的现实与理想、历史与价值的二元张力，其错误在于人们的具体操作上误用了乌托邦的价值，只看到人的有限性，故此需要提升人的价值，却忽视了彼岸性、道德性和总体性的乌托邦不可还原于现实的具体社会存在，将之强行推之于当下，必将造成某种程度的专制与独裁。形象地说，乌托邦的社会理想就是介于"天上"的理想与"地上"的理

---

① 衣俊卿：《历史与乌托邦——历史哲学：走出传统历史设计之误区》，77～78 页。

想之间的位置。"天上"的理想就是宗教,它预设并相信与此岸相对的彼岸和与此生相对的来世的真实性,而"地上"的理想就是人的现实的感性生活的欲望满足,包括人的最基本的生存条件:衣、食、住、行等。这决定了乌托邦的社会理想既具有强烈的现实关切,又具有超越现实的对未来历史的终极关怀,它是人类试图在现实的生活世界中重建一种不同于当下的理想社会的渴望与向往。因此,正确对待乌托邦的价值不仅不会使人们陷入理想与现实非此即彼的二元对立,反而对处理二者之间的关系会"拿捏"得更加适中。如果说传统的乌托邦式的历史设计偏重于"天上"的理想,使人们投以无限的热情和行动非理性地追求超验的社会价值理想,结果却使美好的理想陷入僵化和教条,那么,现代社会的现代性之历史设计则走向了反面,将"地上"的理想无限制地加以膨胀和外化,乌托邦的价值成为了虚无和幻影,人类历史的地平线也随之消失了。如果说传统的历史设计误用了乌托邦的价值导致人们对乌托邦的恐惧,从而使人类美好的社会理想枯萎,那么,现代性的历史设计则直接否定了乌托邦的彼岸性和未来性,而将历史的轴心完全转移到"地上"的理想,这种因噎废食而放弃本体论意义上的乌托邦的做法使人们的精神世界封闭而满足于当前的现实状况,"历史的终结"就是其必然的结局和不可逃避的命运。

福山提出的"历史的终结"这一结论原本应该是一个极其悲观的命题,因为按照这一结论的说法推断,人类的历史不再是多元的可能性空间,而是汇聚成单一的一维轨道,尽管人类历史的感性形态依然在不断地流动、变化,但是其发展理念却已经凝固。这样,人类生活本身的丰富性内涵也逐渐萎缩,仅仅成为达成某一单一历史发展的工具或手段而已。也就是说,作为现代性的基础的原则和建制不会再有进步了,所有真正重要的问题都已经解决了。现代人再没有必要也没有能力想象或设计不同于当下现实的另一种社会发展样式,乌托邦的视野消失了,同样人类也就看不到历史的未来走向。然而，按照福山的本意来说，"历史的终结"却反映了人们对待当前历史现实的一种乐观主义态度，是历史发展的大势所趋，人心所向。尤其是苏联等一些社会主义国家发生政治剧变，实行资本主义制度，经济体制转向市场经济，整个国际社会的两大意识形态的对峙也由此消失，资本主义意识形态大获全胜，凯旋而归。这从经验上验证了福山的观点，也使他的学术影响力大大提高。对待"历史的终结"截然相反的两种态度，该作何解释？我们的立场应该是什么？这就涉及如何理解"历史"的问题了。

历史是什么？如何理解历史？对这些问题的回答决定了人类对待历史的基本态度。按照雅斯贝斯的观点，首先应该将历史区分为自然历史和人类历史两类。自然历史是指过去在永恒的自然界中无意识地、反复发生的一切，人类无法知道它的起源与终点。人类历史是指因精神而获得意义和连续的现象的演变，是通过人类记忆和继承同人类现在有机地联系起来的过去。[①] 相对自然历史而言，人类历史才是真正的历史，我们一般所说的历史都是指人类历史。因为自然历史只是体现"超然存在"的客观存在，是超越人的主观之上的，人只能直接感知自然物，体悟自然界，却无法感知作为整体的自然。自然独立于人的意志、人类社会及其人类历史而客观存在。无论从空间还是时间来看，自然都是人类的活动不可跨越的界限，也无论人自身发展到何时、强大到何种程度，都必须承认自然本体论上的优先性和价值论上的自在自为的内在价值。从这个角度说，"自然没有历史"的说法不是对自然力量的削弱，恰恰是肯定了自然的本体论意义，确认了在自然面前人的生命的有限性和必死性。相反，把自然强行归入社会范畴并纳入人类历史的一维发展轨

---

① 参见［德］卡尔·雅斯贝斯：《历史的起源与目标》，译者序，4 页。在该书第三篇"历史的意义"的第一章中讨论了自然与历史的区别问题。

道，否定自然的本体论地位，将自然的多样性价值单纯规定为工具价值，人类中心主义就由此形成了，人对自然物的奴役也就包含在这种逻辑推理中。值得思考的问题是，如果反观人类自己，规定人类活动极限的"自然之镜"被打碎，人被"上手之物"包裹着，人如何来审视和反思自己，欲揪着自己的头发将自己拔地而起，这毕竟是完全不可能的。

从某种意义上说，人类历史才是真正的历史，它既体现了"超然存在"的主观存在，也体现了"超然存在"的客观存在；既表现出人的伟大，也映衬出人的渺小。一方面，人类历史体现了"超然存在"的主观存在，人可以通过一定的手段或途径来重现人类已有的历史，也能够在一定程度上科学地预见人类未来历史的发展趋势，毕竟人类历史是人的经验和记忆的实践活动的产物。从这一角度来看，人类历史只存在于人和人的创造活动中，存在于一切与人发生联系的事物中，正像维柯断言，"历史是人创造的"。另一方面，人类历史也是"超然存在"的客观存在，从人类存在之日起，人类历史就潜藏着"超然存在"的无限可能性。不管人类通过什么理论方法或何种高科技手段都不可能穷尽对人类历史的认识。无论当前或未来的人类社会发展得多么完善，我们都处在人类历史发展的过程中；对待历史的起源和最终目标，我们也只能在超验或形上的层面去理论假设、思辨构想，以此方式在形上学意义上与历史保持内在的、深层的和神秘的联系，却不可能完全真实地再现历史的起源和科学地预知历史的未来。尽管说，今天科学发展速度之快，技术水平之高，物质财富之多，这些状况已很难再用准确的语言来形容和描绘了，但仅仅依靠它们来理解、把握和创造人类历史的未来却是无济于事的，毋宁说，它们只是提供人类历史得以前进和发展的必备条件。正像马克思所说，资本主义依靠科技力量创造的生产力结果只是为未来理想社会的发展准备了必要的物质基础。今天的科技已经脱离了人类历史所创造的"营养丰富"的文化土壤而获得自律性发展，随着物质文明的提高，科技的独断、霸权与狂妄充分凸显出来。美国好莱坞的电影反映未来社会的"机器统治人类"也许不能完全成为历史的现实，但它却隐喻地表达了脱离其特定文化母体的科技对人类历史未来的垄断所可能导致的异化世界。

历史是人创造的，历史的目的是人设计的，历史进步的法则是人规定的，这是现代人对待历史的基本态度。然而，历史同时又体现了"超然存在"的客观存在，这种本体论意义上的历史哲学常常被现代科技的迅猛发展和物质财富的极大丰裕深深遮蔽，也被现代人所遗忘。历史是客观的，社会发展的总趋势不以任何人的意志为转移，这可以从恩格斯对历史的论述中得到科学的解释，他指出："历史是这样创造的：最终的结果总是从许多单个的意志的相互冲突中产生出来，而其中每一个意志，又是由于许多特殊的生活条件，才成为它所成为的那样。这样就有无数互相交错的力量，有无数个力的平行四边形，由此就产生出一个合力，即历史结果，而这个结果又可以看作一个作为整体的、**不自觉地**和不自主地起着作用的力量的产物。因为任何一个人的愿望都会受到任何另一个人的妨碍，而最后出现的结果就是谁都没有希望过的事物。所以到目前为止的历史总是像一种自然过程一样地进行，而且实质上也是服从于同一运动规律的。"[①] 可见，人能够创造历史，能够设计历史未来的发展样式，但是，人依靠现有的手段却不能完全控制历史发展的最终结果，无论在人认识和改造世界的能力并不发达的传统社会，还是在拥有"征服者之剑"（科技）的现代社会，情况都是如此。其原因就在于，历史不仅仅是人创造和设计的结果，同时也是独立于每个人的具有它自身的能量、本质和生命力的绝对、独立的实体，历史不会因为人的某种作用而终结于某一具体社会形态，但它却可

---

① 《马克思恩格斯选集》，2 版，第 4 卷，697 页，北京，人民出版社，1995。

能因为人的欲望贪婪而崩溃或因为星球的碰撞而消失。人是有限的，然而，现代人将自身的目的放在了历史发展的第一位，相信现代的科技不仅能够创造丰富的物质财富，也能够控制未来社会的发展，更相信人类的道德和精神会随之趋于全面进步，相信科技是无所不能的"上帝"。这样，"上帝创造人类"的传统观念就被人依靠科技"征服一切"的现代观念偷偷置换，由此，人的有限性被彻底遮蔽和淡忘了，人相信自己是宇宙间的主宰，万物的霸主，人合情合理地统治万物。"我思故我在"让人去怀疑除"自我"之外的一切客观存在，却没有建立怀疑"自我"的客观标准，将人自身置于神或上帝的位置。应该说，现代人及其观念的产生源于破除迷信和神话，将神的历史复归人的历史，而一旦手中掌握了"征服者之剑"并试图脱离其曾经赖以生存的文化母体后，现代人就将变得狂妄和目空一切。现代性因其盲目地自我肯定和自我满足，从而不仅把整个人类的东西划归自己统辖，而且把具有超人类属性的自然和历史等客观存在也完全划归自己所有，这致使它脱离历史的绵延而必将受到自在的惩罚。可以想象，"如果没有什么东西凌驾于人，如果没有什么东西高于人，如果除那些封闭在人事范围以内的东西以外不知道任何本原，人就连自己也不再知道"①。完全否认超越于人的具有本原意义的客观存在，现代人注定将"受卑劣的本原即并非超乎人的而低于人的本原支配"②。

我们有必要从本体论或本原意义上来理解历史，消解"大写"的人的历史，呈现历史本来的真实面目，将被遮蔽的历史的总体性展现和澄明。这样，"历史的终结"并不真正意味着人类历史发展的终极意义已经完成，事实恰恰表明，现代技术已经完成了历史使命，以至于人类继续束缚于此种生存斗争已经成为一种明显的愚蠢

---

① ［俄］别尔嘉耶夫：《历史的意义》，123 页。
② 同上书，124 页。

行为。因此，"历史的终结引发了对历史的意义，尤其对历史令人惊恐的进程中科学的作用作出新的反思"①。应该说，通达这种历史总体性的理论途径不止一种，如黑格尔的"绝对精神"、马克思的历史唯物主义、卢卡奇的历史本体论，以及雅斯贝斯的"历史的统一"，但若从"永不在场"的乌托邦这一视角出发，也许能够在一定程度上直接激活人们对历史总体性的把握，使现代人对人类的历史有一个全新的整体认知和体悟。

二、乌托邦与历史的总体性

乌托邦的源初含义及其本真性即"不在场"，这表明它既不存在于空间里的某一点，也不存在于时间内的某一瞬间。"不在场"并不意味着乌托邦就是毫无意义的纯粹幻想，而是不同于现实的另一种意义上的真实。哈贝马斯在谈到乌托邦与纯粹的幻想之间的区别时指出："我以为，决不能把乌托邦（Utopie）与幻想（Illusion）等同起来。幻想建立在无根据的想象之上，是永远无法实现的，而乌托邦则蕴涵着希望，体现了对一个与现实完全不同的未来的向往，为开辟未来提供了精神动力。乌托邦的核心精神是批判，批判经验现实中不合理、反理性的东西，并提供一种可供选择的方案。"② 从这种意义来说，乌托邦是人之为人的本质属性，是人的本体论的存在方式，因为离开了"不在场"的乌托邦，人只能丧失批判意识而为现实所左右，成为现实的奴隶而变成"物"，人摆脱了形上的"乌托邦"的精神信念，却可能坠入世俗的"千年王国"的神话。

---

① ［美］安德鲁·芬伯格：《可选择的现代性》，陆俊、严耕等译，58 页，北京，中国社会科学出版社，2003。
② ［德］尤尔根·哈贝马斯、米夏埃尔·哈勒：《作为未来的过去》，122～123页。

西方社会经历了从传统向现代的嬗变，直至发展为现代性，同时，乌托邦也经历了由"不在场"到"在场化"，直到乌托邦成为现代社会的异端而遭到摒弃。这两条线索的吻合不是偶然的，乌托邦的"在场化"并发展为反乌托邦，这正是现代性得以产生和确立的一个重要原因和条件。从某种角度说，放弃乌托邦就意味着步入现代性，陷入"历史终结"的神话。乌托邦价值依托于西方传统社会的文化观念，如形上的超越精神、宗教的神圣之维和优先于个人价值的城邦观念等等，这使乌托邦的社会理想需要始终保持"不在场"状态，葆有了批判现实的精神动力，起到了沟通超验的上帝信仰与世俗的尘世希望之间的桥梁作用和缓冲力量。随着西方社会启蒙运动的兴起，人的工具理性和个人主义意识从传统观念中挣脱出来而成为现代人的精神主宰，人对自然的奴役代替了"人是自然的守护者"或"人诗意地栖居于大地"，人与人的内在隔绝和单子化使人与人的关系疏离和冷漠。此外，更深层的文化危机在于，现代人的社会理想已经缺乏超越性的乌托邦维度，不再能够想象区别于当下现实的另一种生活方式，极权社会的同质性向全球扩展而欲同化每一个独立的个体，这似乎将成为现代人无法逃避的宿命。

现代人被物质生产的丰裕和消费主义、享乐主义的快感享受遮蔽住双眼，也蒙蔽了心灵的冲动，对未来充满了盲目的乐观主义，似乎历史的终点就在眼前，未来的"极乐世界"即将成为永远的现实，只需一伸手便唾手可得。历史真的像有些人所希望的那样，成了现代人的"囊中之物"吗？我认为，这无非是现代人过于自信"给我一根杠杆，我将撬动整个地球"这一现代知识权力的隐喻而表现出疯狂的精神病态而已。历史不像运载火箭那样，通过人为设定的计算机程序就可以将之送入预定的轨道，从而几乎能够完全受人的理智支配。即便如此，如果运载火箭因人的理智失误而发生爆炸，人可以通过技术再制造，而历史的车轮一旦"出轨"，整个人类就将葬送于其中了。人类的悲剧不在于被外在的力量消灭，而恰恰在于被自身不断积累起的强大力量所毁灭。

对历史总体性的审视，这是人的本性使然，无论传统社会还是现代社会都是如此。问题是，如何审视历史的总体性？与传统社会往往把历史的总体性诉诸终极信仰相反，现代社会相信技术理性力量，认为通过技术理性，人类不但可以征服自然、控制社会发展进程，而且，还能够精确地预测未来的历史演进趋势。这样，"历史"的丰富内涵和开放的可能性空间就被现代的技术理性给"格式化"了，人类对超越现实的未来历史的价值追求和期待，对未来历史的终极信仰都统统被遮蔽了。从表面上看，现代社会对未来历史的把握越来越精确和清晰，实则对历史整体的理解越来越肤浅、盲目和无知。法国思想家塞尔日·莫斯科维奇对这种历史观进行了抨击，他指出："有一种说法：历史按照一种可以预见的进程走向明确的目标，相对于目标人们可能超前或落后、加速或拖延，从蒙昧走向光明。这是一种幻觉。更糟糕的是：这毫无用处，只能用来支持当前那种歪曲历史实质而忙于测量计算的官僚主义"[①]。现代社会对历史总体性的理解陷入贫乏，其原因不完全在于技术理性本身，而在于人对技术理性的迷信。技术理性原本仅仅是一种手段或工具，它没有能力为自己设置任何目标，也没有善恶的标准。它之所以侵蚀和替代历史的终极性目标，这完全在于人对技术理性的迷信而排斥"他者"的可能性，相信技术理性能够解决世间包括信念、心理、道德、情感等所有问题。现代人普遍存在一种错误观念，就是认为技术理性不仅具备绝对真理的知识权威性，而且具备绝对完善的价值权威性，因此，凡符合科学的技术理性，必是符合历史的进步趋势。

---

① ［法］塞尔日·莫斯科维奇：《还自然之魅：对生态运动的思考》，庄晨燕、邱寅晨译，118 页，北京，三联书店，2005。

到了需要打破现代人对科技理性绝对盲从的时候了！对历史总体性的把握不但需要技术理性，还需要希望、想象、幻想与思辨等各种方式，只有摆脱技术理性的霸权，也就是破除人对技术理性的迷信，才能开启未来历史的广阔空间，终结"历史终结"的神话。雅斯贝斯认为，历史的统一，也就是历史的最终目标仅仅是一种假设，不可能成为既定事实，人需要以想象整体来领悟历史的统一；如果历史的最终目标成为摆在人眼前的既定事实，那么，也就意味着它将停止发展而达于死寂。"历史的统一将永远不以完成人类的联合而达到顶点。历史位于起源和目标之间，统一的思想在历史中活动着。人类沿着伟大的历史大道前进，但永不因意识到历史的最终目标而终止历史。更确切的，人类的统一是历史的目的地，即获得圆满的统一将是历史的终结。在统一及统一的思想和观念指引下，历史保持运动。"[①] 如果单纯沿着技术理性来审视，人所能把握住的历史也只能是人的感官和理智所能触及的部分，至于"他者"的可能性永远是现代人无法企及的"盲区"。

从根本上说，历史是无限的，历史的总体进步是无止境的，历史的目标是无限延展的。通过技术"测量"达到的对历史总体的认知，使历史的将来时态成为可计算者，这才是现代人的历史态度，"但可计算的将来时态决非作为理想的目的本身，而是手段自己成为目的。所以个人的恐惧不是来自作为目的的理想，而是来自强制性的手段。结果手段成为一切，个人微不足道，目的亦微不足道。没人看见那目的，它像美杜莎的头，只会使那些自以为看见的人变成花岗岩"[②]。在某种意义上说，只有诉诸乌托邦想象，历史未来的终极性视野才会向我们展现和澄明，它使人不会停留在无限历史的任何一个固定点上而将历史的片段永恒化，也不会完全满足于任何

---

① ［德］卡尔·雅斯贝斯：《历史的起源与目标》，304 页。
② 张志扬：《缺席的权利》，121 页，上海，上海人民出版社，1996。

一个时代的既定现实状况，它始终将目光注视着未来历史更广阔的可能性空间。可以这样断言：丧失了这种想象的人没有能力创造更美好的生活，他只会使自身束缚在给定的现实世界。乌托邦永远不会"在场化"，也正因为无法彻底实现，乌托邦才具有无穷的生命力和永恒的魅力。乌托邦的"不在场"并不表示它的消极无为，而是更深层意义的"有为"，它不断向现实输送新鲜的"血液"，以防止其"凝固"而堵塞历史向前发展的道路；它只有与现实保持相当的距离，才能葆有自身的超越性、终极性、无限性和总体性，才能对现实社会的发展起到道德制约和价值制衡的作用。可以说，所有声称"实现了乌托邦"或"拒绝乌托邦"的言论都是历史的短视和意识形态的自欺，结局是：它们都将被历史向前的车轮碾得粉碎。所以，当今人类有必要也有理由为乌托邦的价值辩护，不应该放弃对更美好生活可能性的想象与探索。这一辩护也决不是重蹈被以往人类的实践活动业已证明的危险的历史设计，而是走出这一"美丽的陷阱"而守护着人类这一深层的探索精神。

在当前乌托邦话语言说极度匮乏的时代，人们沉浸在科技文明的凯旋高歌和消费主义、享乐主义的全球化狂潮中，俨然一种启蒙运动的理想社会蓝图已经实现的傲慢姿态，随之，对未来历史设计不再需要诗意的想象和隐喻的表达，清晰的未来远景同逝去的文化传统一起在历史的绵延中消失了。然而，现代社会的发展背后潜藏的暗流时刻提醒人们，也许正在现代性如日中天或人类的历史似乎终结于现代性之时，乌托邦价值更应该发挥其摆脱世俗的强大社会救赎力量，在想象中谋划另一个可能的社会和另一种可能的生活。乌托邦价值是现代社会所缺失的必要维度，是摆脱现代性桎梏的一服清醒剂，因为"每一个乌托邦都是对人类实现的预示，许多在乌托邦中被预示的事均已经被证明是真正的可能性。没有这种预示的能力，人类历史中无数的可能性也许依然得不到实现。如果没有预示未来的乌托邦展现的可能性，我们就会看到一个颓废的现在，就会发现不仅在个人那里而且在整个文化之中，人类可能性的自我实现都受到了窒息"①。尽管乌托邦也有其消极性、虚幻性，可望而不可即的终极性社会理想会使人们在现实社会生活中感到无比沉重，甚至有"欲卸之而后快"之感，但只要使之保持在一定的合理限度内，乌托邦的社会理想应该能够积极发挥其重塑现实生活的实践性冲动，为现实社会提供更加合理的总体性的可替代性理想社会模式。否则，放弃乌托邦无疑就等于阻断现存历史与未来的终极性社会理想之间的通道。如果完全放弃对乌托邦社会理想的谋划，人不再感到历史的沉重了，却变得越来越麻木和冷漠了，这种"生命不可承受之轻"会使人的失望最终成为彻底的绝望。

人们常常把乌托邦产生的原因归结为现实的苦难，固然，人类社会总是被各种矛盾和斗争所缠绕，因矛盾和斗争才产生痛苦，因痛苦产生理想，而在现实无法改变的情况下才产生了乌托邦。如果按照这种推理方式来理解乌托邦，实质暗含一种假设，似乎现实的苦难消失了，乌托邦也就不存在了。这是对乌托邦的外在的、消极的和被动的理解。但是，如果反过来讲，命题同样应该成立。而且这种解释更符合乌托邦的固有本性。正是因为人拥有乌托邦想象，人才会感觉到现实社会的一些方面是破败不堪、无法忍受的，才会去试图改变现实而趋近完美。对人类社会来说，乌托邦不应是可有可无的"偶性"，而是标志人之为人的类本质的实体性存在。人类的文化建构及伦理反思中需要不断地重提乌托邦的价值，其目的在于，它帮助人们改变惯常的思维方式，重新思考社会生活的本质，省察人类生活的意义和价值，指出人类社会进步和发展的未来可能性及其内在限度。

如果把乌托邦比作"牛虻"，那么，尽管因为它的存在，人们

① ［美］蒂里希：《政治期望》，215 页。

有时会感到很不舒服，甚至有被刺痛的感觉，但这恰恰证明人们的感觉还具有灵敏性和丰富性，能够时刻意识到真实的自我存在。假如某一时刻，"牛虻"的刺激引不起我们身体的任何反应及心灵的震颤，那么，我们的身体感觉和精神世界将会迟钝到何种程度！如果把乌托邦比作人的"梦"，那么，尽管这个"梦"永远无法兑现，人也将把这个永远有待实现的"梦"继续做下去。人的成熟并不表示人今后不再"做梦"，而是知道哪些是梦，哪些是现实。因为正是有了这个"梦"，人才充满了无尽的希望和期待！乌托邦之"梦"不是某一个时代人所能做完的，而是整个人类在其历史发展中需要不断去做的"梦"，不管人在生活中被现实塑造成什么样，也不管他被现实的斗争逼迫到何种境地，人的乌托邦之"梦"只会被现实的欲望和利益遮蔽和覆盖，但不会从根本上消失，因为，这个"梦"是潜藏在我们每个人内心深处挥之不去、拂之不掉的梦想，是人类斩不断的向上追求的根。

参考文献

一、中文部分

1. 著作部分

［奥］弗洛伊德. 一个幻觉的未来. 杨韶刚译. 北京：华夏出版社，1989

［奥地利］康拉德·洛伦茨. 人类文明的八大罪孽. 徐筱春译. 合肥：安徽文艺出版社，2000

［德］H. 赖欣巴哈. 科学哲学的兴起. 伯尼译. 北京：商务印书馆，1983

［德］J. B. 默茨. 历史与社会中的信仰：对一种实践的基本神学之研究. 朱雁冰译. 北京：三联书店，1996

［德］阿多尔诺. 否定的辩证法. 张峰译. 重庆：重庆出版社，1993

［德］奥斯瓦尔德·斯宾格勒. 西方的没落：世界历史的透视. 上、下册. 齐世荣等译. 北京：商务印书馆，1991

［德］恩斯特·卡西尔. 人论. 甘阳译. 上海：上海译文出版社，2003

［德］费尔巴哈. 费尔巴哈哲学著作选集. 上卷. 荣震华，李金山译. 北京：商务印书馆，1984

［德］费尔巴哈. 基督教的本质. 荣震华译. 北京：商务印书馆，1995

264

〔德〕费希特. 全部知识学的基础. 王玖兴译. 北京：商务印书馆，1986

〔德〕哈贝马斯、哈勒. 作为未来的过去. 章国锋译. 杭州：浙江人民出版社，2001

〔德〕哈贝马斯. 交往与社会进化. 张博树译. 重庆：重庆出版社，1989

〔德〕海德格尔. 人，诗意地安居. 郜元宝译. 上海：上海远东出版社，2004

〔德〕黑格尔. 法哲学原理或自然法和国家学纲要. 范扬等译. 北京：商务印书馆，1961

〔德〕黑格尔. 黑格尔早期神学著作. 贺麟译. 北京：商务印书馆，1988

〔德〕黑格尔. 精神现象学. 上卷. 贺麟等译. 北京：商务印书馆，1979

〔德〕黑格尔. 历史哲学. 王造时译. 上海：上海书店出版社，2001

〔德〕黑格尔. 逻辑学. 下册. 上海：上海三联书店，1996

〔德〕黑格尔. 小逻辑. 贺麟译. 北京：商务印书馆，1980

〔德〕黑格尔. 哲学史讲演录. 第2卷. 贺麟等译. 北京：商务印书馆，1995

〔德〕霍克海默. 批判理论. 李小兵译. 重庆：重庆出版社，1989

〔德〕卡尔·曼海姆. 意识形态与乌托邦. 黎鸣，李书崇译. 北京：商务印书馆，2000

〔德〕卡尔·雅斯贝斯. 历史的起源与目标. 魏楚雄，俞新天译. 北京：华夏出版社，1989

〔德〕康德. 纯粹理性批判. 蓝公武译. 北京：商务印书馆，1960

〔德〕康德. 历史理性批判文集. 何兆武译. 北京：商务印书馆，1990

〔德〕康德. 判断力批判. 邓晓芒译. 北京：人民出版社，2002

〔德〕康德. 实践理性批判. 韩水法译. 北京：商务印书馆，1999

〔德〕考茨基. 莫尔及其乌托邦. 关其侗译. 北京：三联书店，1963

〔德〕鲁道夫·奥伊肯. 生活的意义与价值. 万以译. 上海，上海译文出版社，1997

〔德〕马克思. 1844 年经济学—哲学手稿. 刘丕坤译. 北京：人民出版社，1979

〔德〕马克斯·霍克海默，西奥多·阿道尔诺. 启蒙辩证法. 渠敬东，曹卫东译. 上海：上海人民出版社，2003

〔德〕马克斯·舍勒. 价值的颠覆. 罗悌伦等译. 北京：三联书店，1997

〔德〕马克斯·韦伯. 经济与社会（上）. 林荣远译. 北京：商务印书馆，1997

〔德〕马克斯·韦伯. 新教伦理与资本主义精神. 于晓等译. 北京：三联书店，1992

〔德〕尼采. 悲剧的诞生. 熊希伟译. 北京：华龄出版社，1996

〔德〕尼采. 偶像的黄昏. 周国平译. 北京，光明日报出版社，1996

〔德〕苏国勋. 理性化及其限制——韦伯思想引论. 上海：上海人民出版社，1988

〔德〕维尔纳·桑巴特. 奢侈和资本主义. 王燕平，侯小河译. 上海：上海人民出版社，2000

〔德〕魏特林. 和谐与自由的保证. 孙则明译. 北京：商务印书馆，1960

〔德〕西美尔. 现代人与宗教. 曹卫东等译. 北京：中国人民大学出版社，2003

〔德〕谢林. 先验唯心论体系. 梁志学，石泉译. 北京：商务印书馆，1976

〔德〕约翰·凡勒丁·安德里亚. 基督城. 黄宗汉译. 北京：商务印书馆，1991

〔俄〕别尔嘉耶夫. 精神王国与恺撒王国. 安启念，周靖波译. 杭州：浙江人民出版社，2002

〔俄〕别尔嘉耶夫. 历史的意义. 张雅平译. 上海：学林出版社，2002

〔俄〕别尔嘉耶夫. 论人的使命. 张百春译. 上海：学林出版社，2000

〔俄〕别尔嘉耶夫. 人的奴役与自由. 徐黎明译. 贵阳：贵阳人民出版社，1994

〔法〕科耶夫等. 驯服欲望：施特劳斯笔下的色诺芬撰述. 贺志刚，程志敏等译. 北京：华夏出版社，2002

〔法〕卢梭. 卢梭文集. 何兆武译. 北京：红旗出版社，1997

〔法〕卢梭. 论人类不平等的起源和基础. 李常山译. 北京：商务印书馆，1962

〔法〕卢梭. 社会契约论. 何兆武译. 北京：商务印书馆，1980

〔法〕摩莱里. 自然法典：自然法律的一直被忽视或被否认的真实精神. 黄建华，姜亚洲译. 北京：商务印书馆，1982

〔法〕皮埃尔·勒鲁. 论平等. 王允道译. 北京：商务印书馆，1988

〔法〕萨特. 辩证理性批判. 上、下卷. 林骧华等译. 合肥：安徽文艺出版社，1998

〔法〕塞尔日·莫斯科维奇. 还自然之魅：对生态运动的思考. 庄晨燕，邱寅晨译. 北京：三联书店，2005

　　［法］圣西门. 圣西门选集. 第 1 卷. 王燕生等译. 北京：商务印书馆，1979

　　［法］雅克·德里达. 马克思的幽灵：债务国家、哀悼活动和新国际. 何一译. 北京：中国人民大学出版社，1999

　　［古希腊］柏拉图. 理想国. 郭斌和等译. 北京：商务印书馆，1997

　　［古希腊］亚里士多德. 尼各马科伦理学. 苗力田译. 北京：中国社会科学出版社，1990

　　［古希腊］亚里士多德. 形而上学. 吴寿彭译. 北京：商务印书馆，1995

　　［古希腊］亚里士多德. 亚里士多德全集. 第 9 卷. 苗力田主编. 北京：中国人民大学出版社，1994

　　［加］查尔斯·泰勒. 现代性之隐忧. 程炼译. 北京：中央编译出版社，2001

　　［美］E. 希尔斯. 论传统. 傅铿，吕乐译. 上海：上海人民出版社，1991

　　［美］阿兰·布鲁姆. 巨人与侏儒. 秦露，林国荣，严蓓雯译. 北京：华夏出版社，2003

　　［美］安德鲁·芬伯格. 可选择的现代性. 陆俊，严耕等译. 北京：中国社会科学出版社，2003

　　［美］大卫·雷·格里芬编. 后现代精神. 王成兵译. 北京：中央编译出版社，1998

　　［美］丹尼尔·贝尔. 意识形态的终结. 张国清译. 南京：江苏人民出版社，2001

　　［美］丹尼尔·贝尔. 资本主义文化矛盾. 赵一凡，蒲隆，任晓晋译. 北京：三联书店，1989

　　［美］蒂里希. 蒂里希选集. 上、下卷. 何光沪选编. 上海：上海三联书店，1999

〔美〕蒂里希. 政治期望. 徐钧尧译. 成都：四川人民出版社，1989

〔美〕多尔迈. 主体性的黄昏. 万俊人译. 上海：上海人民出版社，1992

〔美〕弗兰克纳. 伦理学. 关键译. 北京：三联书店，1987

〔美〕弗兰西斯·福山. 历史的终结. 历史的终结翻译组译. 呼和浩特：远方出版社，1998

〔美〕弗朗西斯·福山. 大分裂：人类本性与社会秩序的重建. 刘榜离等译. 北京：中国社会科学出版社，2002

〔美〕弗雷德里克·詹姆逊. 文化转向. 胡亚敏等译. 北京：中国社会科学出版社，2000

〔美〕弗罗姆. 爱的艺术. 康革尔译. 北京：华夏出版社，1987

〔美〕弗洛姆. 健全的社会. 孙恺祥译. 贵阳：贵州人民出版社，1994

〔美〕霍尔姆斯·罗尔斯顿. 环境伦理学——大自然的价值及其人对大自然的义务. 杨通进译. 北京：中国社会科学出版社，2000

〔美〕卡尔·博格斯. 知识分子与现代性的危机. 李俊，蔡海榕译. 南京：江苏人民出版社，2002

〔美〕列奥·施特劳斯. 霍布斯的政治哲学. 申彤译. 南京：译林出版社，2001

〔美〕马尔库塞. 爱欲与文明. 黄勇等译. 上海：上海译文出版社，1987

〔美〕马尔库塞. 单向度的人. 刘继译. 上海：上海译文出版社，1989

〔美〕马尔库塞. 理性和革命：黑格尔和社会理论兴起. 程志民译. 重庆：重庆出版社，1993

〔美〕马泰·卡林内斯库. 现代性的五副面孔：现代主义、先

锋派、颓废、媚俗艺术、后现代主义. 顾爱彬，李瑞华译. 北京：商务印书馆，2002

［美］麦金太尔. 德性之后. 龚群等译. 北京：中国社会科学出版社，1995

［美］麦金太尔. 三种对立的道德探究观. 万俊人等译. 北京：中国社会科学出版社，1999

［美］诺齐克. 无政府、国家与乌托邦. 何怀宏等译. 北京：中国社会科学出版社，1991

［美］乔·奥·赫茨勒. 乌托邦思想史. 张兆麟等译. 北京：商务印书馆，1990

［美］特里·M·珀林. 当代无政府主义. 吴继淦等译. 北京：商务印书馆，1984

［美］詹姆斯·库克. 上帝之城. 郭力宜编译. 西安：陕西师范大学出版社，1999

［美］詹姆逊. 现代性、后现代性和全球化. 王逢振主编. 北京：中国人民大学出版社，2004

［匈］卢卡奇. 关于社会存在的本体论. 下卷. 白锡堃等译. 重庆：重庆出版社，1993

［匈］卢卡奇. 历史与阶级意识——关于马克思主义辩证法的研究. 杜章智，任立，燕宏远译. 北京：商务印书馆，1996

［匈］卢卡奇. 社会存在本体论导论. 沈耕，毛怡红译. 北京：华夏出版社，1989

［意］德拉·沃尔佩. 卢梭和马克思. 赵培杰译. 重庆：重庆出版社，1993

［意］康帕内拉. 太阳城. 陈大维等译. 北京：商务印书馆，1980

［英］安东尼·吉登斯. 现代性的后果. 田禾译. 南京：译林出版社，2000

〔英〕伯特兰·罗素. 社会改造原理. 张师竹译. 上海：上海人民出版社，1987

〔英〕波普尔. 历史决定论的贫困. 杜汝楫等译. 北京：华夏出版社，1987

〔英〕丹尼斯·史密斯. 后现代性的预言家：齐格蒙特·鲍曼传. 萧韶译. 南京：江苏人民出版社，2002

〔英〕傅立叶. 傅立叶选集. 第 1 卷. 赵俊欣等译. 北京：商务印书馆，1979

〔英〕哈耶克. 通往奴役之路. 王明毅等译. 北京：中国社会科学出版社，1997

〔英〕霍布豪斯. 形而上学的国家论. 汪淑钧译. 北京：商务印书馆，1997

〔英〕霍布斯. 利维坦. 黎思复译. 北京：商务印书馆，1986

〔英〕卡尔·波普尔. 开放社会及其敌人. 第 1 卷. 陆衡等译. 北京：中国社会科学出版社，1999

〔英〕密尔. 论自由. 程崇华译. 北京：商务印书馆，1959

〔英〕莫尔. 乌托邦. 戴馏龄译. 北京：商务印书馆，1982

〔英〕欧文. 欧文选集. 第 1 卷. 柯象峰等译. 北京：商务印书馆，1979

〔英〕欧文. 欧文选集. 第 2 卷. 柯象峰等译. 北京：商务印书馆，1981

〔英〕培根. 新大西岛. 何新译. 北京：商务印书馆，1979

〔英〕齐格蒙·鲍曼. 后现代性及其缺憾. 郇建立，李静韬译. 上海：学林出版社，2002

〔英〕齐格蒙·鲍曼. 生活在碎片之中——论后现代道德. 郁建兴，周俊，周莹译. 上海：学林出版社，2002

〔英〕齐格蒙·鲍曼. 现代性与大屠杀. 杨渝东，史建华译. 南京：译林出版社，2002

［英］史蒂文·卢克斯. 个人主义. 阎克文译. 南京：江苏人民出版社，2001

［英］休谟. 人性论. 上册. 关文运译. 北京：商务印书馆，1980

［英］伊凡·亚历山大. 真正的资本主义. 杨新鹏等译. 北京：新华出版社，2000

［英］约翰·基恩. 公共生活与晚期资本主义. 马音等译. 北京：社会科学文献出版社，1999

［英］詹姆士·哈林顿. 大洋国. 何新译. 北京：商务印书馆，1963

马克思恩格斯全集. 中文 1 版. 第 1 卷. 北京：人民出版社，1956

马克思恩格斯全集. 中文 1 版. 第 2 卷. 北京：人民出版社，1957

马克思恩格斯全集. 中文 1 版. 第 3 卷. 北京：人民出版社，1960

马克思恩格斯全集. 中文 1 版. 第 40 卷. 北京：人民出版社，1982

马克思恩格斯全集. 中文 1 版. 第 42 卷. 北京：人民出版社，1979

马克思恩格斯全集. 中文 1 版. 第 46 卷（上）. 北京：人民出版社，1979

马克思恩格斯选集. 2 版. 第 1 卷. 北京：人民出版社，1995

马克思恩格斯选集. 2 版. 第 2 卷. 北京：人民出版社，1995

马克思恩格斯选集. 2 版. 第 4 卷. 北京：人民出版社，1995

包利民，［美］M. 斯戴克豪思. 现代性价值辩证论. 上海：学林出版社，2000

北京大学哲学系外国哲学史教研室编译. 西方哲学原著选读.

上、下卷. 北京：商务印书馆，1981、1982

陈岸瑛，陆丁. 新乌托邦主义. 台北：扬智文化事业股份有限公司，2001

陈刚. 大众文化与当代乌托邦. 北京：作家出版社，1996

陈嘉明. 建构与范导. 北京：社会科学文献出版社，1992

陈嘉明等. 现代性与后现代性. 北京：人民出版社，2001

陈周旺. 正义之善：论乌托邦的政治意义. 天津：天津人民出版社，2003

邓小平. 邓小平文选. 1版. 第3卷. 北京：人民出版社，1993

高清海. 哲学的憧憬. 长春：吉林大学出版社，1993

龚群. 道德乌托邦的重构——哈贝马斯交往伦理思想研究. 北京：商务印书馆，2003

郭永玉. 孤立无援的现代人：弗罗姆的人本精神分析. 武汉：湖北教育出版社，1999

郭湛. 主体性哲学. 昆明：云南人民出版社，2002

贺来. 现实生活世界：乌托邦精神的真实根基. 长春：吉林教育出版社，1998

华东师范大学当代中国马克思主义研究中心. 社会主义发展的历史进程研究. 上海：上海人民出版社，2001

黄楠森等主编. 马克思主义哲学史. 第1、2卷. 北京：北京出版社，1996

蒋庆. 大同文化：中国传统文化研究与探讨. 北京：中国三峡出版社，2003

康有为. 大同书. 北京：古籍出版社，1956

蓝瑛主编. 社会主义政治学说史. 上编，上海：上海人民出版社，1992

李道编. 告别乌托邦. 上、中、下. 兰州：甘肃人民出版社，1998

刘怀玉，张锐，王友洛等. 走出历史哲学乌托邦：马克思主义

发展观的当代沉思. 郑州：河南人民出版社，2001

刘明华. 大同梦. 上海：上海文艺出版社，1999

刘明华. 中国古典文献中的大同理想. 四川大学博士论文，2001

卢风. 启蒙之后——近代以来西方人价值追求的得与失. 长沙：湖南大学出版社，2003

卢风. 人类的家园. 长沙：湖南大学出版社，1998

闵乐晓. 走出乌托邦的困境：从现代性的角度对中国传统乌托邦主义的审视. 武汉大学博士论文，2001

钱满素. 爱默生和中国：对个人主义的反思. 北京：三联书店，1996

宋惠昌. 当代意识形态研究. 北京：中共中央党校出版社，1993

孙志文. 现代人的焦虑和希望. 陈永禹译. 北京：三联书店，1994

孙中山. 孙中山全集. 第九卷. 北京：中华书局，1986

汤元钧编. 康有为政论集. 上卷. 北京：中华书局，1981

唐文明. 与命与仁：原始儒家伦理精神与现代性问题. 保定：河北大学出版社，2002

万俊人. 思想前沿与文化后方. 北京：东方出版社，2002

万俊人. 现代性的伦理话语. 哈尔滨：黑龙江人民出版社，2002

万俊人. 寻求普世伦理. 北京：商务印书馆，2001

万俊人主编. 清华哲学年鉴. 保定：河北大学出版社，2003

汪民安等主编. 后现代性的哲学话语：从福柯到赛义德. 杭州：浙江人民出版社，2000

王治河. 扑朔迷离的游戏. 北京：社会科学文献出版社，1998

王岳川. 后现代主义文化研究. 北京：北京大学出版社，1992

吴冠军. 多元的现代性：从"9·11"灾难到汪晖"中国的现代性"论说. 上海：上海三联书店，2002

薛华. 黑格尔对历史终点的理解. 北京：中国社会科学出版社，1983

叶秀山. 前苏格拉底哲学研究. 北京：三联书店，1982

衣俊卿. 历史与乌托邦——历史哲学：走出传统历史设计之误区. 哈尔滨：黑龙江教育出版社，1995

衣俊卿. 衣俊卿集. 哈尔滨：黑龙江教育出版社，1995

衣俊卿等. 20 世纪的新马克思主义. 北京：中央编译出版社，2001

尤西林. 阐释并守护世界意义的人——人文知识分子的起源与使命. 郑州：河南人民出版社，1996

余碧平. 现代性的意义与局限. 上海：上海三联书店，2000

俞吾金. 意识形态论. 上海：上海人民出版社，1993

俞吾金等. 现代性现象学——与西方马克思主义者的对话. 上海：上海社会科学院出版社，2002

张康之. 总体性与乌托邦. 北京：中国人民大学出版社，1998

张穗华主编. 大革命与乌托邦. 北京：中国对外翻译出版公司，2003

张志扬. 缺席的权利. 上海：上海人民出版社，1996

章国锋. 关于一个公正世界的"乌托邦"构想. 济南：山东人民出版社，2001

周辅成. 西方伦理学名著选辑. 上、下卷. 北京：商务印书馆，1987

朱学勤. 道德理想国的覆灭. 上海：上海三联书店，1994

2. 期刊部分

［美］R. J. 伯恩斯坦. 形而上学、批评与乌托邦. 哲学译丛，

1991（1）

丁立群. 实践观念、实践哲学与人类学实践论. 求是学刊，2000（2）

傅永军. 现代性、同一性逻辑与反犹太主义. 求是学刊，2003（3）

高秉江. 现代性的理论溯源. 江苏社会科学，2003（2）

高清海. 形而上学与人的本性. 求是学刊，2003（1）

高兆明. 理想主义乌托邦精神的时代解读. 苏州铁道师范学院学报（社会科学版），2000（4）

顾肃. 论波普尔的开放社会. 开放时代，2002（6）

韩毓海. 关于"现代性"与"现代化". 学术月刊，1994（6）

何中华. "现代性"危机与"形而上学"命运. 求是学刊，2003（1）

贺来. 拒斥"在场"化的乌托邦. 读书，1997（9）

刘怀玉. 乌托邦、末世论与西方历史进步哲学观念批判. 史学月刊，1999（5）

刘怀玉. 走出历史哲学乌托邦. 中州学刊，1998（6）

刘晓文. 乌托邦精神与忧患意识，西南民族学院学报（哲学社会科学版），1998（4）

卢风. 世界的附魅与祛魅. 自然辩证法研究，1997（10）

闵乐晓. 乌托邦主义的现代性特征及其困境——以韦伯为中心的一项论述. 华中理工大学学报（社会科学版），2000（4）

沈湘平. 全球化的意识形态陷阱. 现代哲学，1999（2）

宋惠昌. 意识形态：政治无意识. 中共中央党校学报，2002（4）

宋全成. 社会契约理论：理智幽灵与乌托邦梦想. 山东社会科学，1998（6）

万俊人. 现代性的伦理话语. 社会科学战线，2002（1）

万俊人. 生态伦理学三题. 求索，2003（4）

汪丁丁. 试说现代性. 读书，1997（6）

王德明. 中国传统"乌托邦"的文化分析. 社会科学家，1994（3）

王兴详等."现代性终结论"产生的原因. 哲学动态，1996（7）

严翅君."儒家千年王国论"和"乌托邦现代化"理想. 南京大学学报（哲学·人文科学·社会科学版），2003（1）

杨春时. 乌托邦的建构与人体存在的迷失. 学术月刊，1995（3）

姚大志. 现代性与启蒙. 求是学刊，2003（3）

张奎良. 马克思共产主义思想的哲学意蕴. 哲学研究，2003（4）

张隆溪. 乌托邦：观念与实践. 读书，1998（12）

张蓬."全球伦理"的臆语与"乌托邦"思维. 人文杂志，2002（5）

章国锋. 伽达默尔谈后现代主义. 世界文学，1991（2）

赵敦华. 超越后现代性：神圣文化和世俗文化相结合的一种可能性. 哲学研究，1994（11）

二、英文部分

Ernst Bloch（2000），*The Spirit of Utopia*，Stanford，Calif：Stanford University Press

John Brill（1940），*Anti-Utopia：a refutation of the marxian doctrine and a defense of capitalism*，Columbia，Mo.：Lucas Brothers

Kanter，R（1972），*Commitment and Community：communes and utopias in sociological perspective*，Mass，Cambridge：Harvard University Press

Kateb，G（1971），*Utopia*，New York：Atherton Press

Krishan Kumar（1987），*Utopia and Anti-Utopia in Modern Times*，Oxford：Basil Blackwell

Robert Pippin，Andrew Feenberg，Charles P. Webel（1988），*Marcuse：critical theory & the promise of utopia*，London：Macmillan

后　记

　　本书是在我的博士论文基础上修改、完善而成。乌托邦理论是一项有着深远历史影响及其重大现实意义的课题。然而，对于乌托邦的研究，又是一项有着相当理论难度的课题，它的历史跨度、多学科及理论复杂程度，都使人难以驾驭。随着从传统到现代社会的转变，乌托邦观念发生了很大变化，而且，除哲学伦理学外，乌托邦理论还涉及政治、经济、文学、建筑和心理等诸多学科领域。要想顺利完成这一宏大而意义深远的研究课题，却非易事。特别在具体写作、修改和完善过程中，深感自己对此项研究的知识和学识储备并不充足，我的博士生导师万俊人教授一直鼓励我搞好此项课题，为今后的学术研究奠定基础。我也抓住每次课堂上的学习和课余咖啡馆师生相聚的机会，认真倾听万老师的悉心指点。令人欣喜的是，在导师的指导下，这篇博士论文获得了包括匿名评审专家等各位老师的认可和好评。在我工作后，万老师非常关心我的博士论文的修改情况，希望能够充实和完善成书。

　　我由衷地感谢我的导师万俊人教授。无论从博士论文的构思、写作直至顺利完成学位答辩，还是参加工作后论文修改成书，都得到万老师无微不至的指导、关心、帮助和支持。特别是万老师在繁忙的学术研究及行政事务中始终非常关心我的论文写作和修改情况，热情地帮助联系出版社，推荐此书，为此付出了许多心血。今生能有幸师从万老师在清华园学习伦理学，已是我一生中最值得厚重珍藏的学习经历，博士毕业后还得到万老师在学术研究、品德修养和工作安排等诸多方面的悉心指导和帮助，令我十分感动。我将始终以万老师的教导为我人生的导航，正如万老师在给我的信中提到："人生值得追求和珍重的东西很多，名与利在其次，品与节才是第一重要的"。万老师广博深邃的学识给了我无数的思想启迪，为人的品德给了我人生的智慧，宽容乐观的心态给了我积极向上的精神动力。可以说，在我眼里，万老师除了授业解惑，更像一位仁爱的父亲，教导我做好学问和做一个好人。

　　同时，感谢清华大学人文学院哲学系的卢风教授、邹广文教授、王晓朝教授，他们对我的论文提出了许多意见和建议。黑龙江大学的张奎良教授、我的硕士导师丁立群教授和黑大哲学院的樊志辉教授也非常关心我的学术研究情况，对我提出了殷切的希望。非常感谢几位老师对我的帮助和支持！

　　感谢唐文明师兄在工作繁忙中为本书写序。曹孟勤、梁晓杰、左高山、杨志华等师兄弟对本书提出许多修改建议，并给予许多关注，在此表示感谢！

　　最后我要感谢我的母亲，正是她的勤劳、执著、宽容与乐观，使我能够顺利完成从小学到博士的漫长求学路。我几乎学到了母亲的勤劳和执著，但远未达到她生活中的宽容和乐观。我从内心由衷地敬佩母亲能在一般人看来难以承受的困境和挫折中依然对生活充满希望。也要感谢我的妻子王艳，在我攻读学位和工作后，承受和宽容了我有些时候无名的焦虑、悲观情绪对她的负面影响。感谢我的女儿含月，她的快乐成长，纯真的笑容，甚至时常冒出充满智慧的话语，使我直观地体悟到了人自然而然的生活状态，或者说，热爱生活的本真。正如弗洛姆在《爱的艺术》中所说："假使一个成年人在追求对他非常重要的东西时具有孩子的那种忍耐性和专注感，那么，他所取得的成就是多么的了不起！"我决不会奢望获得多大成就，但内心渴望享受到那种热爱生活的本真体验。

由于对乌托邦理论的研究涉及诸如马克思理论、现代性等许多问题，加之自己的学识和语言功底十分有限，所以对一些问题的理解、阐述和表达上会有不当之处，敬请学术前辈和同行师友们多多批评和指正，以使我今后对乌托邦理论以及其他学术问题的理论探究能够更加深入、细致和全面。

图书在版编目 (CIP) 数据

乌托邦语境下的现代性反思/张彭松著.
北京：中国人民大学出版社，2010
（政治哲学丛书）
ISBN 978-7-300-12837-5

Ⅰ. ①乌…
Ⅱ. ①张…
Ⅲ. ①马克思主义-研究 ②乌托邦-研究
Ⅳ. ①A81 ②D091.6

中国版本图书馆 CIP 数据核字（2010）第 200538 号

政治哲学丛书
万俊人　主编
乌托邦语境下的现代性反思
张彭松　著
Wutuobang Yujing xia de Xiandaixing Fansi

出版发行	中国人民大学出版社	
社　址	北京中关村大街 31 号	**邮政编码**　100080
电　话	010－62511242（总编室）	010－62511398（质管部）
	010－82501766（邮购部）	010－62514148（门市部）
	010－62515195（发行公司）	010－62515275（盗版举报）
网　址	http://www.crup.com.cn	
	http://www.ttrnet.com（人大教研网）	
经　销	新华书店	
印　刷	北京联兴盛业印刷股份有限公司	
规　格	150 mm×230 mm　16 开本	**版　次**　2010 年 10 月第 1 版
印　张	19 插页 2	**印　次**　2010 年 10 月第 1 次印刷
字　数	242 000	**定　价**　38.00 元